互联网时代的中国共产党研究·丛书

互联网企业党建

技术、资本与政治逻辑张力下的政党治理

薛小荣◎著

时事出版社
北京

要压实互联网企业的主体责任，决不能让互联网成为传播有害信息、造谣生事的平台。要加强互联网行业自律，调动网民积极性，动员各方面力量参与治理。

——习近平在全国网络安全和信息化工作会议上的讲话（2018）

一个企业既有经济责任、法律责任，也有社会责任、道德责任。企业做得越大，社会责任、道德责任就越大，公众对企业这方面的要求也就越高。我国互联网企业在发展过程中，承担了很多社会责任，这一点要给予充分肯定，希望继续发扬光大。

“行生于己，名生于人。”我说过，只有富有爱心的财富才是真正有意义的财富，只有积极承担社会责任的企业才是最有竞争力和生命力的企业。办网站的不能一味追求点击率，开网店的要防范假冒伪劣，做社交平台的不能成为谣言扩散器，做搜索的不能仅以给钱的多少作为排位的标准。希望广大互联网企业坚持经济效益和社会效益统一，在自身发展的同时，饮水思源，回报社会，造福人民。

——习近平在网络安全和信息化工作座谈会上的讲话（2016）

目　录

导 论

技术、资本与政治逻辑
张力下的互联网企业党建

互联网企业[1]党建在信息时代中国共产党建设大格局中具有特殊意义。这一特殊意义主要是由互联网企业在社会舆论的“再生产”过程中所处的关键地位和所发挥的作用决定的。也就是说，作为私营化的互联网企业在其经营管理活动中实际上侵蚀了由党和政府掌控的“公舆论”权力。于是就产生了一个现实而尖锐的问题：在一党执政的社会制度结构中，如何在容忍和接纳按照市场经济逻辑运行的互联网企业带来的舆论权力的“分享”情况下，建立执政党与企业之间舆论权力的“共享”机制。这是一个需要认真对待和迫切解决的政治与社会问题。

一、互联网企业党建的现状与问题

在企业建立党的基层组织，这是由中国共产党的执政地位决定的。不过，在互联网企业建立党组织并使其发挥政治影响力的工作并非易事。以资本控股为标准，企业党建一般可以分为国有企业党建、合资企业党建和外资企业党建。其中，国有控股企业在具有一般企业的经济生产特征之外，还具有浓厚的行政等级色彩。后一种特征赋予了企业特殊的政治地位。因此，作为中国共产党在经济领域的政治延伸，国有控股企业中的党建工作与企业经营主体之间的关系主要体现为一种“内生型”的政治经济结构。也就是说，党建工作不仅仅体现为对党的路线方针政策的宣传，更重要的是要体现在企业贯彻执行党的路线方针政策的政治能力上。相较于国有控股企业，合资企业作为一种多种资本力量共同作用的经营主体，其党建工作所能发挥的作用明显弱化。事实上，尽管有中方资本力量的支持，但是在没有必要承担政治责任的前提下，单纯追求经济利益往往使合资企业的党建工作徒具形式。在关系到企业经营管理、发展战略和劳资关

---

① 本书研究的互联网企业主要指非公所有制互联网企业，为行文方便一律简称“互联网企业”。

系等一系列关键环节和问题上，党建工作往往缺席。如果说合资企业的党建工作还能以党的组织形式存在并开展相关工作，那么外资企业的党建工作就显得更加困难。在实际工作中，党建工作的重点只能放在对企业中党员个人的联系上，并以组织的名义开展间歇性组织活动，以提醒党员注意自己拥有的政治身份。

那么，如何看待合资企业和外资企业的党建工作呢？不可否认，经过多年的努力与探索，党的组织从一开始被拒绝再到后来得到允许进入企业内部开展活动是组织建设的重要成绩。但是就整个党建工作的意义和实效来说，合资企业和外资企业的党建工作实质上陷入到一个巨大的矛盾之中。即党建工作的组织性需求与职工党员的个体性需求之间近乎完全的脱节。从党建工作的组织性需求来说，在非行政体系内的社会经济单位中开展党建工作，更大程度上是党组织惯性的发展结果。在计划经济体制被打破和市场经济逐步确立的过程中，社会流动性的增强和社会多元力量的出现使传统一律的党建格局开始分化。出于对流动党员身体控制的组织偏好和三个以上正式党员应当成立党小组的政治要求，在有别于体制内的社会经济单元建立党组织就成为指导性的政治指示和政策要求。可以说，在非公企业中建立党组织主要是党在组织发展要求下采取的积极举措。但是，建立党组织只是组织建设的第一步，真正考验党组织工作成效还在于其活动能否赢得职工党员的参与和信任。具体而言，就是指党组织的活动能否在最大程度上与职工党员的个体利益诉求保持一致。也就是说，在非公企业党建中，一个最主要的关系变量出现了——职工党员的个体利益诉求，成为党组织与党员个体之间的主导性因素。

无论承认与否，对于非公企业中党员与党组织之间的这种关系变化，都必须秉持实事求是的立场和客观理性的态度来看待。事实上，一个从来都不应该被忽视的现状就是党员群体中已经出现了最具根本性的群体分化：体制内党员与体制外党员。尽管这种群体分化在意识形态的政治宣讲中往往被遮蔽和掩盖，但是从党建工作的实际政治效应来讲，党员群体的分化在事实上已经切切实实地对党建工作的思维、态度、方法以及效果产生了巨大影响。从党员的权利与义务的规定性来讲，影响体制内外党员履行权利与义务的因素有着根本性差别。身处体制之内的党员，其个体的前途发展往往直接取决于组织内部的绩效考核。无论这种绩效考核体系表现出如何的复杂性或科学性，但是党员的政治身份却是最基本的政治前提。对于谋求在体制内发展的个体而言，成为党员往往被视为组织化的主要象征。于是，党员的政治身份就成为一种个体生存和发展的必需品。无论情愿与否，党组织的活动都能够通过强制性方式得到实现。也就是说，在组织体制内部，思想威信变成了权力威信。但是，对体制外党员而言，维系体制内党员和党组织关系的影响性因素已经发生了根本变化。在这里，政治的逻辑与资本的逻辑开始背离并在事实上被边缘化。对企业和职工而言，对利益——企业追求利润和职工追求高薪——的共同诉求成为双方保持一致立场的根本基础。职工通过个人努力为企业赚取更大利润并以此谋求更高的薪水和更好地发展空间，而企业则通过对职工提供经济利益上的加薪分成和公司职位来肯定职工的个体努力。在这个新的组织团体内部发挥决定性作用的是经济利益原则而非其他因素。对身具党员身份的非公企业职工来说，此时的政治面貌对其个人而言已经无法提供强而有力的社会支持系统。党的基层组织在对职工个体利益毫无影响的情况下，其实际工作往往会流于形式。

因此，在我们检视互联网企业党建的工作现状时，如果刻意忽视非公企业中党员个体和党组织之间的这种关系变化，那就无法深切地理解互联网企业实际的党建工作了。事实上，互联网企业的出现不是缩小而是进一步加剧了非公企业党建的组织性变化。这种变化主要源于互联网企业自身的资本特性、组织特性以及与之相关的社会支持系统属性。

从企业的资本特性来讲，作为非公企业新类型的互联网企业往往更能引起资本的关注和热捧。因为在中国这样一个高速发展并且快速进入网络时代的国度里，巨大的市场使互联网企业能够为资本带来超额利润。资本特别是国际资本的流入并成为企业经营管理的主导性力量，不断推动中国本土互联网企业的国际化。于是在资本的主导下，以党建为代表的政治力量往往被视为政府的强制干预而受到排斥。尽管经过艰苦的努力，党的组织建设得以在互联网企业中被允许进入，但是党建工作的活动边界却被严格限定。从企业的组织特性来讲，虽然互联网企业的管理核心仍然没有彻底摆脱精英式的金字塔型的组织内核，但是与传统生产型企业的集权式、封闭式和垂直性管理相比，被赋予高技术特征的互联网企业的组织管理更具开放性、多元性与扁平化的特征。事实上，互联网企业的这种组织管理环境与“互联网一代”的企业员工的生活成长环境和社会整体气质高度耦合。因此，在新生代员工平等、开放、参与的组织精神与代表传统组织形态的党建工作之间不可避免地会出现问题和矛盾，这也给在互联网企业中开展党建工作设置了障碍。当然，更为重要的一个因素还在于与互联网企业相关的社会支持系统属性的巨大变化。事实上，互联网的发展和互联网企业的出现对于中国社会的意义从来都不应该被低估。代表工业时代组织精华的生产制造企业对社会的意义在于：通过提供固化的物质性产品来实现对社会群体及其思想意识的标准化和一致化。从广泛的意义上讲，传统生产型企业实质上发挥了和学校、司法、监狱等机构一样对“人”进行社会规训的作用，只不过企业是通过标准化的生产流水线和产品来对社会中的“人”产生影响的。代表信息时代组织精华的互联网企业对社会的意义则在于“颠覆”与“重组”，即互联网企业通过提供丰富的精神性产品来满足社会需求，并在此过程中不断强化和培塑社会的多元化发展趋势。也就是说，长期被忽略的多样化社会在互联网技术突破传统的时空限制后有了释放自身能量的机会和渠道，在开放便捷的交流碰撞中推进社会生活从多样化向社会力量的多元化方向发展。因此可以说，生产型企业的社会作用在于整合和建立社会的一致，而互联网企业的作用则在于发现和培植社会的多元格局。

通过对上述因素的分析可以认为，党组织在互联网企业中开展党建工作所遇到的阻力和难度，实际上就是信息时代对党建工作的思维、组织和方法提出的变革挑战。

二、互联网企业党建的特点与挑战

那么，在技术、资本与政治的逻辑张力下，互联网企业党建到底具有哪些显著特点呢？从党建大格局来看，作为“思想型”类属企业，互联网企业党建与其他非公经济组织党建相比有其特殊的政治秉性。具体而言，互联网企业党建的特点主要体现在以下三个方面：

从技术逻辑上看，互联网企业党建具有显著的思想性。不得不承认，就党建总体态势和格局而言，互联网企业党建直到目前仍然是党建领域的薄弱点。从党建工作的实际政治效度上讲，甚至可以说是党建工作的空白点。之所以对互联网企业党建现状做出如此评估，有着客观而不可回避的原因。事实上，造成这种现状的决定性因素就是互联网企业成为党建传统领域中的“新场阈”和“新对象”。为了对问题有直观明确地比较分析，我们不妨根据企业提供的产品及其意识形态附加值与满足社会需求的相关性的标准来重新划分现有的经济组织或经济单元。具体分类情况见下表：

企业类型	产品属性	意识形态相关性（强/弱）
生产型企业	产品（物质的、固化的）	较弱（社会生活的物质性）
服务型企业	服务（便捷性、满足感）	较强（生活方式的舒适性）
思想型企业	思想（参与感、表达欲）	很强（社会意识的传播性）

按照这一分类标准，企业大体可以划分为三种类型：生产型企业、服务型企业和思想型企业。生产型企业主要是指与传统制造业相关的企业。它主要通过提供必要而基本的物质产品来满足社会生活的基础性需求。服务型企业主要是指与第三产业相关的企业。它主要通过提供相关产品服务来满足社会生活的便捷性、舒适性等方面的需求。可以发现，生产型企业和服务型企业与社会需求之间的关系，更多地体现为作为产品提供者的企业和作为产品购买者的社会大众之间比较纯粹的经济交往关系而较少地涉及产品的意识形态附加值影响。无论是生产型企业还是服务型企业，其提供的产品的意识形态附加值影响主要体现为企业及其产品在满足社会需求方面获得和形成的口碑。尽管企业和产品的口碑在一定程度上代表了社会对企业力图通过产品表达某种意识形态偏好的接受与肯定，但是这种意识形态的关联性其实是比较弱的。[①] 因为在社会与企业的关联性中，企业是作为主导性的力量存在的，社会大众的群体认知更多地表现为一种被动的适应性参与。这种意识形态的结构性关系使得党建在生产型企业和服务型企业中能够很快适应并融合进企业的组织管理之中。

但是，互联网企业的出现则使传统企业与社会认知的意识形态弱相关性发生了巨大反转。它所拥有的技术力量使其强化了与社会大众的意识形态相关性。这种相关性主要不是通过产品服务的提供和满足来实现的。事实上，互联网企业提供的与其说是产品倒不如说是平台更为恰当。正是通过信息平台的搭建与管理，互联网企业使社会大众能够突破传统时空界限而有了新的活动场阈。在这个新的场阈中，社会大众第一次可以摆脱身份的束缚而比较自由地宣泄个人的情感和表达自己的观点，并在相互的交流中寻求更多的社会支持从而形成强大的舆论场。“信息网络技术的兴起及其普及运用，其最深远的社会意义就在于它促使组织内部关系的变革。而

① 即便常常被人们视为美国文化入侵代表的迪斯尼公司也是如此。与其说是迪斯尼输出了美国文化，不如说是人们企图通过对迪斯尼产品的接受来表达自己的立场与态度。

变革的核心就是人与组织的关系中如何在个体利益与整体利益、个体价值与整体价值之间寻求一个恰当的平衡。如果说机械大工业时代由于信息流动和组织控制成本的过高而使个体屈从于组织纪律要求，那么，信息网络时代带来的信息流动与组织控制成本的降低，以及个体理性的成熟，则无疑成为推动政党进行组织变革的时代之力。”[①] 可以说，这就是互联网企业作为信息时代工业发展的组织结晶所蕴含的变革性力量的根本所在。恰恰也是互联网企业的这一内在特征使得传统工业时代的企业党建模式无法再进行有效的组织移植。当社会大众得以有机会参与讨论甚至在一定程度上能够决定公共事务时，它就成为意识形态社会重建中重要而不可忽视的变革力量，基于线性管理的党的传统组织模式及其说教式的意识形态传播模式也就必须发生改变了，这是互联网企业党建相比于其他传统非公企业党建的第一个显著特征。

从资本逻辑上看，互联网企业党建具有高度的约束性。互联网企业党建作为党建领域的“关键点”，主要指党和政府对舆论权力的控制遭受显著性侵蚀。如果说信息技术带来的时代“代差”对党的组织活动方式提出了挑战，那么在“资本为王”的互联网经济中，以互联网企业为代表的“思想型”企业则在资本的逻辑下开始对党和政府的核心权力之一——舆论权力——产生深刻而持久的影响。甚至在特定时期成为某些重大事件的背后推手——从策划到组织。这种情况之所以会发生并且在一连串的事件中得到证明，就已经表明资本的无国界性及其本质上的私有属性。事实上，逐利是资本的秉赋，市场是资本的舞台，互联网企业则是资本实现其追求超额利润的主要工具。作为赚钱工具，互联网企业同其他任何企业一样都遵循着资本的逻辑要求——一切以利润为根本目的。但是，同样的资本逐利要求在不同类型企业中形成和确立起来的经营模式却大不相同。如前所述，生产型和服务型企业主要涉及人们的衣食住行等物质生活的基础领域，其所提供的产品服务及其附加意识形态容易受到人们的生产和生活习惯的变化而发生变化。作为思想型企业的互联网企业则代表了一种适应信息时代的新生产经营模式。它所经营的与其说是物化的产品，倒不如说是流动的信息。信息是任何社会正常运转的“流动血液”。无论在前工业时代还是在工业和信息时代，对信息的垄断权力是任何一个统治阶级维护

① 薛小荣：《网络党建论：互联网时代政党的组织变革与社会适应》，时事出版社2013年版，第11—12页。

自身统治都必须掌握的政治技术——由统治阶级来掌握影响社会情绪、立场和态度的信息传播技术。在前工业时代，得益于社会传播技术——古典印刷术和造纸技术——的落后（主要受到技术研发难度、信息传播成本和统治者的政治保守倾向等因素的影响），社会信息的流动往往由统治阶级控制并具有明确而严格的流通边界。但是，随着现代印刷术、现代电子通信技术等新技术的出现，社会传播技术开始展现出其对社会变迁的革命性力量。这种力量在信息时代表现得更加深刻有力。“可以说，信息的自由流通构成了信息网络社会的核心要素，成为信息网络社会的根本基石，促进了信息网络社会政治生态环境变得越来越开放。信息网络社会的这一发展趋势，对于现实的政党政治提出了一系列新的挑战。首当其冲的就是政党与政治信息之间的关系发生了革命性变革，即政党从垄断政治信息开始被迫转向适应政治信息的分散流转。”①

就中国实践而言，以互联网为代表的网络传播技术的出现已经在事实上侵蚀了党和政府的信息传播权力，并造成了网上网下两个舆论场的分裂格局。在网下的社会舆论场中，依靠物质性控制技术，党和政府主要通过三种传播方式——组织性传播、行政性传播和纸质化传播——来实现对社会大众的意识形态教化。在这三种传播方式中，组织性传播主要是通过党的组织系统来实现的。行政性传播主要是通过政府的组织系统来实现的。纸质化传播则主要是通过党和政府严格控制的报刊杂志等纸媒（一定意义上讲电报电视也属于此种类型）来实现的。尽管拥有的三种主要传播方式看起来严丝紧密、方方面面，但实质上却是画地为牢，处处有隙。组织性传播和行政性传播主要体现为党和政府内部的体制性信息传播。在外界看来，这种信息传播往往秘不示人，具有极强的神秘性、封闭性和对外排斥性。纸质化传播方式虽然是以信息公开的方式来展示党和政府对社会问题的态度和立场，但是这种传播方式最大的缺陷却在于其传播的权力依附性以及由此带来的传播范围的受众有限性。当然，最为关键的问题还在于纸质化传播所具有的政治权威性已经在社会多元发展进程中被不断拉低拉平，最后只能沦为自言自语、自说自话的传播怪圈。于是，在当代中国深刻转型的关键时期，社会舆论场的漏洞就为信息时代新兴舆论力量的兴起提供了难得的机遇和历史舞台。作为新兴舆论力量掌控者的互联网企业就

---

① 薛小荣、王萍：《网络党建能力论：信息时代执政党的网络社会治理能力》，时事出版社2014年版，第7页。

是在这种变化了的环境中迅速发展壮大（见下表）。

行为主体	行动原则	表现特征	社会效度
政府	官方	政治性	弱
企业	商业	经济性	强
个人	兴趣	体验性	较强

事实上，互联网企业的发展壮大，既得益于中国经济良好的总体发展态势，又受益于其与社会大众情绪变化的高度吻合。社会主义市场经济的确立在活跃了资本的经济动能的同时，也不可避免地释放和放大了资本的逐利本能。在缺乏有效监管手段的情况下，资本就会在一切既有政策的漏洞和法律的灰色地带中寻求赚取超额利润的机会，并尝试着向社会发出自己的立场和声音。资本所具有的这种可能性在信息技术的支撑下已经变成了现实。在信息时代舆论权力的生成中，受到资本重点关注的互联网企业无疑具有天然的技术优势。这种技术优势在于它能够向社会大众提供开放的信息交流平台，并使大众在社会公共事件的讨论中体验到了前所未有的参与感、发出自己声音的力量感和个人心理的满足感。然而，这种看似公开的信息交流平台仍然掩盖不了资本的逐利本性。信息传播中经常性出现的耸人听闻和颠覆常识的“标题党”，实质上是互联网经济作为“眼球经济”的一种本能需求。对资本来说，越是通过持续性的炒作以保持大众的高点击量和关注度，就越能赚取更多的利润。不过在现实生活中，资本却越来越超越经济活动本身的界限而趋向于谋求自己的社会利益——通过技术屏蔽系统实现对信息的加工处理，但却以大众之名来掩饰资本立场从而形成强大的社会舆论力量。这种情况的出现既在政治上侵入了党和政府的舆论权力，同时又在技术上绑架了社会大众的公共舆论权利。这是中国共产党重视互联网企业党建的一个重要动因，也是互联网企业党建区别于其他企业党建的另一个重要特征。

从政治逻辑上看，互联网企业党建具有深刻的政治性。政治性是中国共产党组织工作的一般特征。之所以特别强调互联网企业党建的政治性，实质上就是因为它是互联网企业在技术和资本双重逻辑下的必然结果。或者说，这是党和政府的政治逻辑与企业在技术和资本逻辑冲突下的政策博弈。日益壮大的互联网企业及其背后的资本力量所拥有的影响社会舆论的传播能力，越来越对中国传统舆论格局的分化分裂起到了推波助澜的作用。在技术的逻辑下，尽管党和政府始终强调对舆论工具的监管和控制，但是这一政策主张已经无法在政治实践中得到全面贯彻。在这里，起到制约作用的不是实现目标控制所需的技术手段，而是由一个正在不断发展壮大的复杂而开放的社会系统决定的。无论愿不愿意承认，谁都无法承受将中国重新拉回到封闭社会所要付出的政治代价。正如习近平总书记在网络安全和信息化工作座谈会上所言："互联网让世界变成了地球村，推动国际社会越来越成为你中有我、我中有你的命运共同体。现在，有一种观点认为，互联网很复杂、很难治理，不如一封了之、一关了之。这种说法是不正确的，也不是解决问题的办法。中国开放的大门不能关上，也不会关上。"[①] 因此，尽管拥有可以解决问题的根本技术手段和政治手段，但除非是在特殊情况出现并在取得社会大众舆论同情和支持的条件下，这种技术性的解决方案才能够得到实施。于是，出于政治的考虑和妥协，"不可控"的信息技术就迅速深入到社会大众的日常生活之中并成为其生活方式的重要组成部分。

如果说技术的逻辑使得党和政府舆论权力开始遭受无处不在的技术破解，那么资本的逻辑则使党和政府的舆论权力面临严峻挑战。技术逻辑让社会大众获得了并行甚至独立于党和政府传统舆论权力生成的技术支持系统，并使社会大众第一次尝试着拥有属于自己的舆论权利。尽管这一舆论权利本质上很脆弱，但是在资本的逻辑运作下却通过共享的技术平台实现了由分散到聚合的舆论"化学反应"。在这一"化学反应"过程中，资本对互联网"眼球经济"产生的经济利益的特殊偏好实质上发挥了决定性的主导作用，因而作为结果的社会舆论实际上也就具有了资本的立场和偏向。在2016年7月发生的"赵薇事件"中，资本控制下的各大互联网门户网站所表现出来的对网民批评的傲慢与无礼就是最好的证明。它表明，即使在互联网这个看似平民化、大众化并被无限赋予民主色彩的虚拟领域中，现实社会的权力原则仍然通行有效且在资本掌控技术的情况下行事更加肆无忌惮。事实上，"共青团中央"微博和"紫光阁"微博在"赵薇事件"中的行动已经说明了问题的严重性。可以说，如果放任互联网成为不受监管的"法外之地"，那么就有可能出现不利于中国社会整体利益的后果。正如习总书记在网络安全和信息化工作座谈会上指出的那样：

---

① 习近平：《在网络安全和信息化工作座谈会上的讲话》，人民出版社2016年版，第12页。

“网络空间天朗气清、生态良好，符合人民利益；网络空间乌烟瘴气、生态恶化，不符合人民利益。谁都不愿生活在一个充斥着虚假、诈骗、攻击、谩骂、恐怖、色情、暴力的空间。互联网不是法外之地。利用网络鼓吹推翻国家政权，煽动宗教极端主义，宣扬民族分裂思想，教唆暴力恐怖活动，等等，这样的行为要坚决制止和打击，决不能任其大行其道。”[①] 因此，强调互联网治理和互联网企业党建的政治逻辑，不是说只能有一个声音、一个调子，而是说不能搬弄是非、颠倒黑白、造谣生事、违法犯罪，不能超越了宪法法律界限。也就是说，资本及其活动只能在中国法律允许的范围之内发挥其积极作用。在这里，政治的逻辑其实就是法律的逻辑。

三、互联网企业党建的发展与思考

2016年4月19日，习近平总书记在网络安全和信息化工作座谈会上的讲话中肯定了互联网企业在稳增长、促就业、惠民生等方面发挥的重要作用。但是，他也明确指出，脱离了国家支持，脱离了群众支持，脱离了为国家服务、为人民服务，互联网企业难以做强做大。因此，互联网企业党建的发生，既是按照党章要求开展党组织建设的政治必然，同时也是进一步规范和强化互联网企业社会责任的政治支持系统建设的结果。更明确地说，正是在技术、资本与政治的逻辑张力下，互联网企业党建才得以发展并被高度重视。互联网企业的最大特点就是对社会舆论权力的生成与控制。因此，作为思想型企业，互联网企业的党建有着与其他非公企业党建的显著差别。这种差异性特征要求党建工作必须与社会政策、法律规范、行业规约、风险成本等结合起来，才能真正发挥互联网企业党建的作用。那么，互联网企业党建到底应该如何开展并发挥其政治功能呢？也就是说，我们想要党建工作发挥什么样的作用？它的定位、目标以及保障机制又是如何确立和构建起来？在这里，首先需要我们回答两个关键性问题。

第一个问题：“我们应该赋予互联网企业党建什么样的组织功能？”按照党章的规定，非公制经济中党的基层组织肩负着以下任务：贯彻党的方针政策，引导和监督企业遵守国家的法律法规，领导工会、共青团等群众组织，团结凝聚职工群众，维护各方的合法权益，促进企业健康发展。如

---

① 习近平：《在网络安全和信息化工作座谈会上的讲话》，人民出版社2016年版，第8页。

果从互联网企业作为思想型企业的特殊属性和党建关注的中心问题来看，互联网企业党建工作应该包括以下五个方面的内容：维护网络空间安全、做好网上舆论工作、加强网络党群关系、培养网络科技人才和健全网络管理体制。具体来说，维护网络空间安全应该是党建工作的第一政治要求。当然，这里的网络空间安全主要是指网络意识形态的安全，即通过党建工作的努力，使互联网企业在维护网络空间的意识形态安全方面发挥作用。按照这一政治要求，做好网上舆论工作就成为党建工作的主要内容，即充分运用互联网企业大数据，分析、研判和总结网上舆论的发展规律和特点，以制订相关的预防性应对方案。网络作为社会大众表达各自观点和看法的重要平台，已经成为衡量党群关系的一个尺度。做好网上舆论工作的目的就是要让互联网成为我们同群众交流沟通的新平台，成为了解群众、贴近群众、为群众排忧解难的新途径，成为发扬人民民主、接受人民监督的新渠道。党建工作的另外一个重要任务就是发掘和培养网络科技人才。这一任务的中心工作是引导和培养人才的社会责任意识，使人才成为自觉维护网络空间秩序的人力支撑。最后，重视和开展互联网企业党建，就是要使党建工作成为网络管理体制的主要组成部分。

把上述职能定位作为互联网企业党建的中心任务和主要工作，是中国共产党组织建设的最高标准，也是一种理想状态下的组织要求。事实上，在对企业的经营管理活动没有任何强制性干预机制保障的前提下，互联网企业党建如同其他非公企业党建一样遭遇到来自企业、职工甚至部分党员的“冷眼相待”。于是，这就产生了我们在思考互联网企业党建发展时必须考虑的第二个问题：“我们能为互联网企业党建提供什么样的支持系统?”也就是说，党和政府提供和建立的相关支持系统的强弱与否，直接决定了企业党组织活动能力的强弱。具体而言，这种支持系统主要是围绕职工党员个体和党组织两个目标主体展开的。就职工党员个体而言，如果仅仅要求党员个体依靠政治信仰而没有强有力的支持系统对其权益进行保障，那么在网络舆论风潮中党员个体就会在“党员”和“雇员”的角色冲突中做出现实性的趋利选择——为了自己的生存和发展利益而服从和遵守公司的经营策略。事实上，即便是某些互联网企业中的党的基层组织也会做出如此无奈的选择。原因无它，唯利益而已。

从实际情况看来，有三个方面的因素影响了互联网企业基层党组织的功能发挥。第一个制约因素就是上级党组织缺乏有效的援助手段导致基层党组织的软弱无力。事实上，在非公有制企业党建中，这是一个比较普遍的现象。处于体制外的基层党组织的活动往往必须依靠发挥自身的政治优势才能影响和引导党员群众。但是，这种政治优势的发挥又受制于诸多因素而无法有效实现。比如，组织的政治优势往往是通过党员个体的思想行动来表现的。但是，在非公企业的生产实践中，一个党员的政治优势——如积极主动工作、任劳任怨、牺牲个人利益等——发挥在事实上是被严格的企业生产规则所限定的。况且，这种近乎于个体牺牲的“政治优势”也被大多数群众所不能接受。在不具备体制内上级党组织拥有的人事决定权的前提下，非公企业基层党组织的活动开展其实离履行组织宗旨相差甚远。互联网企业党建也不例外，在多为年轻人的互联网企业中，年轻化、技术化和追求自由创新的工作方式成为企业党组织开展活动需要解决的主要难点。第二个制约因素就是政府相关职能部门的监管缺席使互联网企业没有明确的活动边界。尽管企业的经营范围都有明确的规定性，但是这种规定性主要是针对企业经营的物质性产品。对于互联网企业所产生的另外一种附加性产品服务（如信息制造、流通、传播等）虽有相关规定，但却很难实现有效监管。在没有明确法律规定的情况下，仅靠基层党组织的政治立场和觉悟要求其抵制不良信息传播实在是勉为其难。况且，对不良信息的界定在企业、党和政府以及社会大众等多方看来并非没有分歧。第三个制约因素是出资方的控股权不可避免地会导致企业管理层做出逐利决策。建立在强制性基础之上的利益雇佣关系使企业对员工占据了主导性的管理权，指望职工党员通过个体性行为或者基层党组织的组织性行为来影响企业的经营管理，无疑是要承担很大的风险——利益成本（被辞退）和社会成本（受到其他企业员工的反感和排斥）。

因此，建立和完善国家总体性的支持系统就成为互联网企业党建的紧迫任务。具体来说，可以从法律规范、企业责任和社会政策三个方面入手。

首先，加快网络立法，规范互联网企业行为。习总书记在网络安全和信息化工作座谈会上的讲话中指出：“要加快网络立法进程，完善依法监管措施，化解网络风险。前段时间发生的 e 租宝、‘中晋系’案件，打着‘网络金融’旗号非法集资，给有关群众带来严重财产损失，社会影响十分恶劣。现在，网络诈骗案件越来越多，作案手段花样翻新，技术含量越来越高。这也提醒我们，在发展新技术新业务时，必须警惕风险蔓延。要依法加强对大数据的管理。一些涉及国家利益、国家安全的数据，很多掌握在互联网企业手里，企业要保证这些数据安全。企业要重视数据安全。

如果企业在数据保护和安全上出了问题，对自己的信誉也会产生不利影响。”① 对于网络立法工作，中国政府高度重视。2000 年 12 月 28 日，第九届全国人民代表大会常务委员会第十九次会议通过《全国人民代表大会常务委员会关于维护互联网安全的决定》。2006 年 5 月 18 日，中华人民共和国国务院令第 468 号公布《信息网络传播权保护条例》（2013 年 1 月 30 日《国务院关于修改〈信息网络传播权保护条例〉的决定》修订）。2012 年 12 月 28 日，第十一届全国人民代表大会常务委员会第三十次会议通过《全国人民代表大会常务委员会关于加强网络信息保护的决定》。2015 年 9 月，第十二届全国人大常委会第十六次会议表决通过了《刑法修正案（九）》。此次《刑法修正案（九）》明确了网络服务提供者履行信息网络安全管理的义务，加大了对信息网络犯罪的刑罚力度，进一步加强了对公民个人信息的保护，对增加编造和传播虚假信息犯罪设立了明确条文。修订后的刑法自 2015 年 11 月 1 日开始施行。2016 年 7 月 8 日，国家工商行政管理总局令第 87 号出台《互联网广告管理暂行办法》。该办法是对包括电商、搜索、社交等互联网全行业的规范，于 9 月 1 日正式开始实施。可以说，一系列网络立法工作的推进，对规范互联网秩序起到了积极作用。

其次，强化责任意识，明确企业、党和政府的各方责任。习总书记指出：“在我国，7 亿多人上互联网，肯定需要管理，而且这个管理是很复杂、很繁重的。企业要承担企业的责任，党和政府要承担党和政府的责任，哪一边都不能放弃自己的责任。网上信息管理，网站应负主体责任，政府行政管理部门要加强监管。”② 从企业的责任意识来讲，一个企业既有经济责任、法律责任，也有社会责任、道德责任。企业做得越大，社会责任、道德责任就越大，公众对企业这方面的要求也就越高。只有富有爱心的财富才是真正有意义的财富，只有积极承担社会责任的企业才是最有竞争力和生命力的企业。习总书记特别强调：“办网站的不能一味追求点击率，开网店的要防范假冒伪劣，做社交平台的不能成为谣言扩散器，做搜索的不能仅以给钱的多少作为排位的标准。希望广大互联网企业坚持经济效益和社会效益统一，在自身发展的同时，饮水思源，回报社会，造福人

---

① 习近平：《在网络安全和信息化工作座谈会上的讲话》，人民出版社 2016 年版，第 22 页。

② 同上书，第 20 页。

民。”[①] 从党和政府的责任来讲，要切实履行和加强监管职能。具体来说，国家互联网信息办公室（简称“国家网信办”）主要承担相关监管职能。根据国发〔2014〕33号文件规定，国务院授权重新组建的国家互联网信息办公室负责全国互联网信息内容管理工作，并负责监督管理执法。国家互联网信息办公室的工作方式主要是出台相关行业规定和建立约谈制度来指导互联网企业的经营活动。2015年4月28日，根据《互联网信息服务管理办法》《互联网新闻信息服务管理规定》和《国务院关于授权国家互联网信息办公室负责互联网信息内容管理工作的通知》，国家互联网信息办公室、地方互联网信息办公室建立互联网新闻信息服务单位约谈制度。该规定所称“约谈”，是指国家互联网信息办公室、地方互联网信息办公室在互联网新闻信息服务单位发生严重违法违规情形时，约见其相关负责人，进行警示谈话、指出问题、责令整改纠正的行政行为。约谈制度的建立，对于规范互联网秩序发挥了积极作用。根据国家互联网信息办公室统计，2016年第一季度全国网信系统累计依法约谈违法网站186家199次，警告违法网站85家89次，会同工信部门取消许可或备案、关闭违法网站1046家，向司法机关移送相关案件线索89件；有关网站依法关闭、禁言各类违法账号8008个。

同时，根据互联网发展的形势需要出台相关行业指导规定也是国家互联网信息办公室的重要工作方式。2016年6月25日，国家互联网信息办公室发布《互联网信息搜索服务管理规定》。该规定旨在规范互联网信息搜索服务，促进互联网信息搜索行业的健康有序发展，保护公民、法人和其他组织的合法权益，维护国家安全和公共利益。6月28日，国家互联网信息办公室发布《移动互联网应用程序信息服务管理规定》。该规定旨在加强对移动互联网应用程序（APP）信息服务的规范管理，促进行业健康有序发展，保护公民、法人和其他组织的合法权益。2016年以来，为进一步打击和防范网络虚假新闻，国家互联网信息办公室印发《关于进一步加强管理制止虚假新闻的通知》，要求各网站始终坚持正确舆论导向，采取有力措施，确保新闻报道真实、全面、客观、公正，严禁盲目追求时效，未经核实将社交工具等网络平台上的内容直接作为新闻报道刊发。针对造成恶劣社会影响的“东北村庄‘礼崩乐坏’”“长沙大巴被纵火”“魏则西

① 习近平：《在网络安全和信息化工作座谈会上的讲话》，人民出版社2016年版，第23页。

事件后续：国家信访局为近百名相似患者开通绿色通道”“上海女孩春节逃离江西农村”“城市媳妇回乡过年不能上桌吃饭怒掀桌子”等网络虚假新闻信息，责令有关地方网信办加大执法力度，重点约谈了一批违法违规登载虚假新闻的网站，并依据《全国人民代表大会常务委员会关于加强网络信息保护的决定》《互联网新闻信息服务管理规定》等法律法规，对制造、传播虚假新闻情节较为严重的新浪网、凤凰网、中华网、扬子晚报网、张家界在线、财经网、腾讯网、网易网、今日头条等多家网站进行了处罚和惩戒。有关网站也依法依规对炮制、传播虚假信息的“想说又说不出口”“农地圈”“财经”“@ KDS 宽带社”“@ 华西都市报”等账号进行了处置。可以说，国家互联网信息办公室的设立及其工作的开展，真正把和政府对互联网的监管责任落到了实处。

最后，完善社会政策，建立健全有效的社会保障制度。完善的社会政策是保证社会稳定的基础。开展互联网企业党建的目的之一就是要守好网络舆论的关口。尽管网络平台不仅为公民评论政府行为和政治公平性提供了便捷、自由的交流平台，而且也为民情、民意的表达提供了宣泄的渠道，但是近年来的网络舆论风潮已经表明，没有网下社会矛盾问题的累积与冲突，网上的舆论风潮也就没有了生存的土壤，网络舆论风潮背后的推手也就失去了可兹利用的机会。因此，采取积极措施，不断完善社会政策，建立公平正义的法治社会，让人民共享改革开放的成果，这才是引导和解决网络舆论问题的根本之道。就像党的十九大报告指出的那样：“保障和改善民生要抓住人民最关心最直接最现实的利益问题，既尽力而为，又量力而行，一件事情接着一件事情办，一年接着一年干。坚持人人尽责、人人享有，坚守底线、突出重点、完善制度、引导预期，完善公共服务体系，保障群众基本生活，不断满足人民日益增长的美好生活需要，不断促进社会公平正义，形成有效的社会治理、良好的社会秩序，使人民获得感、幸福感、安全感更加充实，更有保障，更可持续。”①

① 习近平：《决胜全面建设小康社会　夺取新时代中国特色社会主义伟大胜利——在中国共产党第十九次全国代表大会上的报告》，人民出版社 2017 年版，第 45 页。

第一章

互联网企业认知探源：概念、角色与分类

自中共中央组织部明确提出“互联网企业党建”的概念，并把加强互联网企业党建作为2017年度党建工作重点内容后，全国各地组织部门根据实际情况开始积极探索开展互联网企业党建工作的新方法。为了清除对互联网企业党建的认识误区，梳理互联网企业党建的工作思路，破解互联网企业党建的现实难题，极有必要对互联网企业党建的相关概念和理论认知进行厘清和规范。必须看到，中共中央组织部提出和加强互联网企业党建，并非是对一般非公所有制企业党建的概念叠加和工作重复。与国有企业党建、事业单位党建、机关党建、学校党建、社会组织党建以及一般非公所有制企业党建等诸多类型党建一样，互联网企业党建其实是一种新兴类型的党建。它实质上有着区别于其他类型党建的内涵、目标、功能和工作方法。事实上，互联网企业党建的产生、形成及其党建工作方法的特殊性，主要取决于这一新类型党建的行为主体——互联网企业及其在信息网络时代所扮演的社会角色。可以说，正是通过对具有社会变革性特征的互联网技术的充分运用和精密组织，日益发展壮大的互联网企业在试图塑造新的社会信息权力方面，已经具备了远远超出其他不同类型企业的社会影响力，特别是以为社会提供精神产品为主要类型的互联网企业在社会思想领域的引领作用日益凸显，对执政党的社会治理体系和能力更是提出了严峻挑战。因此，提出和加强互联网企业党建，实质上是中国共产党积极推进社会治理体系完善，切实提高社会治理能力的政治逻辑的必然结果。

一、互联网企业的概念

无论是中共中央组织部提出互联网企业党建的工作概念，还是各地组织部门按照要求紧锣密鼓地推进互联网企业党建工作，都需要从思想源头上对互联网企业党建的工作对象——互联网企业——有一个清晰而明确的理论认知。之所以强调这一点，固然是遵循开展任何工作的普遍逻辑的需要——首先弄明白工作对象是什么，然后才能制定符合工作对象特点的方法对策，从而提高工作的有效性。但是更为重要的原因则是，把互联网企

业党建从一般非公所有制企业党建类型中单列出来，就是因为与一般非公所有制企业相比，互联网企业具有特殊性。恰恰正是这种特殊性，要求我们在开展党建工作实践时，首先要从理论上对之加以辨识。只有这样，才能克服不加区别地将一般非公所有制企业党建工作模式直接套用于互联网企业的工作习性，才能探索和实践出符合互联网企业特点的党建工作新方法。

（一）中央的关注：习总书记在网络安全和信息化工作座谈会上的讲话

应该说，以互联网为代表的信息网络技术的迅猛发展和广泛运用，造就了一大批以科技创新为特征，拥有雄厚资本并具有广泛社会影响的互联网企业，并借此对中国的经济、政治、文化，以及人们的日常生活领域产生了全方位的变革之力。那么，究竟是哪种类型的互联网企业才是我们开展互联网企业党建时需要采取特殊方法的工作对象呢？或者说，到底是哪一种类型的互联网企业才引起了中共中央组织部的高度重视？要弄清楚这个问题，首先得从“互联网企业”和“互联网企业党建”这两个概念的提出说起。

尽管诸如搜狐、新浪、百度、腾讯、阿里巴巴等互联网企业早已为人们所熟知，但是“互联网企业”作为一个内涵术语真正引起全社会高度关注的，却是由中共中央总书记、国家主席、军委主席习近平在2016年4月19日召开的国家网络安全和信息化工作座谈会上提出来的。在座谈会讲话的六个大问题中，习近平总书记专门把“互联网企业”单列为第五个大问题进行了阐述。其中，引起社会高度关注的焦点就是第五个问题的题目：“增强互联网企业使命感、责任感，共同促进互联网持续健康发展”。在讲话中，习近平总书记首先肯定了互联网企业对社会发展的贡献。“我国互联网企业由小到大、由弱变强，在稳增长、促就业、惠民生等方面发挥了重要作用。让企业持续健康发展，既是企业家奋斗的目标，也是国家发展的需要。”[①] 讲到这里时，习近平总书记指出，企业命运与国家发展息息相关。“脱离了国家支持、脱离了群众支持，脱离了为国家服务、为人民服

---

① 习近平：《在网络安全和信息化工作座谈会上的讲话》，人民出版社2016年版，第19页。

务，企业难以做强做大。”[①] 特别是在讲到互联网空间管理的时候，习近平总书记强调了互联网企业要和政府一样承担相应责任。针对互联网企业在市场竞争中出现的各种乱象，如恶性竞争、滥用市场支配地位、非法融资等行为对社会造成的恶劣影响，习近平总书记着重强调了互联网企业既要有经济责任和法律责任，也要有社会责任和道德责任。

习近平总书记在网络安全和信息化工作座谈会上从国家网络安全的高度对互联网企业的论述之所以引起普遍关注，其原因不仅在于座谈会的规格高（这是中国最高领导人出席的网络安全和信息化专项座谈会），更重要的则在于习近平总书记的讲话蕴含着深刻意义。以互联网企业而论，这是中国最高领导人代表中国政府第一次从国家网络安全这一战略高度看待互联网企业的发展问题。它表明，互联网企业的发展已经不能再仅仅局限于市场经营，赚取企业利润等经济行为，而是被赋予了新的内涵和责任——和政府职能部门一起承担起维护网络安全秩序。可以说，习近平总书记在讲话中专门把“互联网企业”单列出来并着重强调了其社会责任问题的举动表明，“互联网企业”不仅仅是一个熟识的商业经营性企业泛称，更是一个崭新的政策概念性术语。

在这篇讲话中，作为政策概念性术语的互联网企业主要关注的是六种类型的企业：核心技术类互联网企业、新闻服务类互联网企业、搜索引擎类互联网企业、社交平台类互联网企业、生活服务类互联网企业和网络金融类互联网企业。其中，核心技术类互联网企业是指拥有自主知识产权的互联网核心发展技术和安全技术的互联网企业；新闻服务类互联网企业是指为用户提供新闻信息服务的互联网企业；搜索引擎类互联网企业是指为用户提供搜索服务的互联网企业；社交平台类互联网企业是指为用户提供相互交流讨论平台服务的互联网企业；生活服务类互联网企业是指为用户提供包括购物、教育、旅游等内容的生活服务的互联网企业；网络金融类互联网企业是指为用户提供贷款融资等服务的互联网企业。这六种类型的互联网企业因其从事业务的不同而与用户有着不同的联系，因而也就决定了政府对之采取的态度各有重点，略有不同（参见下表[②]）。

---

① 习近平：《在网络安全和信息化工作座谈会上的讲话》，人民出版社2016年版，第19页。

② 同上书，第22页。

企业类型	主要业务	用户类型	产品形态	政府态度
核心技术	研发、运用 网络攻防、 数据安全技术	政府 企业 个人	物理类	互联网核心技术是我们最大的“命门”，核心技术受制于人是我们最大的隐患。一个互联网企业即便规模再大、市值再高，如果核心元器件严重依赖外国，供应链的“命门”掌握在别人手里，那就好比在别人的墙基上砌房子，再大再漂亮也可能经不起风雨，甚至会不堪一击
新闻服务	搜集、编辑和传播	个人	信息类	办网站的不能一味追求点击率
搜索引擎	搜索、引导和链接	个人	信息类	做搜索的不能仅以给钱多少作为排位的标准
社交平台	论坛、交友平台	企业 个人	信息类	做社交平台的不能成为谣言扩散器
生活服务	购物、旅游、教育	个人	信息类	开网店的要防范假冒伪劣
网络金融	贷款、融资平台	个人	信息类	前段时间发生的 e 租宝、“中晋系”案件，打着“网络金融”旗号非法集资，给有关群众带来严重财产损失，社会影响十分恶劣

从上述互联网企业分类可以看出，由于和用户关系以及对社会影响的差异性，不同类型互联网企业在政府的网络治理体系中占有不同地位。对核心技术类互联网企业来说，政府的基本态度是鼓励和扶持。而对其他五类互联网企业来说，由于这些企业的经营业务直接和大众发生关系，对社会生活会造成直接影响，因而政府的基本态度是规范和管理。

按照习近平总书记在网络安全和信息化工作座谈会上关于互联网企业必须增强为国家服务、为人民服务的使命感和责任感的讲话精神，中共中央分别从两个方面采取了积极的治理措施：一方面，作为网络治理主管单位的中央网信办先后制定了一系列关于规范互联网企业经营业务的法律法规，以明确互联网企业行为的活动内容和边界。另一方面，中共中央组织部则从政治角度大力推进互联网企业党建，力图从互联网企业内部对其进行政治生态重塑。2017 年 1 月 18 日，时任中共中央政治局委员、中共中央组织部部长赵乐际在全国组织部长会议上明确把“互联网企业党建”列为年度重点工作。会议指出了互联网企业党建工作要以新闻信息、电子商务、互联网金融、社交媒体、网络游戏等企业为重点，积极有序推进组织设置和工作覆盖，着力加强对全国百强互联网企业党建工作的指导，注意抓好对新兴精神生产群体的联系服务。要加强互联网企业党员教育管理，壮大互联网企业党员队伍。这次会议实质上是将习近平总书记在网络安全和信息化工作座谈会上关于互联网企业讲话精神具体化。全国组织部门会议对开展互联网企业党建的工作意义体现在三个方面：一是明确了互联网企业党建的工作对象要以新闻信息、电子商务、互联网金融、社交媒体、网络游戏等五个类型互联网企业为重点；二是明确了互联网党建的工作思路是抓龙头（全国百强互联网企业）、建组织（符合条件的企业建立党组织）、起作用（党的工作要发挥作用）；三是明确要抓好对新兴精神生产群体的联系服务。综合上述三个方面的意见可以看出，中共中央组织部重点开展互联网企业党建的政治逻辑原点就是争夺人心、维护秩序。也就是说，这五类互联网企业经营活动已经对群众的物质生活和精神生活产生了双重影响。最为关键的是，借助互联网企业搭建的平台和渠道，这种影响在事实上摆脱了党和政府的日常控制，产生了愈来愈分裂的官民两个舆论场，形成和蓄积了对现有社会稳定机制的冲决之势。“虚拟社会对现实社会的影响日益增强，特别是是虚拟社会的舆论影响力和组织动员力越来越强，一些影响较大的公共事件都呈现网上网下遥相呼应、相互放大的趋势。”[①] 因此，开展互联网企业党建，就是希望从内部规范企业行为。就重点开展党建工作的五类互联网企业来说，这一政治逻辑的体现如下表所示。

类型企业	企业如何影响用户
新闻信息类	用算法窥探用户习惯并借此为其提供订制式新闻信息；用惊悚式“标题党”博取眼球；传播未经证实的社会热点事件，等等
电子商务类	通过网络平台建立生产商、销售商与消费者直接沟通联系机制，对普通消费者影响最大的就是商品质量和售后服务等相关问题
社交媒体类	通过微信、微博、QQ 等第三方应用程序生成网络用户的社会关系网，对现实物理世界的监管机制形成挑战
网络游戏类	通过对游戏内容的深度挖掘以吸引用户，带来诸如“网瘾”等社会心理问题
互联网金融类	通过网络平台借贷款和融资等方式回避现实物理世界的金融监管，在互联网金融规范不健全的情况下极易成为金融诈骗手段，损害部分群众利益，造成社会问题

① 胡锦涛：《胡锦涛文选》第三卷，人民出版社 2016 年版，第 494 页。

在全国组织部长会议上，赵乐际的讲话还有一点非常值得关注，就是强调在加强对全国百强互联网企业党建工作指导时，提出要“注意抓好对新兴精神生产群体的联系服务”。从上述开展互联网企业党建的政治逻辑而言，“新兴精神生产群体”是对“互联网企业党建”这一概念的具体深化。它的提出表明，中共中央组织部对互联网企业党建的认识在不断深化、思路在不断拓展。抓好对新兴精神生产群体的联系服务，其实就是遵循中国共产党群众工作的一般原则——抓重点人。对互联网企业党建来说，互联网企业的经营者就是新兴精神生产群体的重要组成。除此之外，通过网络平台进行内容创作的自由撰稿人、微信公众号、微博博主等新媒体从业人员也都属于此类群体。

在2017年7月18日于上海召开的全国城市基层党建工作经验交流座谈会上，赵乐际在谈到城市经济社会结构的变化时又强调了加强互联网企业党建的重要性。他说：“互联网正在加速传导渗透到经济社会发展的各领域各方面，许多问题因网而生、因网而增、因网而变。我国互联网企业已达3万多家，市场规模10万亿元，从业人员数千万人。互联网业的兴起，为经济社会注入了活力，也对传统产业和人们的思想观念带来很大冲击，在行业竞争、劳动就业、商业诚信等方面引发新的问题，迫切需要加强党的建设，引领互联网业持续健康发展。”① 在这次经济交流座谈会上，赵乐际强调互联网企业党建应该采取新的工作机制，建立大党建格局。各级网信办、新闻办，以及工商、税务等部门，应当担负起业务监管和党建指导的双重责任，街道、社区党组织应担负起党建工作的兜底管理责任。可以说，从2016年4月召开网络安全和信息化工作座谈会到2017年7月召开全国城市基层党建工作经验交流座谈会这一年多的时间里，出于对互联网是中国共产党长期执政的“最大变量”（习近平总书记语）的高度忧虑，中共中央对互联网企业和互联网企业党建表现出了前所未有的政治关注，并为此提出和部署了全国性的互联网企业党建工作。

（二）理解互联网企业的关键：互联网时代企业的媒介属性和平台属性

尽管中共中央对互联网企业和互联网企业党建提出了政治要求，但是

① 赵乐际：《在全国城市基层党建工作经济交流座谈会上的讲话》，载于《党建通讯》（上海市党的建设研究会主办，内部刊印）2017年第8期，第5页。

为了更好地理解和指导互联网企业党建工作，还是应该对互联网企业有一个更贴近其时代本原的认识。必须认识到，互联网企业是信息时代的产物。正如习近平总书记在网络安全和信息化工作座谈会上的讲话中指出的那样："从社会发展史看，人类经历了农业革命、工业革命，正在经历信息革命。农业革命增强了人类生存能力，使人类从采食捕猎走向栽种畜养，从野蛮时代走向文明社会。工业革命拓展了人类体力，以机器取代了人力，以大规模工厂化生产取代了个体工场手工生产。而信息革命则增强了人类脑力，带来生产力又一次质的飞跃，对国际政治、经济、文化、社会、生态、军事等领域发展产生了深刻影响。"① 这段话对我们认识互联网企业有什么深意呢？其实，总书记主要强调了两个不可逆性：第一，信息革命是人类社会发展的新时代，这个新时代具有不可逆性。面对时代发展的浩荡潮流和互联网带来的复杂治理环境的巨大挑战，已经不可能采取闭关锁国式的粗暴手段来治理网络。"有一种观点认为，互联网很复杂、很难治理，不如一封了之、一关了之。这种说法是不正确的，也不是解决问题的办法。中国开放的大门不能关上，也不会关上。"② 治理互联网的正确态度，应该是迎面而上，积极适应，掌握主动，探寻互联网时代的治理新规律、新特点、新方法。第二，互联网企业作为信息革命在经济社会领域产生深刻影响的最直接产物，具有不可逆性。为什么是互联网企业而不是其他类型的企业成为信息革命的时代产儿？为什么是互联网企业而不是其他类型的企业成为中国共产党治理互联网的优先对象？一系列问题的背后揭示的是这样一个现实：互联网企业是信息时代最鲜明的经济组织特征。如同封建商业行会是农业时代最鲜明的经济组织特征，托拉斯、辛迪加等垄断企业是工业时代最鲜明的经济组织特征。每一个时代都有最能体现时代价值的组织形态。互联网企业以其知识型、技能型、创新型的企业组织形态跃然于信息社会，成为最能体现信息社会知识创造价值、梦想成就未来、创新引领时代的价值型企业。对普罗大众来说，互联网企业已经不仅仅是一个纯粹的经济组织，而成为了创造财富的励志偶像。正是从这一意义上讲，需要互联网企业承担起更多的社会责任和道德责任。

当然，之所以把互联网企业和互联网企业党建单独提出来加以强调，

---

① 习近平：《在网络安全和信息化工作座谈会上的讲话》，人民出版社2016年版，第2—3页。

② 同上书，第12页。

除了上述两个不可逆性所揭示的时代性外，还有一个重要原因就是互联网企业自身具有极强的、绝不能忽视的社会属性。任何时代的企业都有自己的时代烙印，反映了这个时代的精神价值。农业社会的商业行会浓厚的政治经济依附性，实质上是封建社会士农工商四个阶层的伦理折射；工业社会的企业具有的超大型垄断性特征，实质上是工业时代标准化、批量化和集中化的生产要求的集中反映。那么，互联网企业作为信息时代的革命产儿，它实际上最集中地反映了信息社会最重要的组织特质——信息的互联互通。因此，就开展互联网企业党建而言，还必须在思想认识上把互联网企业放在互联网时代背景下来整体考量和把握其社会属性。在互联网企业的众多社会属性中，有两个属性是我们在认识互联网企业以及由此开展互联网企业党建时必须引起足够重视的，这就是互联网企业的媒介属性和平台属性。

首先，互联网企业的媒介属性。对任何一种类型的企业来说，无论其所处时代如何，媒介属性都是由其内在规定的。之所以这样说，主要是从企业作为社会组织的本原意义上来讲的。作为社会组织，任何企业都具有内传播和外传播的媒介属性。从企业的组织管理角度而言，企业内传播是指企业出于组织管理需要而进行的以组织成员为传播对象、以组织内部为传播渠道的信息传输。比如，企业关于产品销售、市场发展、用户反馈以及人事安排等综合经营信息在组织内部的传达。从企业扮演的社会角色而言，企业外传播则是指企业在与社会其他组织进行商业性或社会性交往时，为塑造企业良好的外部形象而开展的一系列信息传播活动。比如，企业在公益慈善和危机公关时所表现出来的组织信息传播就是最为典型的表现。在公益慈善活动中，企业通过外部传播的方式塑造自己有责任、有良心的社会形象；在开展危机公关时，企业通过危机处理向外界传播自己的立场、态度和措施来挽回企业形象，尽可能把企业的利益损失降低到最低。可以说，媒介属性是任何一个企业都与生俱来的社会属性，是维持企业作为组织生存发展的必备因素，即使农业社会的商业行会组织也不例外。

但是，随着农业时代到工业时代再到信息时代的剧烈转变，企业的媒介属性也随之发生了革命性变化。这种变化的根本基础在于社会开放结构的形成确立和社会传播技术的广泛运用。以中国经验而论，改革开放和市场经济地位的最终确立最强有力地塑造了现代中国社会的开放结构。改革开放和市场经济是一种不可逆的历史之力。就如习近平总书记指出的那样，改革开放“是决定当代中国命运的关键抉择”[①]“改革开放是我们党的历史上一次伟大觉醒”[②]“改革开放是决定当代中国命运的关键一招”[③]，等等。中国社会结构的开放性为生产生活所必需的各种信息要素的自由流通提供了足够的弹性空间，从而为企业的媒介属性注入了新的时代内涵。而在互联网时代，以互联网为主要代表的信息网络技术的飞速发展和普及应用，又进一步促进、提升和拓展了企业的媒介属性，并使泛媒介化成为信息革命在社会领域生成的最深刻特征。从个体体验而论，人们在日常生活工作等不同环境中所运用的互联网产品（最典型的如智能手机）都使“媒介即人的延伸”[④] 成为可能。从企业体验来说，没有互联网思维的企业是无法存活于互联网时代的。无论是企业的组织架构还是企业的组织传播，互联网已经成为助推企业发展的时代之力。作为互联网浩瀚蓬勃力量直接产物的互联网企业来说，企业的媒介属性借助于互联网信息技术而具有了冲决旧时代传统企业母体桎梏的力量。对互联网企业来说，企业媒介属性虽然保持了内传播和外传播的组织渠道分隔，但最大的变化则是互联网企业本身已经成为媒介传播的核心。或者说，互联网企业本身就是媒介传播的渠道和力量，这是农业时代和工业时代的任何企业所无法具备的能力。可以说，在互联网时代，泛媒介化已经成为企业的普遍性特质。

而这种能力最直接地体现在互联网企业的第二个社会属性——平台属性。平台属性是互联网企业媒介属性运用到极致的必然结果，也是中共中央高度重视互联网治理和互联网企业党建的核心关注点。习近平总书记在网络安全和信息化工作座谈会上关于互联网讲到的第一个观点就是互联网是一个社会信息大平台。他说：“互联网是一个社会信息大平台，亿万网民在上面获得信息、交流信息，这会对他们的求知途径、思维方式、价值观念产生重要影响，特别是会对他们对国家、对社会、对工作、对人生的看法产生重要影响。”[⑤] 整体而言，互联网作为社会信息大平台主要包涵两个

---

① 中共中央文献研究室编：《习近平关于全面深化改革论述摘编》，中央文献出版社 2014 年版，第 1 页。

② 同上书，第 2 页。

③ 同上书，第 3 页。

④ ［加拿大］马歇尔·麦克卢汉著，何道宽译：《理解媒介：论人的延伸》，译林出版社 2011 年版。

⑤ 习近平：《在网络安全和信息化工作座谈会上的讲话》，人民出版社 2016 年版，第 6 页。

内容：一是互联网已经成为信息传播的新场阈。主要由互联网技术构筑起来的虚拟网络空间存在和发展的关键就是信息的自由流转。尽管并非所有的信息都能够实现自由无碍的流动，但是与现实物理世界中信息流转的科层管理体制相比，开放和自由的原则依然成为互联网时代的普遍性价值原则。尤其令人瞩目的就是，在电信基础设施不断提升、移动互联网不断发展和智能手机不断普及的情况下，这个新场阈现在已经越来越超越物理限制而实现了虚拟空间与现实空间的高度融合。但是必须提醒的是，构成这种高度融合所形成的信息新场阈的基础，已经不再是工业时代集权化的物理性科层结构，而是基于信息时代互联互通的扁平化层级组织。因此，互联网作为社会信息大平台带来的最深刻的结果就是信息的制作传播权力和人们获取信息能力的革命性变化。但是，不管人们如何强调信息的自由流动是互联网的精髓，仍然有一个最基本的问题需要人们正视，就是谁才是信息的生产者、制作者和传播者？如果仔细剖析互联网这个社会信息大平台信息传播格局就可以发现，互联网企业实际上是错综复杂的信息传播网的关键节点和枢纽组织。互联网企业能够发挥这样举足轻重的作用，根源就在于作为互联网信息服务商的互联网企业实际上掌握了信息传播的互联网平台。事实上，任何互联网信息的流转从来都不是在真空中发生的。强调互联网信息传播的开放性和自由性，并不等于忽视和否定互联网信息场阈的现实性和物理性结构。而最能体现这种现实物理性经济社会组织的恰恰就是互联网企业。与其他类型企业相比，互联网企业是经营主体的物理性和经营内容的虚拟性高度结合的经济社会组织。事实上，不仅互联网企业如此，就是信息时代其他类型企业也必须互联网化才能获取新的发展。就像2013年底华为发布的一份名为《用数字赢未来，数字化重构新商业》的行业趋势报告提出的观点：未来的企业，无论从事的什么行业，也无论企业的规模大小，首先是一个“高科技企业”，不能充分利用信息技术实现业务升华和改造的企业，在信息时代是没有生存空间的。[①] 可以说，理解互联网企业并借此开展互联网企业党建，必须对互联网企业所具有的身体与精神分离的组织特性要高度重视——互联网企业身体的物理性决定了党建工作的组织边界；精神的虚拟性决定了党建工作内容的延展性。因此，只有对互联网企业的媒介属性和平台属性有足够的认识和理解，才能推动互联网企业党建工作的顺利进行。

---

① http：//www. useit. com. cn/thread－3342－1－1. html.

二、互联网企业的角色

除了互联网企业兼具的媒介属性和平台属性需要引起我们的高度重视外，互联网企业的重要性还在于它在经济社会领域扮演的角色。事实上，作为运用以互联网为主要代表的网络信息技术来组织开展企业经营活动的企业，互联网企业在信息网络时代的重要性主要取决于它所扮演的四种关键角色：数字经济的主要推动者、开放社会的技术支撑者、社会舆论的组织传播者和信息权力的社会再造者。四种角色集于一身的互联网企业因此具有了深入社会生活的经济影响力、引导社会行为的组织规范力和扩散社会舆论的平台传播力。简而言之，日益发展壮大的互联网企业所拥有的不仅仅是一种强劲的信息经济力量，更是一种不能忽视的网络社会变革力量。

（一）数字经济的主要推动者

数字经济是人类社会迈入信息网络时代时的第三次经济社会形态的跃升。与农业经济和工业经济这两种前经济社会形态相比，数字经济已经愈益显现出其强大的经济推动力，其对人类社会发展的深远意义已经形成全球共识。世界银行《2016 年世界发展报告·数字红利》指出："随着互联网的广泛应用，我们正身处人类有史以来最伟大的信息技术革命进程之中，充分利用这一变革契机发挥数字红利，建设更为繁华与包容的世界将成为可能。"[①] G20 杭州峰会上提出的《G20 数字经济发展与合作倡议》更是明确指出，互联网是支撑数字经济的现代信息网络的重要组成部分。据中国信息通信研究 2016 年报告显示，2015 年中国数字经济总量达到 18.6 万亿元，同比增长超过 17.5%，显著高于当年 GDP 增速，占 GDP 的比重达到 27.5%，同比提升 1.4 个百分点。同时，中国数字经济对 GDP 增长的贡献也不断增加，2015 年中国数字经济对 GDP 的贡献已达到 68.6%，接近甚至超越了某些发达国家的水平（根据测算，2014 年美国、日本、英国

① 世界银行：《2016 年世界发展报告·数字红利》，http://www.199it.com/archives/507696.html。

的数字经济对 GDP 贡献率分别为 69.39%、42.21%、44.21%)。[①] 到了 2016 年，中国数字经济总量则达到 22.6 万亿元，同比增长超过 18.9%，显著高于当年 GDP 增速，占 GDP 的比重达到 30.3%，同比提升 2.8 个百分点，其对中国 GDP 的贡献已达到 69.9%。[②] 腾讯研究院的研究报告也显示了数字经济在中国的蓬勃发展（见下图）。

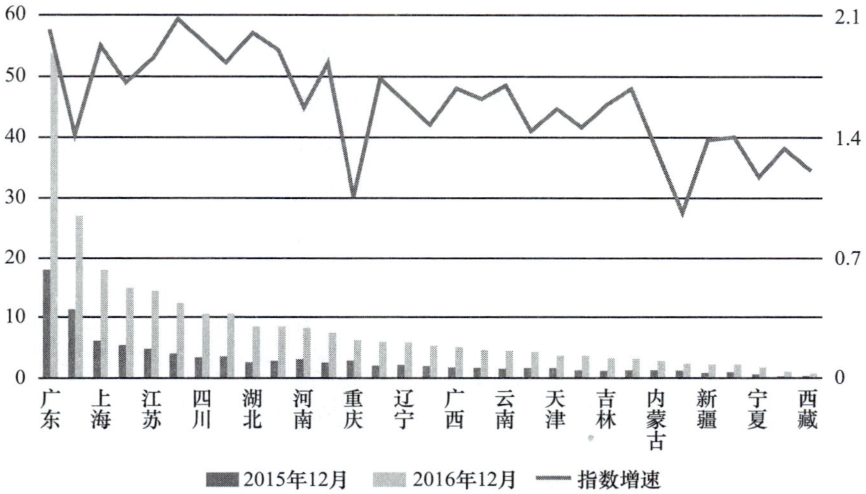

资料来源：腾讯研究院：《2017 广东互联网 + 数字经济指数报告》，2017 年 8 月 3 日。[③]

作为数字经济主要承载者和推动者的互联网企业，其对中国经济的贡献率不断攀升。中国信息通信研究院发布的 2017 年第二季度互联网行业市场运行情况分析报告指出，我国上市互联网企业市值总额达 7.24 万亿元，同比增长 48.7%。其中，市值前十的互联网企业市值合计 6.27 万亿元。而在全球市值 TOP30 互联网企业总市值 3.02 万亿美元中，中国的阿里巴巴、腾讯、百度等九家互联网企业上榜，市值占比则首次突破 30%。[④] 在

---

① 中国信息通信研究院：《中国信息经济发展白皮书（2016）》，http://www.caict.ac.cn/。

② 中国信息通信研究院：《中国数字经济发展白皮书（2017）》，http://www.caict.ac.cn/。

③ 腾讯研究院：《2017 广东互联网 + 数字经济指数报告》，http://www.useit.com.cn/thread-16131-1-1.html。

④ 中国信息通信研究院：《2017 年二季度互联网行业市场运行情况》，http://www.caict.ac.cn/。

中国互联网协会、工业和信息化部信息中心联合公布的2017年中国互联网企业100强的报告中，百强企业2016年的互联网业务收入总额达到1.07万亿元，同比增长46.8%，带动信息消费增长8.73%。[①] 2018年1月公布的第41次《中国互联网络发展状况统计报告》的数据显示，截至2017年12月，我国境内外互联网上市企业总体市值为8.97万亿人民币，较2016年增长66.1%。腾讯、阿里巴巴和百度的市值分别为：3.1万亿元、2.9万亿元和0.5万亿元，三家企业的市值占总体上市企业市值的73.9%。[②]

在互联网企业对城市经济的发展推动方面，一般来说，在互联网企业聚集的地区，其对当地经济总量的提升和发展贡献也呈现稳定性增长。以北京为例，《北京市2015年暨"十二五"时期国民经济和社会发展统计公报》显示，与互联网行为直接相关的"信息传输、计算机服务与软件业"在2015年实现产值2372.7亿元，比2014年增长12.0%，占2015年北京地区生产总值的10.3%，是北京地区国民经济的支柱产业之一。[③] 作为阿里巴巴集团、华三通信、海康威视等互联网企业所在地的杭州，于2014年出台了被称为"一号工程"的《关于加快发展信息经济的若干意见》，通过大力发展以互联网为核心的信息经济，加快经济转型升级，2015年首次进入"万亿GDP城市俱乐部"。至2016年，杭州信息经济实现增加值2688亿元，对GDP增长贡献率超过50%，以9.5%的增幅居全国副省级城市经济增速第一位。[④] 数字经济对广东的贡献也不容忽视。腾讯研究院发布的《2017广东互联网+数字经济指数报告》显示，2016年广东省数字经济占比53.5%，数字贡献新增就业占比42.3%。[⑤] 2017年7月20日，商务部新闻发言人高峰在例行新闻发布会上介绍，2017年上半年中国网络零售交易额达到3.1万亿元。其中，实物商品网络零售额占社会消费品零售总额比重达到13.8%，对社会消费品零售总额增长的贡献率达到34.5%，

---

① 中国互联网协会：《2017年中国互联网企业100强榜单》（2017年8月3日），http：//www.cac.gov.cn/2017－08/04/c_1121427972.htm。

② 《第41次中国互联网络发展状况统计报告（2018）》，http：//www.cnnic.net.cn/hlwfzyj/hlwxzbg/hlwtjbg/201801/P020180131509544165973.pdf。

③ 佟力强主编：《首都互联网发展报告（2016）》，人民出版社2017年版，第155页。

④ 凤凰网资讯：《同是经济大省省会，杭州为何给了济南"巨大震撼"?》，2017年5月18日，http：//news.ifeng.com/a/20170518/51117738_0.shtml。

⑤ 腾讯研究院：《2017广东互联网+数字经济指数报告》，http：//www.useit.com.cn/thread－16131－1－1.html。

也就是说，社会消费品零售总额的增量中，超过三分之一是由网络零售贡献的。[①] 可以说，在数字经济已经成为中国经济发展的主要形态和动力引擎的情况下，资本雄厚的互联网企业将越来越成为中国数字经济发展的主要推动者，其对中国经济发展的影响也将越来越大。

（二）开放社会的技术支撑者

数字经济作为继农业经济、工业经济之后的又一种经济形态，实质上也是有别于农业社会、工业社会的信息社会新形态。这种新社会形态的形成，主要是由数字经济作为共享经济的本质决定的。通过以互联网为代表的信息网络技术的广泛运用和深度植入，受制于农业社会和工业社会技术阻隔的社会有效联系又被重新链接起来，并以一种社会领域全覆盖的社会网络体系，强化了企业、个人、政府和社会之间的紧密联系，并在此基础之上形成了具有全新意义的开放性社会场阈。因此，如果要用一句话来形容农业社会、工业社会和信息社会的各自典型特征，那么可以做出这样的描述：农业社会的社会表征是自给自足，工业社会的社会表征是阶级分明，而信息社会的社会表征则是互融共生。就像世界银行《2016 年世界发展报告·数字红利》指出的那样："数字技术，包括互联网、手机以及所有其他用数字方式收集存储、分析分享信息的工具，在全球迅速普及。发展中国家拥有手机的家庭比有电或清洁用水的家庭还多，其中处于收入底层五分之一人口中有近 70% 拥有手机。从 2005—2015 年的十年时间，互联网用户增加 2 倍多：2005 年是 10 亿用户，2015 年底估计达到 32 亿用户。这意味着企业、个人和政府之间的联系紧密程度前所未有。数字革命已经为个人带来切身好处，包括更容易沟通获取信息，能享受诸多便利条件、免费电子产品以及新休闲方式。同时数字革命也让人们深切感到社会联结性和全球共同体的存在。"[②]

事实上，互融共生既是信息社会的外在形态表征，同时也是信息社会的内在结构要求。自给自足的农业社会既是由农耕经济的小农生产方式决定的，但是主要以马匹、驿站、水运等构成的生物性信息传播技术，由于过度依赖于时空物理条件，因而也在相当程度上塑造了农业社会结构的低

---

① 商务部网站：http：//www. mofcom. gov. cn/。

② 世界银行：《2016 年世界发展报告·数字红利》，http：//www. 199it. com/archives/507696. html。

度社会流动性和高度区域封闭性。而以蒸汽机、内燃机、无线电等为代表的机械性信息传播技术，第一次通过大规模的科学技术研发及其在经济社会中的广泛运用，在克服和摆脱了农业社会对自然之力过度依赖的基础之上，打破了旧的封闭性的孤立社会状态，在新的信息传播技术的基础之上，开始形成具有全新意义的人类社会交往体系，一体化、同步性和交互性的世界大历史正式形成和确立。脱胎于后工业时代以互联网为代表的数字技术的出现，则又对其技术和社会母体的工业社会进行了颠覆性的瓦解和重构，工业社会泾渭分明的社会结构被不断碎片化、模糊化以至混沌化。在互联互通的信息网络技术支撑下，有别于工业社会的新社会形态——信息社会——迅速崛起。基于互联网的开放性和数字经济的共享性，信息社会力图在政府、社会、企业和个人之间重新构建起以互融共生为主要特征的新的社会生态图景。

得益于互联网企业作为数字经济的主要推动者及其对经济发展不断攀高的贡献率，这种新的社会生态图景正在迅速构筑之中，并如浩荡江水迅猛而有效地改变着人们的社会生活。事实上，互融共生社会的诞生与发展主要取决于三个社会性要素的累积形成：社会结构的开放性、社会机制的接入性和社会利益的共同性。就中国而言，改革开放以来中国社会从计划经济到市场经济的转化中释放出来的巨大经济社会力量，是塑造中国社会从计划经济时代的全能政治到建立市场经济下的开放社会的决定性力量。正是在这一基础之上，政府、社会、企业和个人之间的联系愈益紧密，多方博弈、妥协的社会互动机制开始形成，并由于其有效性的不断提高而不断重塑市场经济条件下的多元社会共识。在这一社会演变过程中，一个绝不能忽视的社会力量就是以互联网为核心的网络信息技术在中国的广泛运用。这种技术运用的市场行为主体则是数字经济的承载者——互联网企业。互联网企业以其蓬勃而不可逆的经济动能和革命性的产品营销模式，在多点多元多中心的网络信息技术的支撑下，克服了农业社会和工业社会形成的技术性社会阻隔，不断刷新政府、社会和个人之间的社会交往形式，努力构建具有高流通、高互动、高效率的社会对接机制。通过无限延伸的“链”式连接，互联网企业为开放社会的结构变革提供了强大的技术力量，代表各种社会力量的不同利益观点，可以在新的社会交往机制中通过有效的对话与共议，在各方关切的重大议题的辩论中达成社会共识，从而促进方针政策的落地执行。可以说，在现今具有高跨界性和全领域性的信息社会中，互联网企业已经成为从单纯经济技术领域走向社会组织领域的重要力量之一。

（三）社会舆论的组织传播者

正如互联网之于中国具有特殊的意义，互联网企业之于中国也具有特殊意义。互联网企业的特殊意义主要在于它所扮演的经济角色的社会性内涵嬗变。事实上，中国的互联网企业不仅仅是以运用互联网技术开展和组织生产经营活动的经济组织，更是由于互联网内含的强大社会外溢效应进而成为具有广泛影响的社会组织。对那些主要从事精神产品生产的互联网企业来说，其作为生产经营者的活动范围，由于其产品的特殊性而被赋予了更为深刻的社会功能。同工业时代的工业化企业一样，互联网企业同样是靠生产和经营产品来赢得市场以获取推动企业发展的利润，但是，产品内涵及其社会附加值的不同，成为互联网企业与传统企业的最大区别。工业化企业的产品更多地体现为对人们的物质生活需求的满足，而负责提供精神产品的互联网企业则直接与人们的精神需求发生直接联系，进而通过提供相应的产品对人们的观念、行为、社会交往乃至社群形成等都产生了或多或少的影响。

从中国互联网发展的短暂历史来看，互联网企业与中国社会生活之间的产品供给关系变化，大致经历了四个主要发展阶段：第一个阶段，也就是互联网刚刚进入中国的最初阶段，这个时候互联网的作用主要是用于提供政府、单位和个人间的信息传递，其给人最直接的印象是快速高效。其后，在中国加快推进信息基础设施建设的基础上，互联网的高速高效对政府和企业两个主要用户单位的组织活动产生了直接影响。对政府而言，这就是提出并大力推进政务信息化工程；对企业而言，这就是形形色色的互联网公司的诞生和急速增长，互联网经济成为一时风头。这是互联网发展的第二阶段。但是，由于缺乏市场所需的庞大用户基数，再加上信息技术基础的滞后和制约，政府的信息化工程流于形式，而互联网企业则在一度膨胀的经济泡沫破灭后迅速跌入低谷。尽管如此，但无论是政府还是企业都已经意识到，互联网发展的困境只是暂时性的，而其蕴含的巨大经济社会动能必将随着中国经济的持续发展和互联网用户对象的倍增而被释放出来。进入 21 世纪以来，中国信息技术基础设施的跨越式发展为互联网用户群的扩大提供了可能，而转型时期错综复杂的中国社会矛盾的产生又为互联网的蓬勃发展提供了历史性机遇。通过利用互联网传播快、聚能大、影响力广的技术特征，在引起社会普遍关注网络舆情事件而带来的社会效应同时，伴随而来的经济效应则成为互联网企业从事相关经营活动的重要工具。于是，提供诸如新闻信息、网络文学、网络游戏等精神性产品服务，成为中国互联网发展的第三阶段的主要内容。也正是通过提供上述服务，使互联网企业与社会大众产生了最直接的精神联系，同时也使互联网企业对社会生活的影响力日渐增大。

网络信息技术的愈益成熟推动了互联网进入高歌猛进的第四阶段，也是到目前为止互联网最具有颠覆性力量的关键阶段。这一阶段的主要技术组织力量就是移动互联网。从桌面互联网到移动互联网，由于摆脱了体积大、携带不方便、接入网络有限制等不利因素，移动互联网成为互联网介入社会各个领域最有力的技术工具，也成为互联网企业影响和引导大众消费行为乃至社会行为最直接的技术渠道。据第 41 次中国互联网络发展状况统计数据显示，截至 2017 年 12 月，中国手机网民规模达 7.53 亿，通过台式电脑和笔记本电脑接入互联网的比例分别为 53.0% 和 35.8%。其中，手机上网率为 97.5%，平板电脑上网使用率为 27.1%。[①] 更加重要的是，在如此庞大的用户数量的基础上，移动市场的规模也在不断扩大。据中国信息通讯研究院移动应用监测平台提供的报告显示，截至 2016 年 10 月，全球安卓移动市场应用累计分发规模超过 2 万亿次，其中中国本土第三方应用商店累计分发数量超过 1.5 万亿次，分发规模已超越谷歌商店全球分发规模。[②] 可以说，移动通信技术的飞跃提升和移动互联网的高速发展，在进一步促进互联网企业与用户群密切的经济交往的同时，也进一步巩固和加强了互联网企业在大众社会中的信息权力，尤其是社会舆论的组织传播能力。就像习近平总书记于 2013 年 8 月 19 日在全国宣传思想工作会议上的讲话中指出的那样：“我国网民有近六亿人，手机网民有四亿六千多万人，其中微博用户达到三亿多人。很多人特别是年轻人基本不看主流媒体，大部分信息都从网上获取。必须正视这个事实，加大力量投入，尽快掌握这个舆论战场上的主动权，不能被边缘化了。”[③]

---

① 《第 41 次中国互联网络发展状况统计报告（2018）》，http：//www.cnnic.net.cn/hlwfzyj/hlwxzbg/hlwtjbg/201801/P020180131509544165973.pdf。

② 中国信息通讯研究院：《互联网发展趋势报告（2017 年）》，http：//www.caict.ac.cn/。

③ 中共中央文献研究室编：《习近平关于全面深化改革论述摘编》，中央文献出版社 2014 年版，第 3 页。

（四）信息权力的社会再造者

不得不说，习总书记提到的“特别是年轻人不看主流媒体，大部分信息都从网上获取”的现象，其实揭示了互联网时代信息权力正处在一场革命性的重构过程之中。这场权力的革命性重构对中国的影响尤为深刻。就像互联网政治学家安德鲁·查德威克指出的那样：“由于社会背景和制度架构的独特性，中国正在形成复杂的、本土化互联网政治。这种中国特色的互联网政治，广义而言，是对既往基于‘父爱主义’和全能政府的政治治理的拨正及调整——尽管这种变化从政治制度设计来看有不情愿和被动的意味；狭义而言，是对形形色色的境外网站、境内网站、互联网及新媒体信息流动、网民意见及网络社群的管理政策的理念更迭与多方博弈。其中，特别是越境数据流——点对点的跨越国家政治疆界的数字化电子数据传输，在过去、现在，都引出了一系列法律法规、国情政治和其他意识形态问题。”① 对查德威克关于互联网之于中国意义的这一描述，中国共产党在中国互联网发展20多年后已经充分意识到了。习近平在2016年2月19日召开的党的新闻舆论工作座谈会上就直言不讳地指出，互联网是中国共产党面临的“最大变量”。“我们过不了互联网这一关，就过不了长期执政这一关。”② 或者更直接地讲，如果不能牢牢掌握互联网时代的信息权力，那么中国共产党就过不了长期执政的政治关口。

控制信息的权力是任何国家维持社会正常运转的核心权力之一。这种权力不仅是政治原则性的规定，而且切切实实体现在国家对信息的生产、制作、流通、反馈、接收等各个环节上的制度性控制。对中国来说，基于物理世界的信息权力控制主要体现在党委宣传部和政府新闻广电部这两个最具代表性的权力部门。就其具体运行实践而言，主要在人事任免、注册审批、信息供给、内容审查、社会反馈等五个关键环节上进行物理性控制。首先从人事任免上讲，根据党管媒体的原则，凡是具备国有属性的报刊、电台、电视台、广播台、出版社等媒体单位，其负责人一般由所在行政区划地党委根据行政编制序列等级进行人事任命。尤其是对具有全国影

① ［英］安德鲁·查德威克著，任孟山译：《互联网政治学：国家、公民与新传播技术》，华夏出版社2010年版，第8页。

② 秋平：《新闻舆论工作要过好互联网这一关——写在习近平总书记“2·19”重要讲话发表一周年之际》，求是网，http：//www.qstheory.cn/wp/2017－02/18/c_1120489647.htm。

响力的中央级报刊、电台、电视台、出版社来说，其人事任命由中共中央直接负责考察任命。通过人事任免控制实现对媒体在经营活动中的意识形态领导，是目前最常用和最重要的做法。当然，从人事上进行控制主要是就国有媒体单位而言。对部分民营属性的媒体单位而言，则是通过文化部、国家新闻出版广电总局、国家工商行政总局等相关职能单位在注册审批上进行严格筛选把关，对其经营业务和范围进行严格约束限定。不过，在确立党对媒体的意识形态领导权的诸多环节中，信息供给权居于关键位置。尽管各大报刊、电视台、广播等媒体工具都拥有采撷信息的能力，但是这种能力并非普遍适用于所有领域的所有信息。在具体实践中，无论是新闻选题的设定还是记者的调查采访，往往都会受到诸多因素的影响和限制。尤其在事关国家安全、政府形象、社会焦点等重大议题方面，政府及其相关职能部门才是最终的信息供给者。而内容审查无疑进一步强化了这种信息供给权力。在实际运行中，政府及其相关职能部门反复要求的“口径一致”就是这种内容审查的集中表现。当然，面对海量新闻信息的涌现，仅靠人力审查和技术筛选并不足以应对。在这种情况下，根据新闻信息发布后可能引起的社会反馈效果，决定是否进行逆向追责就成为新闻监管的最后权重。事实上，这也是最为关键的监管权重。如果社会反馈总体趋向于正向，那就无需采取撤、停、整改等果断措施；如果社会反馈总体趋于负向，那么内部整顿就不可避免。这是当前信息监管权力构成和运行流程的基本情况。

互联网之所以会对现有的政府信息控制权力提出重构性挑战，就在于它在信息生产和传播渠道上所具备的革命性力量。在现实物理世界中，媒体单位的新闻信息源主要来自于两个：记者的实地采访调查和重大信息的政府供给。这两种获取信息获取方式都具有极强的可控性，其信息趋向具有显著的定向流动性。但是网络新闻除了拥有上述两个信息获取方式之外，其最能体现互联网开放精神的信息获取则来自于用户。无论是门户网站、社交论坛还是微信、微博、QQ 等社交媒体工具以及门类繁多的直播平台，都为用户提供了开放的网络信息发布平台。一些具有社会轰动效应的事件之所以能够第一时间甚至以直播形式在网上同步传播，其根源就在于不可计数的网络用户成为网络新闻素材的发现者和提供者。理论上讲，数以亿计的网民已经成为网络新闻生成的信息源点。尽管近年来政府相关职能部门加强了对网络用户的身份认证要求，但是仍然无法阻止和约束这种来自于“网民”自发的“草根”力量。习近平总书记在网络安全和信息化工作座谈会上的讲话中也指出："很多网民称自己为'草根'，那网络就是现在的一个'草野'。网民来自老百姓，老百姓上了网，民意也就上了网。群众在哪儿，我们的领导干部就要到哪儿去，不然怎么联系群众呢？"①

以信息传播方式而言，报刊、电台、电视和广播尽管表现形态不一，但在信息传播的方式上却具有同质性——都高度依赖于现实世界的物理性要素。比如，报刊的信息传播有赖于邮局、书店、印刷厂、便利店等构成的社会网络；电台、电视和广播的信息传播则高度依赖于卫星通讯、电信营运、中继基站等硬件基础设施。所有上述支撑性要素的物理性特征决定了各类媒体工具的信息传播不可避免地具有固态化（信息传播的物理基础）、定向性（信息传播的技术导向）、延时性（信息传播的先期制作）的特点，因而也就决定了新闻监管具有极强的可控性。但是在以互联网为核心构筑而成的"链"式网络世界里，信息传播对物理性要素的依赖已经减少到人们几乎忽略了它的存在。当然，但凡对互联网稍有了解的人都很清楚，这只不过是人们编织的自我幻象而已。不过这种幻象被人们视为理所当然也情有可原。毕竟经过20多年的飞速发展，互联网已经全方位融入到中国社会各个领域并发挥着重塑社会的变革之力。尤其是伴随着2000年以后出生的"网生代"人的成长和移动互联网的普及，网络新闻传播已经突破了网络虚拟空间的技术屏障，实现了与现实物理世界的瞬时同步。可以说，以"链"式连接为主要社会关系的网络社会的形成崛起，为新闻信息的流动和传播提供了极大的社会技术支持，主权国家的新闻信息审查受到了严峻挑战，更多国家的意识形态权力也受到了严峻挑战。

在上述信息控制权力发生的剧烈变革中，互联网企业恰恰是一个关键性的技术支撑和平台节点，它实际上扮演了互联网时代信息权力社会再造者的重要角色。正是从这一意义上讲，由中央网信办和中央组织部分别从法律约束和政治建设两个途径加强互联网企业运营的规范和管理，就成为重塑政府在互联网时代信息权力的题中应有之义。正如习近平总书记强调的那样："企业要承担企业的责任，党和政府要承担党和政府的责任，哪

---

① 习近平：《在网络安全和信息化工作座谈会上的讲话》，人民出版社2016年版，第7页。

一边都不能放弃自己的责任。”①

三、互联网企业的分类

开展互联网企业党建，既要遵循一般的党建工作原则，又要根据党建工作对象的实际特点因地制宜地开展工作。作为一种新型类属企业，互联网企业与一般非公所有制企业有着显著区别。这种区别主要表现为：在企业的组织技术上体现为互联网技术成为互联网企业组织结构的技术支撑；在企业的生产经营上体现为互联网技术成为互联网企业重建企业与市场关系的平台支撑；在企业的社会关系上主要表现为互联网技术成为互联网企业建构企业与用户关系的社交网络支撑。可以说，互联网企业正是通过对互联网技术及其周边产品的市场深度挖掘，迅速从单纯生产经营的企业组织过渡成为复杂的经济社会组织，进而壮大成为信息社会举足轻重的经济社会力量。强烈而鲜明的社会影响力是互联网企业区别于一般非公所有制企业最为显著的独特之处。但是，作为类属概念的互联网企业并非都具有这样深刻的社会属性。由于互联网行业的细分，从事不同领域的企业在生产经营上都有着不同的战略方向，因而其产品内容的社会属性强度也就存在显著差别。恰恰正是这种差别，既决定了互联网企业党建工作的主要内容，又决定了互联网企业党建工作必须遵循差异化原则。因此，开展互联网企业党建，首先要对互联网企业进行科学细致的分类。

（一）建立互联网企业的分类标准：产品—用户

确定互联网企业差异化的分类标准，是有针对性地开展互联网企业党建的基础性工作。这是因为，互联网企业由于从事的互联网行业领域及其产品指向均有细分，不同互联网企业的产品与用户（主要指大众消费者而非企业用户）之间的社会黏度各有强弱。正是这种社会黏度决定了互联网企业党建工作的重心和工作方法的各不相同。比如，从事互联网硬件设备生产的互联网企业，其与一般非公所有制企业中的生产类企业并无二致，无论是在企业的组织构成还是企业产品的影响力方面，都属同一类型，因而其企业党建工作模式也就表现出高度的一致性。但是，对那些产品的用

① 习近平：《在网络安全和信息化工作座谈会上的讲话》，人民出版社 2016 年版，第 20 页。

户黏度较高且具有较强社会影响力的互联网企业来说，由于党建工作的重心是强调对企业的政治引领，引导和规范互联网企业产品社会影响力的延伸方向，那么再照搬一般非公所有制企业的党建工作方法，就无法对党建工作的这一政治目标提供强有力的组织支撑。因此，开展互联网企业党建，必须首先摸清互联网企业的差异化分布情况，根据不同企业的产品特性，选择不同的党建工作路径。

那么，应该以什么样的标准来对众多的互联网企业进行分类呢？笔者以为，由于互联网企业主要是以其产品来构建企业与用户的“市场—社会”关系，那么把“产品—用户”指向作为划分互联网企业类型的分类标准，应该既能够反映当前互联网企业的行业分布领域、产品经营态势和互联网企业的发展趋势，又能够为党建工作在不同互联网企业的开展提供直观而准确的工作对象情况，并以此决定采取企业党建的具体工作路径。以2017年“中国互联网企业100强”为例，可以从企业规模、产品属性、用户偏好、企户关系四个观察维度，来了解互联网企业产品用户黏度与影响力生成的内在机理和发展规律。

第一个影响因子：企业规模。企业规模主要包含互联网企业在相关行业和相关区域经济中的经济规模、经营收入及其在互联网行业相关业务领域的影响力等因素。选择这一影响因子的意义在于，互联网企业的规模往往与其市场用户的多寡和社会影响力成正向联系。根据工信部公布的互联网企业发展数据显示，互联网百强企业2016年的互联网业务收入总规模达到1.07万亿元，营业利润总额为1362.86亿元。从收入结构上看，综合电商类企业收入最高，占总体比重为45.47%；综合门户位居第二，收入占比为26.68%。其中，腾讯和阿里巴巴的互联网业务收入达到2958亿元，利润达到997.52亿元，分别占百强互联网业务总收入的28%和营业利润73.2%；前五名（腾讯、阿里巴巴、百度、京东、网易）的互联网业务收入占百强总互联网业务收入的一半以上，前50名占到95%。[①] 从地域分布来看，北京、广东、浙江、上海和江苏五个区域性经济版图共有75家互联网企业的互联网业务收入平均超过200亿元。其中，北京31家互联网企业的互联网业务收入为4352亿元；上海20家互联网企业的互联网业务收入为1345亿元；广东10家互联网企业的互联网业务收入为2093亿元；浙江8家互联网企业的互联网业务收入为1505亿元；江苏6家互联网企业的互

① http：//www.isc.org.cn/zxzx/xhdt/listinfo－35586.html.

联网业务收入为949亿元。[①]

上述互联网行业和区域经济分布态势，基本反映了互联网企业的主要业务范围和产品特征。其中，北京作为互联网企业最为集中并拥有百强互联网企业最多的区域经济版图，其互联网企业的经营业务基本涵盖了互联网行业全领域，但在综合门户、搜索引擎、电子商务、网络安全、互联网金融等方面体现得最为突出。上海作为仅次于北京拥有百强互联网企业的区域经济版图，其互联网企业的经营业务主要涵盖了在线旅游、在线教育、网络游戏、互联网金融和互联网产业服务等方面。拥有10家中国百强互联网企业的广东虽然在企业数量上少于上海位居第三，但却以互联网业务收入2093亿元总量成为仅次于北京的第二大区域。以腾讯为代表的广东互联网企业主要涵盖了社交媒体、视频网站、网络游戏等互联网业务。与广东的情况类似，拥有以阿里巴巴为代表的8家百强互联网企业的浙江，以其互联网业务收入1505亿元的业绩占据收入榜单第三位，其互联网业务主要涵盖了电子商务、视频网站、互联网金融等互联网行业相关领域。江苏作为互联网业务收入超过200亿元的区域，首次进入中国百强互联网企业区域经济前五名。其拥有以苏宁控股、同程集团、途牛网、蜗牛数字、运满满、三六五网为代表的6家互联网企业，其互联网业务主要涵盖了电子商务、网络文创、在线旅游和产业服务等互联网行业领域。从上述情况可以看出，尽管互联网企业发展有着各方面的推动因素，但是企业规模的成长往往与其在互联网行业的业务定位和经济成长区域有着密不可分的关系。同时，这也表明，规模日益庞大的互联网企业不仅在区域经济版图中发挥着越来越重要的经济作用，而且也对区域范围内社会大众的生产生活具有了强大的社会辐射能力。

第二个影响因子：产品属性。事实上，互联网企业经营的主要产品对企业成长在相当程度上是一个决定性的因素。也就是说，用户对产品的市场接受程度乃至品牌忠诚度决定了企业规模增长的限度。因此，产品及其属性是分析互联网企业用户黏度和影响力生成的主要衡量因子。所谓产品属性，主要是指互联网企业主要产品的服务对象及其市场定位。从目标用户的角度来划分，互联网企业的产品属性大致可以分为经济生产属性、技术应用属性、公共服务属性和精神服务属性。按照前述中国百强互联网企业类型的划分标准，生产服务类和企业服务类这两大类型的互联网企业及

---

① http：//jiangsu. hexun. com/2017－08－04/190315712. html.

其产品的目标用户主要是企业，其市场定位主要是从事为企业提供相关互联网设备、技术、信息等内容的企业服务型业务。由于这两大类的互联网企业及其产品是在与相关企业间形成市场交易关系，因而其产品属性大致可以归为经济生产属性和技术应用属性，其对大众用户的社会生活并无直接而明显的介入渠道和影响能力。但是，公共服务类和精神服务类这两种类型的互联网企业则与之大为不同。这两种类型的互联网企业由于其业务方向和产品指向均以社会大众作为主要服务对象，因而其产品具有极其强烈的社会属性：公共服务属性和精神服务属性。

所谓公共服务属性，即是指互联网企业借助于互联网平台开发和推出以满足社会大众对生活品质需求为目标的服务型产品属性。在公共服务类互联网企业中，电子商务、网络游戏、网络金融、在线教育、在线旅游和生活服务等相关类型的企业产品都具有公共服务属性。作为电子商务型互联网企业产品代表的淘宝，就其产品的公共服务属性来说，淘宝最大的优势在于通过搭建企业（厂商）与用户（消费者）之间的直接交易平台，破除了由现实空间构建起来的物理型市场准入门槛，扩大了企业和用户进行交易的市场空间，降低了企业和用户之间的市场交易成本。对用户来说，生活的便捷性成为像淘宝这样的电商平台公共服务属性最突出的特点和竞争优势。网络游戏的公共服务属性主要体现在满足部分人群对休闲游戏的需求；在线旅游的公共服务属性主要体现在旅游公司为具有旅游意愿的人群提供相关项目或产品的内容信息、订票服务和产品反馈等大众服务；在线教育主要体现在通过互联网平台整合线上线下教育资源，为相关用户群体提供教育需求的服务产品。生活服务型互联网企业更加直接地体现出其产品的公共服务属性。网上订餐已经成为大众日常生活的普遍现象。正是在不断提供新产品并极力满足社会大众需求的过程中，具有公共服务属性的互联网企业及其产品已经与用户产生了较为深刻的市场与社会关系。也正是在这种不断深化的关系中，逐渐形成了用户对企业产品的认可度以及随之而来的产品忠诚度。

总体看来，具有公共服务属性的互联网企业产品与市场的用户黏度更多地体现在社会生活的便捷性和舒适性等体感层面。不过，类属精神服务类的互联网企业却具有极其强烈而内在的精神服务属性。正是这种产品属性，使互联网企业极易突破企业产品与用户之间的体感性接触层面，将产品逐渐深入到大众用户的心理和精神层面，进而形成和确立起更加牢固的市场用户黏度。或者说，精神服务类互联网企业及其产品建立起的用户关系已经不仅仅是一种市场交易关系，更是一种新的社会活动方式乃至新的社会交往关系。如门户网站、搜索引擎、社交媒体、文学音乐、视频直播等精神服务类互联网企业的主要产品均具有这样的社会属性。门户网站型互联网企业的产品主要通过综合门户网站和垂直门户网站两种平台，满足社会大众对新闻信息、图片、视频、交友、邮箱、论坛等各类需求。如腾讯、搜狐、新浪、网易等综合门户网站和世纪佳缘、携程旅行网、途风旅行网、换车网等垂直门户网站，已经成为社会大众获取各类信息的主要途径。搜索引擎型互联网企业则是通过大数据和人工智能技术，从海量信息的筛选中为用户提供如网页、新闻、微信、知乎、图片、视频、明医、英文、问问、学术、文档、地图、购物等多样化的搜索需求服务。如果说上述两种类型的企业产品是为用户提供各类信息服务，那么如微信、微博、QQ 等社交媒体产品则是为用户提供一种全新的社会交往平台。这个全新的交往平台在相当程度上使用户摆脱了现实社会交往中的诸多禁忌，从而建立起基于熟人关系且以自我选择为核心的社会交往网络体系。在这些社交媒体平台上，用户既可以获取如门户网站、搜索引擎等产品提供的信息服务，更能够建立起以自我为中心的信息传播新关系，如通过设立微信公众号、微博号等拓展用户的个性化的社会关系。而诸如网络文学音乐、视频直播等精神服务类互联网企业产品，更是为用户进行直接的精神生产和创作提供了极大的便利。因此，与公共服务类互联网企业及其产品相比，精神服务类互联网企业及其产品更加直接地深入到大众消费者的社会精神生活之中，并极力模糊了用户的市场角色，使其既是市场产品的被动消费者，又是市场产品的直接生产者。恰恰是这一市场双重角色，强化了精神服务类互联网企业及其产品的精神服务属性，增强了企业及其产品的用户黏度，提升了企业及其产品的社会影响力度。

第三个影响因子：用户偏好。以产品属性维度来观察分析互联网企业及其产品的用户黏度与影响力，更多地是从市场供应方企业的角度来看的。但是在企业与用户的市场交易关系中，从来都不可能是企业的单方面行为。事实上，互联网企业及其产品所具有的某种内在属性，本来就是企业基于市场用户需求调研分析基础之上被设计出来的。也就是说，产品属性其实就是基于用户需求的偏好属性。这就是蕴含公共服务性和精神服务性产品属性的互联网企业能够对用户产生深刻影响的关键所在。因此，从用户偏好的角度来分析和观察互联网企业及其产品的社会影响力也是一个不可或缺的影响因子。所谓用户偏好，是指互联网企业产品被大众消费者接受后形成的一种倾向性、习惯性的行为偏好。这种行为偏好既能满足用户对工具适用性和便捷性的要求，更能满足用户在心理和精神等方面的某种需求。衡量用户偏好往往可以用使用频率和用户规模等量化标准来体现互联网企业产品的市场接受程度。

从社会大众的用户视野来看，在中国百强互联网企业中，由于企业产品指向及其内在属性的差异，用户对公共服务类和精神服务类这两大类互联网企业的产品需求显著高于生产服务类和企业服务类互联网企业。根据中国互联网协会公布的《第41次中国互联网络发展状况统计报告》显示，截至2017年12月，各类互联网应用的使用率从高到低的分布情况如下：即时通信（93.3%）、网络新闻（83.8%）、搜索引擎（82.8%）、网络视频（75.0%）、网络音乐（71.0%）、网络购物（69.1%）、网上支付（68.8%）、地图查询（63.8%）、网络游戏（57.2%）、网络文学（48.9%）、网络直播（54.7%）、旅行预订（48.7%）、网上外卖（44.5%）、微博（40.9%）、在线教育（20.1%）、互联网理财（16.7%）。从用户规模方面来看，即时通信用户规模达7.20亿，其中手机即时通信用户规模为6.94亿；搜索引擎用户规模达6.40亿，其中手机搜索用户规模为6.24亿；网络新闻用户规模达6.47亿，其中手机网络新闻用户规模为6.20亿；网络购物用户规模达5.33亿，其中手机网络购物用户规模为5.06亿；网上外卖用户规模达3.43亿，其中手机网上外卖用户规模为3.22亿；在线旅游预订用户规模达3.76亿，其中手机预订规模为3.40亿；互联网理财产品用户规模达1.29亿；网上支付的用户规模达5.31亿，其中手机支付用户规模为5.27亿；网络游戏用户规模达4.42亿，其中手机网络游戏用户规模为4.07亿；网络文学用户规模达3.78亿，其中手机网络文学用户规模为3.44亿；网络视频用户规模达5.79亿，其中手机网络视频用户规模为5.49亿；网络音乐用户规模达5.48亿，其中手机网络音乐用户规模为5.12亿；网络直播用户规模达4.22亿，其中，游戏直播用户规模达2.24亿，真人秀直播用户规模达2.20亿。①

上述数据显示了具有公共服务和精神生产两种属性的互联网企业产品在市场规模和用户偏好方面的基本情况。可以说，正是用户偏好赋予了产品的某种满足其需求的社会属性，但一旦优质产品被市场接受并形成规模

---

①《第41次中国互联网络发展状况统计报告（2018）》，http：//www.cnnic.net.cn/hlwfzyj/hlwxzbg/hlwtjbg/201801/P020180131509544165973.pdf。

的时候，产品属性就能够进一步培养和强化用户的行为偏好。这恰恰就是相关类型互联网企业对社会大众影响力内在生成机制和主要发生渠道。

第四个影响因子：企户关系。一般来说，企户关系主要是指企业与用户之间的关系。把企户关系作为衡量互联网企业及其产品用户黏度和社会影响力的重要因子，其区别于前三个衡量因子的意义在于：如果说企业规模是从市场体量，产品属性是从市场需求，用户偏好是从市场行为等角度来衡量互联网企业及其产品的社会影响力，那么企户关系则是从社会关系的角度来衡量互联网企业及其产品社会影响力的广度和深度。从相当意义上讲，互联网企业与用户之间形成的关系，实质上是对一般企业与用户传统关系的颠覆性重构。这种颠覆性重构的意义，不仅仅是指互联网企业对传统企户关系经济内涵的市场细分服务，更重要的是指互联网企业与用户在事实上重新构建起了一种基于市场选择之上的新型社会关系。或者说，构建新型交互式的企业与用户之间的“市场—社会”关系，这才是互联网企业及其产品最大最深刻的社会意义。以综合类社交媒体工具为例，其对大众用户社会行为的深刻影响就在于：它不仅是用户进行通信联络和信息获取的媒体工具，更是成为重新构建包括人与人、人与社会和人与市场的社会关系的社交平台。《第41次中国互联网络发展状况统计报告》显示，截至2017年12月，在综合类社交媒体应用中，微信、QQ、微博的用户使用率分别为87.3%、64.4%、40.9%。[①] 典型社交应用程序使用率情况见下图：

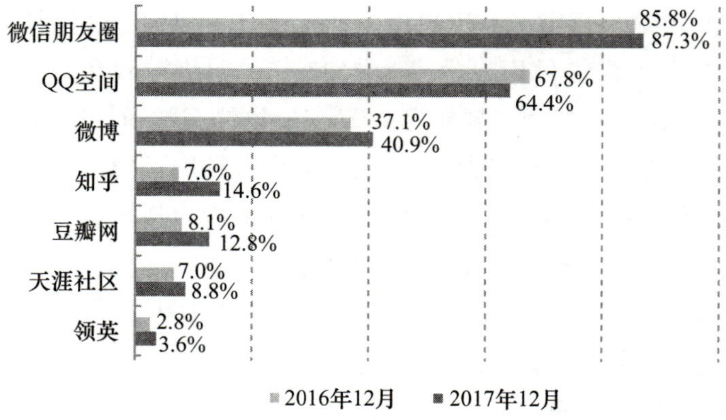

资料来源：CNNIC中国互联网络发展状况统计调查。

① 《第41次中国互联网络发展状况统计报告（2018）》，http：//www.cnnic.net.cn/hlwfzyj/hlwxzbg/hlwtjbg/201801/P020180131509544165973.pdf。

可以说，在广泛运用的过程中，分别形成了不同层次和领域的人际生态圈。尤其需要强调指出的是，在构建这种新型社会关系或者更加具体的社会交往关系中，主要力量不再是政府而是互联网企业和用户，这正是互联网企业与大众用户关系蕴含深刻意义的根本所在，也是互联网企业及其产品与大众用户的社会叛逆性的集中体现。

事实上，传统的企业与用户关系是嵌入工业化社会内部结构之中的有机组成部分，是社会关系体系在经济领域中的一种市场交易映射。在传统企户关系构建中，发挥主导性和决定性因素的是来自于政府前置性的市场规范和社会法律等强制性力量。由于传统企业与用户缺乏产品的内在粘合性，企业与用户在市场关系中扮演的只是产品销售方与产品消费者的被动角色，双方的市场行为与意愿都是在遵循规范性的市场要求下完成的。作为市场交易行为的监管方，政府拥有强大且可行的控制能力，能够对企业与用户之间的不良关系进行纠正。但是，在互联网企业与大众用户之间构建起来的企户关系中，由于两个方面的原因导致政府上述控制手段的失灵。第一个因素是对互联网企业及其产品的规范性手段的滞后。由于互联网企业作为信息社会数字经济的主要推动者，其发展的创新性和趋势性往往超越于政府的市场评估，因而在对互联网企业及其产品的管理措施上常常陷入被动窘境。第二个因素则是在前述估计不足的基础上带来的直接后果，这就是对互联网企业及其产品与用户之间的内在黏合性和有机合成性的估计不足。互联网企业与传统企业最大的区别就是其产品的社交媒体属性。尤其对公共服务类和精神服务类这两大类型的互联网企业而言，其产品都具有与大众用户产生直接而普遍的社交功能。也就是说，像传统企业一样，互联网企业在市场交易行为中扮演了供货方和销售方的传统厂商角色，但是一旦这些基于市场用户需求的产品被大众用户接受并广泛运用的时候，互联网企业的角色内涵已经超越了传统企业而具备了深刻的社会意义——正是互联网企业为大众用户提供了一个全新的、叛逆性的技术改变人生的机会。从最初的QQ、MSN、博客到微博，再到微信，正是在大众用户的广泛参与下，互联网企业用其技术和产品开始构建一个不同于既存的市场—社会关系。在这一新型关系中，大众用户不仅是互联网企业产品的消费者，而且也是企业生产的内容提供者，更是市场—社会关系的主要推动者。这是传统企户关系所无法具备的最活跃因素，也是传统市场关系监管方的政府最大的管理弱点。而这个弱点恰恰就是互联网企业及其产品越来越具有社会影响力的关键。

（二）中国百强互联网企业的分类：四类十六型

以2017年8月3日中国互联网协会、工业和信息化部信息中心联合发布的2017年“中国互联网企业100强”榜单为主要分析对象，按照互联网企业的行业领域、产品指向和用户黏度三个维度，大致可以将中国百强互联网企业划分为生产服务类、企业服务类、公共服务类和精神服务类等四类十六种各型企业。

第一大类：生产服务类。生产服务类互联网企业是互联网行业存在和发展的物理基础，其产品的服务对象主要是各种企业，主要涵盖为互联网行业发展提供基础性设备、软件、程序以及其他技术服务类的相关企业。这一大类的互联网企业主要包括两种类型的互联网企业：设备生产型企业和网络安全型企业。设备生产型企业主要经营与互联网行业相关的基础性硬件和软件，是互联网行业发展的设备生产供应商。如上海塑米信息科技有限公司（主要产品“塑米城”）、网宿科技股份有限公司（主要产品“网宿”）、深圳市迅雷网络技术有限公司（主要产品“迅雷”）、二六三网络通信股份有限公司（主要产品“263云通信”及企业邮箱）、重庆猪八戒网络有限公司（主要产品“猪八戒”）、山东开创集团股份有限公司（主要产品开创）、湖南竞网智赢网络技术有限公司（主要产品竞网营销）、厦门鑫点击网络科技股份有限公司（主要产品“点击网络”），等等。网络安全型企业主要经营与互联网行业相关的安全防护等领域的业务。如，三六零科技有限公司（主要产品“360安全卫士”）、北京洋浦伟业科技发展有限公司（主要产品“梆梆安全”）、浙江省公众信息产业有限公司（主要产品“翼眼”），等等。

第二大类：企业服务类。企业服务类互联网企业主要是指涵盖互联网行业技术、信息、通讯等服务类企业，其产品主要面向相关企业。这是目前互联网行业中从业较多的服务类企业。这一大类的互联网企业主要包括三种类型的互联网企业：技术服务型企业、信息服务型企业和通讯服务型企业。

技术服务型互联网企业主要向相关企业或行业提供互联网技术服务。如用友网络科技股份有限公司（主要产品“用友”）、上海东方网股份有限公司（主要产品东方网）、杭州顺网科技股份有限公司（主要产品“网吧管家”、顺网星传媒）、北京车之家信息技术有限公司（主要产品“汽车之家”）、北京搜房网络技术有限公司（主要产品“房天下”）、杭州泰一指尚科技有限公司（主要产品 DATAMUST、T－DATA、AdMatrix）、换车网（武汉）网络技术有限公司（主要产品换车网、“帮帮卖车”）、河南锐之旗网络科技有限公司（主要产品“锐之旗”、企汇网）、浙江省公众信息产业有限公司（主要产品“店完美联盟”）等等。

信息型互联网企业主要向相关企业或行为提供互联网平台和信息服务。如东软集团股份有限公司（主要产品“东软”“熙康云医院”）、贵阳朗玛信息技术股份有限公司（主要产品 39 健康网、贵阳互联网医院）、北京怡生乐居信息服务有限公司（主要产“品乐居”）、北京中钢网信息股份有限公司（主要产品中钢网）、黑龙江龙采科技集团有限责任公司（主要产品“龙采”）、首都信息发展股份有限公司（主要产品“首都之窗”）、北京飞利信科技股份有限公司（主要产品“飞利信”）、北京亿起联科技有限公司（主要产品“点入魔方”、PandaMobo）、江苏满运软件科技有限公司（主要产品“运满满”）等等。

通信服务型互联网企业主要向相关企业或行业提供互联网信息通讯或增殖服务。如小米通讯技术有限公司（主要产品“小米”、MIUI 系统等）、上海钢银电子商务股份有限公司（主要产品“我的钢铁网”）、上海连尚网络科技有限公司（主要产品“WiFi 万能钥匙”）、深圳市梦网科技发展有限公司（主要产品“码信通”）、联动优势科技有限公司（主要产品“联动信息”“联动支付”“联动国际”）、海南易建科技股份有限公司（主要产品“海航云平台”“智慧机场云平台”）、北京世纪互联宽带数据中心有限公司（主要产品“世纪互联”“蓝云”“快网”），等等。

第三大类：公共服务类。公共服务类互联网企业主要是指以大众消费者作为市场用户主体，通过搭建互联网平台并为其提供各种便捷式服务的互联网企业。这一大类的互联网企业主要涵盖六种类型企业：电子商务型企业、网络金融型企业、网络游戏型企业、在线教育型企业、在线旅游型企业和生活服务型企业。

电子商务型互联网企业主要指通过搭建互联网交易平台以提供企业产品与市场用户直接关联型服务的企业。在中国百强互联网企业中，阿里巴巴集团的淘宝网、天猫商城，京东集团的京东商城，苏宁控股集团的苏宁易购，杭州卷瓜网络有限公司的“蘑菇街”，深圳市思贝克集团有限公司的思贝克商城，福建利嘉电子商务有限公司的“你他购”，北京亿玛在线科技股份有限公司的易购网，厦门美柚信息科技有限公司的“美柚”“柚宝宝”“柚子街”等都是典型代表。

网络金融型互联网企业主要指通过互联网平台为传统金融业提供与市场用户直接快捷的交易型服务的企业。它主要包括第三方支付、在线理财、商务众筹、金融中介等金融产品。如京东集团的京东金融，苏宁控股集团的苏宁金融，宜人贷公司的宜人财富、宜人贷借款，东方财富信息股份有限公司的东方财富网，微贷（杭州）金融信息服务有限公司的微贷网，佳缘国际有限公司的佳缘金融，江苏三六五网络股份有限公司的安家贷等等。

网络游戏型互联网企业是互联网企业产品与用户黏度最高的类型企业。其中，最为典型的就是深圳市腾讯计算机系统有限公司的腾讯游戏（主要产品“王者荣耀”）。在其他的百强互联网企业中，搜狐集团的畅游，三七互娱（上海）科技有限公司的37游戏、37手游，广州多益网络股份有限公司的“神武”“梦想世界”，北京昆仑万维科技股份有限公司的昆仑万维，杭州边锋网络技术有限公司的“边锋游戏”，竞技世界（北京）网络技术有限公司的“JJ比赛”，福建网龙计算机网络信息技术有限公司的“魔域”“征服”“英魂之刃”，苏州蜗牛数字科技股份有限公司的蜗牛网，厦门吉比特网络技术股份有限公司的“问道”，上海波克城市网络科技股份有限公司的“波克”平台、“波克捕鱼”，上海米哈游网络科技股份有限公司的“崩坏学园”，上海晨之科信息技术有限公司的“咕噜游戏”，中至数据集团股份有限公司的2217游戏，广州游爱网络技术有限公司的“风云天下OL”“比武招亲”“塔王之王”，湖北盛天网络技术股份有限公司的“易乐游”“战吧”和58游戏网，心动网络股份有限公司的“横扫千军”“神仙道”“天天打波利”，上海誉点信息技术有限公司的“雷霆之怒”“赤月传说2”“皇图”，金华比奇网络技术有限公司的5173中国网络游戏服务网，广州趣丸网络科技有限公司的TT游戏，以及为网络游戏提供技术支撑的北京光环新网科技股份有限公司的“光环云”等等。

在线教育型互联网企业主要指通过在线教育平台为用户提供相关教育服务的企业。在中国百强互联网企业中，拓维信息系统股份有限公司的云课“云宝贝”智慧幼教平台，沪江教育科技（上海）股份有限公司的沪江网校、CCtalk、开心词场，等等。

在线旅游型互联网企业主要是指依托互联网平台开展旅游项目咨询、产品订购和服务评价的企业。在中国百强互联网企业中，携程计算机技术（上海）有限公司的携程旅行网、途风旅行网，同程旅游集团的同程国旅、同程金服，南京途牛科技有限公司的途牛旅游等最具代表性。

生活服务型互联网企业主要指网上订餐、及时配送与用户评价的相关企业。如，北京三快科技有限公司的美团、大众点评，拉扎斯网络科技（上海）有限公司的饿了么、蜂鸟配送，等等。

第四大类：精神服务类。精神服务类互联网企业主要是指为依托互联网平台提供能够满足市场用户信息需求的相关企业。由于这一类企业的主要产品与消费者的精神生活紧密相关，因此成为最具代表性的互联网企业。它主要涵盖五种类型的互联网企业：门户网站型企业、搜索引擎型企业、社交媒体型企业、文学音乐型企业、视频直播型企业。

门户网站型互联网企业主要是指提供新闻、搜索引擎、聊天室、免费邮箱、影音资讯、电子商务、网络社区、网络游戏、免费网页等服务的网站。它主要由综合门户网站和垂直门户网站两种类型组成。综合门户网站一般是各类信息在互联网平台上的综合网站；垂直门户网站一般是行业或企业内部各种信息的垂直条块网站。在中国百强互联网企业中，深圳市腾讯计算机系统有限公司的腾讯网，网易集团的网易，新浪公司的新浪网，搜狐集团的搜狐，新华网股份有限公司新华网，北京天盈九州网络技术有限公司的凤凰网，央视国际网络有限公司的央视网，人民网股份有限公司的人民网、人民视讯、环球网等是最具代表性的综合门户网站。作为行业垂直门户网站的互联网企业则有北京三快科技有限公司的大众点评，携程计算机技术（上海）有限公司的携程旅行网、途风旅行网，东方财富信息股份有限公司的东方财富网，北京中钢网信息股份有限公司的中钢网，贵阳朗玛信息技术股份有限公司的 39 健康网，佳缘国际有限公司的世纪佳缘网，河南锐之旗网络科技有限公司企汇网，沪江教育科技（上海）股份有限公司的沪江网校，换车网（武汉）网络技术有限公司的换车网，等等。

搜索引擎型企业主要是指通过互联网平台为用户提供包含网页、新闻、文档、地图、影音等多样化产品的搜索服务的企业。在中国百强互联网企业中，百度公司的百度、搜狐集团的搜狗、上海二三四五网络控股集团股份有限公司的 2345 网址导航等是最典型的搜索产品。

社交媒体型企业主要是指为人们提供撰写、分享、评价、讨论、相互沟通的网站、平台和程序，主要涵盖热门社交网站、微博、微信、博客、论坛、播客等产品。在中国百强互联网企业中，深圳市腾讯计算机系统有限公司的微信、QQ，新浪公司的微博最具普遍性和代表性。而佳缘国际有限公司的世纪佳缘网则是典型的交友型社交网站。

文学音乐型企业主要是指为人们提供创作文学、音乐等产品的互联网平台。苏宁控股集团的苏宁文创，咪咕文化科技有限公司的迷谷音乐，广州酷狗计算机科技有限公司的酷狗音乐，北京字节跳动科技有限公司的“今日头条”都是这一类型的互联网企业。

视频直播型企业主要是指为用户提供包含音乐、舞蹈、脱口秀等产品的在线直播，以及满足用户包括影视观看、票务订购的视频网站。如阿里巴巴集团的优酷、土豆，百度公司的爱奇艺，鹏博士电信传媒集团股份有限公司的大麦影视，上海东方明珠新媒体股份有限公司的 BesTV 百视通、SiTV、五岸传播，北京字节跳动科技有限公司的“内涵段子”，咪咕文化科技有限公司的咪咕视讯、咪咕数媒，央视国际网络有限公司的央视影音、中国 IPTV，人民网股份有限公司的人民视讯，湖南快乐阳光互动娱乐传媒有限公司的芒果 TV，北京六间房科技有限公司的“六间房”、石榴直播，暴风集团股份有限公司的暴风影音，武汉斗鱼网络科技有限公司的斗鱼直播，广州趣丸网络科技有限公司的 TT 直播，山东广电新媒体有限责任公司的山东 IPTV 等都属此种类型的互联网企业产品。

当然，以“产品—用户”关系为标准，将中国百强互联网企业划分为四类十六型企业并不能完全反映百强互联网企业及其产品的市场分布态势。从上述归类即可看出，由于互联网企业跨界发展的趋势日益显著，同一种产品往往可以分属不同类型。但从党建工作的视角来看，这种以“产品—用户”关系作为类型划分的标准，既能展示不同类型互联网企业形成用户黏度与社会影响力内在生成机理，也能为在互联网企业开展党建工作提供有针对性的路径选择策略。

第二章

互联网企业党建理论：误解、认知与重建

互联网企业作为新类型企业，不仅与一般非公所有制企业在用户黏度和影响力生成的内在机理上有着鲜明的整体性差别，而且由于互联网行业领域的细分服务，互联网企业的市场定位及其产品内在属性的差异，也使各个类型的互联网企业在用户黏度和影响力生成的方式上有着较大的差异。这样精细的互联网行业分布态势、市场发展趋势和产品的复杂多样性以及社会大众的参与交互性等诸多特征，对互联网企业党建提出了比一般非公所有制企业党建更为严峻的挑战和更高的标准。这就要求各级党委职能部门在开展和推进互联网企业党建工作时，必须破除对互联网企业党建的模糊认识，科学对待互联网企业党建工作对象的层次性和差异性，认真分析其对党建工作提出的新要求，在积极探索适应各种类型互联网企业党建差异化工作的实践中，重建互联网企业党建的理论架构。

一、互联网企业党建的三种误解

由于互联网企业党建作为新类型企业党建提出时间尚短，在既缺乏足够的党建工作实践经验又没有深入理论研究的情况下，常常导致各地在实际开展和推进互联网企业党建工作实践中被许多疑惑所困扰。比如，互联网企业党建和一般非公所有制企业党建到底有什么不同？互联网企业党建能不能直接套用一般非公所有制企业党建的工作方法？互联网企业党建是不是只要建立党的基层组织并开展相应活动就可以了？等等。从认识根源上来讲，上述一系列问题的出现都源自于对互联网企业和互联网企业党建本身的误解。毕竟，在对互联网企业的认识上还存在许多不清楚的情况下，在实践层面开展互联网企业党建必然会遇到更多疑惑。具体来说，对互联网企业党建的疑惑和误解主要体现在以下三个方面：

（一）误解一：把互联网企业党建的类型特殊性等同于一般企业党建

互联网企业党建的类型特殊性主要取决于互联网企业及其产品的特殊

性。同一般非公所有制企业一样，互联网企业也是通过产品的营销来建立与用户的市场交易关系。但是与一般非公所有制企业不同的是，互联网企业并不仅仅局限于同用户的纯粹市场交易关系，而是在此基础之上又把企业与用户的关系推进到“市场—社会”关系中。也就是说，互联网企业在具有了影响大众消费行为的能力后，又在资本与技术的双重驱动下，开始把企业的触手深入到大众社会行为之中，极力影响、引导乃至塑造大众的精神生活。这是互联网企业在攫取巨量经济利润后与一般非公所有制企业在企业发展目标上的最大不同。而互联网企业能够实现并且已经形成市场—社会态势的关键有两个因素：产品的社交属性和政府的监管滞后。正是基于互联网技术的社交属性赋予了互联网企业及其产品与一般非公所有制企业最为深刻的社会属性差别，也使互联网企业的社会影响力有了可以依托的坚实技术和平台支撑以及能力输出的机制渠道。如前所言，互联网企业及其产品的这种社会叛逆性超出了既有的社会规范体系和政府监管机制，因而在大众用户广泛参与并聚集起来的巨大社会动能推动下，一种基于互联网技术和平台的社会交往关系迅速被建立起来，并日益显现出其对既有社会规范体系的瓦解和重构的社会冲动，对政府的监管手段和治理机制提出了更加复杂多变的社会挑战。因此，开展互联网企业党建，必须着眼于上述互联网企业影响力生成的两个重要关键点，科学设定互联网企业党建的工作目标。

那么，互联网企业党建的工作目标到底是什么呢？从中国共产党的普遍性政治要求来看，即要求遵循党章的相关规定在互联网企业内部成立党的基层组织，以联系、团结和组织党员开展党的组织活动。这是互联网企业与一般非公所有制企业党建在工作目标上的一致性和共同特点，也可以说是互联网企业党建工作的基础性目标。但是，由于互联网企业具有与一般非公所有制企业不同的社会影响力，并且这种影响力往往游离于政府的监管体系之外，因而决定了互联网企业党建绝不能仅限于在互联网企业内部的组织设置和工作覆盖，必须根据不同类型互联网企业的发展特点和执政党社会治理的总体要求，科学合理地设定相关互联网企业的党建工作目标。于是，与一般非公所有制企业党建目标相比，互联网企业党建基于类型企业的党建工作特殊性目标就产生了。

在生产服务类的互联网企业中，由于此种类型的互联网企业及其产品主要分属互联网行业和市场结构的物理性基础层级，相关类型企业的市场行为与一般非公所有制企业一样，企业发展的各个环节都处于政府行政执法部门的严密监管中。更为关键的是，这一类型的互联网企业的产品主要是用来满足互联网行业基础发展的生产设备需求，因而其产品并不具备影响社会大众的内在属性。因此，针对生产服务类的互联网企业，其党建工作目标可以与一般非公所有制企业保持一致。即通过摸排企业员工中的党员，在符合党章规定的前提下，设置党的基层组织以加强对企业党员的教育管理。

企业服务类的互联网企业与生产服务类的互联网企业具有比较相似的企业属性，其主要的互联网业务是为相关企业提供基础性的技术服务。不过，在企业服务类的互联网企业中，信息服务型企业仍然需要关注。虽然这种类型的互联网企业主要从事为相关企业提供信息咨询等内容的互联网业务服务，但由于它的业务范围与大众消费者有着不小的交集，往往也会对特定用户产生影响。比如，2017 年 5 月 20 日，东北大学资源勘查工程专业毕业生李文星在“BOSS 直聘”上应聘，结果被传销组织利用而陷入传销骗局，在失联数日后最终不幸身亡。事后，北京市网信办、天津市网信办开展联合执法专项行动，就“BOSS 直聘”发布违法违规信息、用户管理出现重大疏漏等问题，依法联合约谈“BOSS 直聘”（京 ICP 备 14013441 号）法人，并下达行政执法检查记录，责令网站立即整改。随即，“BOSS 直聘”面向社会公众发布道歉信，并紧急采取升级流程和系统、“活体动态人脸识别 + 身份证”认证系统上线等举措，以保护求职者安全。像“BOSS 直聘”这样服务于各个企业人力需求的互联网信息服务平台，对其在加强强制性的法律规范的同时，在开展相关党建工作时尤其需要注重发挥企业内部党员党组织的组织和工作力量。当然，尽管有上述要求，但从党建工作目标的角度而言，其与生产服务型企业的工作方法并无二致。也就是说，党建工作的目标是通过组织设置和工作覆盖将企业党员重新纳入到组织管理体系之中。

在互联网企业党建中，最需要引起注意且应该成为党建工作重心的是公共服务类和精神服务类互联网企业。如前分析，由于公共服务类和精神服务类互联网企业的业务指向直接面向具有主观意识的社会大众，而又因其产品具有内在的社交属性而赋予了企业影响大众的技术可能和平台渠道。当然，与精神服务类互联网企业相比，公共服务类互联网企业下属各类型互联网企业及其产品并非都具有对大众用户如此明显而强烈的社会影响能力，但是必须看到的是，这些以服务公共生活的互联网企业及其产品仍然具有普遍的社交媒体属性。事实上，互联网企业发展的一个突出特点就是产品属性的跨界性。比如，在线旅游类的互联网企业及其产品最初只是满足用户对相关产品信息的需求而设置了回复评论等功能，但是随着用户黏度的提高和平台功能的拓展，单一的用户点评就有可能从企业产品与用户的纵向交流发展成为用户之间的横向沟通，进而可能演化成为具有公共议事功能的用户论坛。精神服务类互联网企业及其产品对大众用户的消费行为乃至社会行为的影响更是直接而深刻。事实上，大众用户并非只是被动地接受这类产品，而是在接受产品的过程中不断地注入主观性的努力。最终，在企业与用户的共同努力下，这种具有极强社交属性的企业产品成为构建新型社会交往关系的技术力量和平台支撑。由此而论，在这两大类型的互联网企业中开展党建，其工作目标如果只限定于满足党组织的设置和工作覆盖，是无法完成政治引领互联网企业的党建最高目标。因此，针对这两种类型的互联网企业，党建工作的目标应该有别于生产服务类和企业服务类互联网企业，政治引领应该成为公共服务类和精神服务类互联网企业的最高目标。也就是说，推进互联网企业的组织设置和工作覆盖，是互联网企业党建工作普遍而又基础性的工作目标；但是就公共服务类和精神服务类互联网企业及其产品的特殊性而言，加强党委职能部门的政治引领能力应该成为这两类互联网企业党建工作的重点和最高目标。

（二）误解二：把互联网企业党建的目标差异性混同于同质型企业党建

互联网企业党建的目标差异性主要取决于不同类型互联网企业党建目标的层级差异。如上所述，在生产服务类和企业服务类互联网企业中，由于其同一般非公所有制企业一样，企业的主要产品对社会大众并无直接的精神性影响，且企业的组织结构和产品运营模式均具有典型的物理空间意义，因而企业的业务边界和产品的流通边界明晰而确定，与现实社会的组织结构具有高度的耦合性。可以说，生产服务类和企业服务类互联网企业其实就是工业化社会组织经营形态的一种反映。因此，根据这两大类型互联网企业的组织特征和产品的流通特征，以及此类互联网企业党建工作目标的有限性——党员党组织的设置和工作覆盖，互联网企业党建工作可以套用一般非公所有制企业党建工作模式，采取从上到下、从外到内，仔细筛选，反复摸排，挖掘发现企业中的“隐身失联”党员，将其重新纳入到党的基层组织之中。同时，按照党章要求，积极开展相关组织工作，联络、团结和加强对企业党员的管理教育，使之成为党在互联网企业中的组织基础和政治基础。这是在生产服务类和企业服务类互联网企业中开展党建工作的基本方法。

但是，对公共服务类和精神服务类互联网企业而言，如果仅仅只是沿袭上述党建工作方法，那么就无法有效支撑起这两大类互联网企业党建目标的实现。当然，这里并不是否定前述党建工作方法的重要性，事实上，在企业中大力推进党组织设置和工作覆盖仍然是基础而必要的工作。只不过必须正视公共服务类和精神服务类互联网企业的特殊性，根据这两大类互联网企业党建的具体目标，采取具体的工作方法和路径。如前所述，政治引领是公共服务类和精神服务类互联网企业党建工作的最高目标，那么，如何建立一种有效的工作方法来实现这种政治引领，就成为在这两大类互联网企业中开展党建工作的一种智慧和能力的双重考验。从目前的党建工作现状来看，试图从企业法人治理结构中寻求突破口来加强党组织对企业的政治引领，成为在公共服务类和精神服务类互联网企业推进党建的工作思路和努力方向。这一工作思路的要点在于力图在企业内部建立党员党组织与经营管理层的工作沟通和平台对话机制，以便将党的一系列政治规范性要求付诸于企业的经营决策之中。事实上，这一党建工作思路并不新鲜，它在相当程度上是对合资企业党建工作方法的复制和借鉴。在合资企业中，党建工作之所以能够采取这种嵌入到法人治理结构中的工作方法，根本原因在于国有资本的强大支撑。从这一点就可以看出，在非公互联网企业中，希望复制这一工作方法的党建思路的最大缺陷恰恰就在于它缺乏强有力的国有资本支撑，因而也就无法具备充沛的政治动能。因此，从这一工作路径来思考互联网企业党建的政治引领，就目前来看尚不具备基础性的支撑条件。

那么，应该建立怎样的方法机制来支撑和实现党对互联网企业尤其是公共服务类和精神服务类互联网企业的政治引领呢？从公共服务类和精神服务类互联网企业及其产品的特质来看，对改变党组织建设以人为主的传统工作路径，建立以产品为指向的组织工作思路应该引起重视。生产服务类和企业服务类互联网企业之所以能够采取与一般非公所有制企业一样的党建工作模式，根本原因就在于企业、企业员工和企业产品在组织管理的各个环节都是以固化物理形态表现出来，极易于政府职能部门的介入和管控。这种管理模式反映在党建工作上就是建立以人为中心的组织管理体系。当然，这套组织管理体系之所以有效还在于企业党建目标的有限性，即同一般非公所有制企业一样，生产服务类和企业服务类互联网企业的党建目标，是为了对“失联”党员进行再政治化和组织化，以保证党组织对党员的全时性管理教育。但是，与生产服务类和企业服务类互联网企业的组织管理的差别之处在于，公共服务类和精神服务类互联网企业是以具有社交属性功能的产品为中介（技术和平台），对社会生活尤其是大众精神生活产生深刻影响。公共服务类和精神服务类互联网企业的这一内在运行机理表明，如果不加分析地沿袭生产服务类和企业服务类互联网企业的党建工作模式，重人（党员）轻物（产品），是无法支撑起党建工作政治引领的政治目标的。

因此，针对公共服务类和精神服务类互联网企业特殊性，建立以人为组织基础、以产品为工作中心的党建工作新方式，应该成为推进这两大类型互联网企业党建工作的新路径。建立以产品为中心的党建工作新路径的优势主要体现在两个方面：第一个优势是能够摆脱执著于融入企业法人治理结构的党建工作困境。在互联网企业资本属性和来源复杂的情况下，想通过党组织进入法人治理结构的方式实现对企业经营管理的影响，基本上属于无解之局。但是如果把工作重心从这一传统思路上扭转过来，建立以产品为导向的党建工作管理机制，就可以为发挥党的力量和资源提供有效的工作平台。因此，这一党建工作新路径的第二个优势就是，它能够把党的政治优势和组织优势转换成为强大的组织管理技术优势。公共服务类和精神服务类互联网企业的社会影响力主要在于产品。建立以产品为导向的党建工作新路径，就是要求各级党组织必须对互联网企业产品链延伸的各个环节实行全程管理，以确保党组织能够在互联网企业产品链延伸的关键环节有渠道、有声音、有组织、有力量，切实发挥党组织对互联网企业的政治引领。

（三）误解三：把互联网企业党建的发展动态性简化为模式化企业党建

互联网企业党建的发展动态性主要取决于互联网企业产品内容的延展性给党建工作带来的动态性变化。从组织结构和形态上讲，互联网企业与一般非公所有制企业的最显著区别就是：互联网企业是以互联网为代表的、信息网络技术为架构组织起来的新型企业，而一般非公所有制企业则是基于传统的机械化技术构建起来的。无论是机械化技术还是信息网络技术，都是拥有改变人类社会生活能力的社会技术，而不同类型的社会技术其组织的社会外溢效应也是不同的。机械化技术为包括企业在内的任何组织提供了基于中央集权核心的垂直内控式管理架构，因而其组织的社会外溢效应是内敛而有限的；信息网络技术则在最普遍意义上销蚀了这种自上而下的中央集权式的管理架构，它在压缩垂直纵向的组织层级以减少信息流通环节的同时，又通过构筑开放式的组织结构而实现了管理架构的横向连通，进而形成企业内外纵横交错的立体化组织网络体系，流淌于其间的则是拥有巨大能量的信息洪流。正是这种流动而开放的信息流成为互联网企业区别于一般非公所有制企业的组织关键，既是生成和塑造互联网企业党建工作要素流动性特征的决定力量，也是造成当前互联网企业党建推进中诸种不适的主要原因。也就是说，基于信息流生成运用的互联网企业，实际上使现有基于企业本身的党建工作模式失去了稳定的组织土壤，一般党建工作结构中的稳定性要素在新的组织场阈中不断受到互联网企业流动性要素的结构性冲击，这是当前开展互联网企业党建在理论认知和工作推进中倍感困惑与不适的主要根源。

针对互联网企业党建工作要素的流动性特征，基于互联网企业“产品链”的精准化党建工作，就成为开展互联网企业党建工作的一条新路子，更是互联网企业党建与其他非公所有制企业党建的最大差别。这是因为，在一般非公所有制企业党建中，党建工作的起点和终点是明确而有界限的，党建工作的对象是具体而固化的“人”，党建工作与所属企业的产品及其经营并无紧密联系。也就是说，“人”既是党建工作的起点，也是党建工作的终点，始终是贯穿于党建工作的中心红线。但是，互联网企业党建的特殊性在于党建工作追求的目标并非仅仅局限于对企业内部党员党组织双覆盖的满足，而是要通过党员党组织政治动能的聚合发力，实现对互联网企业产品影响力的渗透和引领，即互联网企业党建工作的政治效度主要取决于与企业产品链延展度的高度契合。或者说，互联网企业党建工作的政治持久力主要取决于与企业产品链延展的黏合度。概言之，如果说一般非公所有制企业党建工作遵循的原则是群众在哪里，党组织就应该在哪里，那么互联网企业党建工作遵循的原则就是产品链延伸到哪里，党建工作就必须跟进到哪里；如果说一般非公所有制企业党建工作依托的是固定有形的生产组织，那么互联网企业党建工作依托的则是流动无形的社交网络；如果说一般非公所有制企业党建工作关注的是模式化的“人”，那么互联网企业党建工作更加关注的则是多样化的“物”；如果说一般非公所有制企业党建工作强调的是单向度的教化和规训，那么互联网企业党建工作强调的则是多维度的互动与影响。因此，基于互联网企业“产品链”的精准化党建工作方法，实质上就是对互联网企业党建工作要素动态性结构的组织反映。

总之，在“万物互联”逐步成为现实、企业经营泛媒介化特征日凸显的新时代，互联网企业对中国共产党组织工作提出的严峻挑战和创新要求将更多、更高。这要求我们必须首先破除对互联网企业党建认识上的误解并树立正确的观念，才能夯实有效开展互联网企业党建的认知基础，推动互联网企业党建的持续发展。

二、互联网企业党建的四重属性

如上所述，正是互联网企业“产品链”富含的高度延展性和社交属性功能，赋予了互联网企业不同于传统企业的社会影响能力。如果说传统企业的社会影响力主要体现在为社会提供一定的就业岗位并生产满足社会生活所需的物质产品，那么互联网企业的社会影响力则通过产品链的无限延伸，在满足社会大众物质需求的同时又对其精神生活领域发生影响。两者之间存在的这种根本差别性，带来了互联网企业党建与传统企业党建在工作路径和方法上的差异。具体而言，互联网企业产品链从组织边界、组织空间、组织生态和组织技术四个方面既对党建工作提出了新挑战，又赋予了党建工作的互联网时代属性。

（一）组织边界：从“党员”到“产品”

任何组织行为都是有明确边界的。一般来说，党建工作的组织边界主要是由是否实现对组织成员的管理教育来确定的。无论是按照党章的组织要求，还是党建工作的实际做法，将党员纳入到组织性管理体系之中，实际上成为党建工作标志性的组织边界。也就是说，只要能够把拥有共产党员这一政治身份的人纳入到党支部（或联合党支部）等基层组织之中，组织工作就算完成了党章规定的政治要求。在非公所有制企业中，党建工作的组织边界其实就是按照这一政治要求和工作逻辑设定展开的。就非公所制企业党建工作实践来看，党建工作的首要和中心任务是要把分散流动的党员重新纳入到党的基层组织之中，并对其进行必要的组织管理教育。党建工作的这一目标任务和工作要求清晰而明确，就是要把非公所有制企业中的党员按照组织政治化的要求重新组织管理起来。之所以对包括非公所有制企业在内的体制外组织中的党建工作设定这样的目标，原因就在于：

原先依托行政资源支撑的党的组织管理体制已经无法有效涵纳体制外的党员，而体制外的党员又由于身处市场化资源配置的经济组织且其政治身份对其职业和政治成长并无助益，因而往往会普遍出现党员“失联”的现象。正是为了将这部分体制外的党员重新纳入到党的组织管理体系之中，针对非公所有制企业的党建工作的首要要求和任务就是大力推进党员党组织的双覆盖，以拓展和夯实党的政治基础。按照这一政治要求和工作逻辑，非公所有制企业的党建工作主要把企业作为工作的攻关对象，通过企业成员的仔细摸排得以将寄身于企业内部而没有亮出身份的党员挖掘出来，将其编入相应的基层党支部之中，并按相关要求适时开展党员的教育管理工作。可以看出，一般非公所有制企业的党建工作，主要是针对企业本身来开展工作，强调的是对“人”的组织管理。这是一般非公所有制企业党建工作明确的组织边界。

但是，互联网企业由于其高价值产品链的存在而事实上对一般非公所有制企业党建工作的组织边界提出了重塑要求。或者说，按照一般非公所有制企业党建工作的组织边界来衡量和设定互联网企业党建工作，往往产生组织工作效能不佳的实际结果。之所以形成这种反差性结果，其原因就在于：由于互联网企业与一般非公所有制企业在社会权力网络体系中扮演的角色不同，因而决定了党建工作目标要求的不同。互联网企业以其内含的社交媒体功能赋予其内容平台的结构开放性和社会交互性，因而得以通过其产品链不断介入到活动于平台空间之上的社会大众之中，进而对其思想、观念和行为产生导向性甚至操纵性的社会影响。互联网企业的这一特性，要求党建工作必须摆脱一般非公所有制企业党建工作囿于“人”的组织边界设定，即照搬一般非公所有制企业把党员组织起来进行教育管理的党建工作模式。必须看到，一般非公所制企业党建由于其产品及其产品链更多的是生产资源的生产配置反映，其对社会大众的影响往往局限于物质生活的满足而与其精神生活并无紧密关联，因而党建工作的重心是对企业内部党员的组织管理教育，并无对党员党组织影响企业经营方向和产品的政治要求。这是一般非公所有制企业党建工作把“人”作为组织边界的根本所在。但是，在互联网企业及其产品链，对社会生活尤其是精神生活领域高度介入并产生强大影响的现实情况下，正是互联网企业的“产品”而不是“人”成为党建工作的组织新边界。也即是说，仅仅注重于对互联网企业内部党员党组织的工作，那么也就实际限定了党建工作的活动范围，党建工作的政治效能也就无法充分发挥出来。因此，如果不认真分析互联网企业的实际情况，把产品而不是人作为党建新的组织工作边界，而只是照搬一般非公所有制企业党建的工作方法，那么互联网企业党建工作就不可能真正形成其应该发挥的政治引领功能。一言以蔽之，如果说一般非公所有制企业党建工作遵循的原则是群众在哪里，党组织就应该在哪里；那么互联网企业党建工作遵循的原则就是产品链延伸到哪里，党建工作就必须跟进到哪里。

（二）组织场阈：从“厂房”到“网络”

一般来说，组织边界的确定性既受组织目标的有限性支配，但更多的则是与组织依存的固化物理结构有着密切关系。在缺乏足够技术支撑的情况下，后一种因素往往发挥着决定性的作用。尤其是在工业时代，任何一种类型的组织都必须以某种物化形态的经济和社会单元（如企业、政府、政党）的形式而存在。这种固化的内生式组织结构实质上对组织的目标和活动范围都有着明确的边界限制，其组织成员往往具有一目了然的组织特征，因而其组织边界往往表现出泾渭分明的鲜明特征。在诸多类型的组织中，政党及其成员的组织边界更是表现得尤为显著。这种工业社会赋予各种组织强烈而深刻的社会印记，往往会在组织建设和发展中内化成为组织活动的管理逻辑，对组织成员的管理和控制于是就成为强烈的组织偏好。加强非公所制企业的党建工作，把脱离了体制内编制的党员重新纳入到组织视野之下，并对其进行有效的组织管理，这是中国共产党内在政治逻辑的必然要求，也是组织偏好驱动下形成的基本工作路径。

在实践中，这一工作路径的组织有效性主要得益于两个方面的因素：一个因素是党组织能够通过行政性权力的影响，实现对企业全方位、全过程的有效制约和实际管控。企业及其生产的产品由于都具有固化的物质形态，因而在生产、流通和销售以及税收等各个环节，都能够被行政执法部门进行有效监管。正是在严密的监管体系之下，在中国共产党作为唯一执政党的中国社会，只要符合党章规定要求的单位和企业，都必须建立相应的基层党组织。尽管非公所有制企业党建因其生产资料属性的私有化而与体制内单位如党委、政府和国有企事业单位党建有所不同，但是党员党组织的双覆盖在执政党大力推进政治建设的过程中迅速得到了企业的响应。当然，另外一个因素对促进工作路径有效性的作用也不可忽视，这就是组织建设中物化而明确的“人”。尽管非公所有制企业中的党员常常表现出较高的工作流动性，但是由于行政执法部门对其就职企业的普遍性监管，其政治身份仍然处于各级组织的联系网络之中，遵循党章规定要求纳入党的基层组织之中接受管理教育也就成为必然。

但是，互联网企业作为新型非公所有制企业的出现，却在相当程度上对这一传统工作路径提出了挑战。这一挑战主要是由互联网企业的内在特质决定的。尽管各级党委职能部门在行政性权力配合下，仍然能够遵循传统工作路径，推进党员党组织在互联网企业中的双覆盖，但这只是组织工作的第一步，甚至只是互联网企业党建的工作起点。因为决定互联网企业党建工作成效的并不是一般非公所有制企业党建中的党员党组织，而是互联网企业富有社交功能的产品和产品链。如前所述，正是互联网企业的产品及其产品链，推动互联网企业突破了一般非公所有制企业党建的组织边界，实现了从“人”到“物”的内容转换和从生产组织到社交网络的场阈转换。具体来说，从“人”到“物”的党建工作内容转换表明，正是互联网企业的“产品”而不是互联网企业的“党员”，赋予了互联网企业持久而深刻的社会影响力；从生产组织到社交网络的党建工作场阈转换表明，正是建基于互联网技术平台之上的网络社会空间而不是互联网企业本身的组织生产，赋予了互联网企业鲜明而强烈的社交网络属性。也就是说，从“人”到“物”和从“生产厂房”到“社交网络”的转变，要求重新界定党建工作的对象内容和组织场阈的内涵外延，必须改变一般非公所有制企业党建中重人轻物、重企业轻空间的惯性思维模式，树立重人更重物、重企业更重网络的新思想观念。换言之，如果说一般非公所有制企业党建工作依托的是固定有形的生产组织，那么互联网企业党建工作依托的则是流动而无形的社交网络；如果说一般非公所有制企业党建工作关注的是模式化的“人”，那么互联网企业党建工作更加关注的则是多样化的“物”。

（三）组织生态：从“集中”到“分散”

组织生态实质上是组织内部成员之间形成的一切交往关系总和的集中反映。不同的组织有着不同的组织生态。影响组织生态构建的因素很多，但是社会组织技术却是具有根本性和决定性的关键要素。工业社会中的任何一种经济、政治或社会组织，都是按照自上而下的中央集权式的金字塔型架构组织和运转起来的。这主要是由机械化技术作为大工业时代的社会技术的内在共性特征决定的。机械化技术衍生和尊崇的是中心化的中央控制模式和集体至上的组织伦理，因而决定了任何一种组织的内部生态都具有鲜明的群体性、动员式的组织特点，即由位于组织中心的中央控制者发出动员号召，依托工业流水线式的组织传送带，刺激和动员分布于组织各层级的成员，从而形成强有力的组织力量。在这种类型的组织中，由于有严格的组织纪律要求和强制约束，在组织成员之间、组织成员与组织领导之间，往往会形成唯上唯令的机械性服从关系，并在长时段的工作积淀中成为潜移默化的组织伦理要求和习惯性的工作方法。中国共产党在一般非公所有制企业中的党建工作其实就是这一组织和工作模式的反映。

尽管一般非公所有制企业党建工作不再拥有行政性资源的强力支撑，但是其党建工作模式依旧沿袭了行政体制编制内机关和企事业单位的基本做法。在一般非公所有制企业中开展党建工作，其主要目的就是为了能够将脱离体制的党员重新纳入到党的组织管理之中。在具体的组织管理教育活动中，与体制内党员的严格组织生活要求相比，尽管相关部门和工作人员采取了更为温和的工作方法（比如采取开展公益活动的方式吸引党员参与进来、不再强求严肃的组织活动场地等等），力图将非公所有制企业的党员吸引出来并对其进行再组织化，但是仍然无法改变组织与成员之间的结构性组织关系——普通党员只是作为组织管理对象而存在。对组织而言，其目标是直接而明确的：要把非公所有制企业中的党员重新组织起来，并将党的组织生活的相关要求，以某种合适的方式重新开展起来。而对非公所有制企业的党员来说，其参与初衷也是简单而明确的：履行共产党员政治属性要求的组织生活。但是，由于这种政治身份对党员在企业中的升职并无直接利害关系，因而组织生活的严肃性、有效性和积极性往往不甚理想。当然，出于利害性的考量是一个重要而关键的影响因子，但是照搬体制性党建工作模式也有着不可推卸的责任。已适应市场经济考验并具有极强适应生存能力的非体制党员，不仅在经济上拥有独立性，而且在社会和政治上也拥有着自己的独立性。不重视乃至忽视这种独立性，只注重党员参与率的提高，仍然沿袭自上而下的说教式工作方法，不仅无助于组织生态的改善，而且也显示出了面对体制外党员管理教育时的组织无力。从更深层次上讲，恰恰正是由于一般非公所有制企业党建的目标有限性，从根本上决定了这一组织困境的长期存在。

但是，寄身于互联网企业的党员却在加剧这种组织无力感的同时又对组织生态提出了更富意义的挑战和要求。如果说一般非公所有制企业党员的特殊情况只是对组织生态提出了工具性挑战，那么互联网企业党员的特殊情况则是对组织生态提出了更富价值性的挑战。互联网企业党员的特殊情况并不仅仅指其从业人员在年龄、学历、工作流动性、国际化视野等方面与其他企业党员表现出的差异性，许多一般非公所有制企业中的党员也具有同样的特点，事实上，互联网企业党员更加显著的特点还在于其技术性认知带来的观念思维的不同。对那些从事产品设计、研发和销售的企业党员来说，他们工作的能力和价值只有在满足市场需求时才能被认可，他们设计的产品只有在对目标用户进行深入分析并准确定位时才能获准研发和销售。而正是这个具有深刻意义的网络化的市场和网络化的用户，促使互联网企业党员拥有了更为自由、开放和理性的思维和行动，或者说是对市场用户人心的洞彻和把握。例如，尽管腾讯出品的“王者荣耀”游戏引起了很大的社会非议，但无论是批评者还是拥趸者抑或理性分析者都承认的一点就是：如所有网络游戏具备的社会属性一样，“王者荣耀”抓住了人性的弱点——渴望速成式的人生成功，因而游戏的升级规则、点数卡牌，乃至声音效果、魔法炫光，都经过了专门的精心设计，尤其是游戏附加的社交功能，更是刺激和满足了人们对浮躁喧嚣的现实世界的反社会逻辑心理——获取即得感体验。尽管并非所有互联网企业党员都直接从事上述相关工作，但必须承认的一点就是，对社交网络的天然性适应和网络化生存的职业特性，已经成为互联网企业党员最为显著的职业特点。不正视这一点，或者说即使承认这一点，但仍然固守对人的身体控制的组织偏好，只能使互联网企业党建工作浮于表面。因此，如果说一般非公所有制企业党建工作强调的是单向度的教化和规训，那么互联网企业党建工作强调的则是多维度的互动与影响。

（四）组织技术：从“集权”到“分权”

在组织建设中，无论是组织边界，还是组织空间乃至组织生态等问题，其实都与塑造组织的社会技术有着不可分割的关系。甚至从更长时段来观察，组织的结构及运转期间的组织机制，与其说取决于组织创建者的主观愿望（包括其对组织目标的理想化认知），更不如说取决于可以支撑起这种组织观念的社会技术。如前所述，现有的大多数社会组织（包括经济、政治、社会、军事等各方面）的架构，都是大工业时代的机械化技术支撑和塑造的。流淌于其间的组织机制和衍生而出的组织伦理、组织价值等一系列组织软规则，都是这一社会技术内在特质的外部组织反映。机械化技术描绘的是垂直式、线条式的工业社会结构，边界明晰，互不干扰，但却由各自领域的一个中心居中统筹，全面协调。这是机械化技术本能的社会内聚性功能的集中反映。它强调的是能量的集中而非扩散，是集中控制而非分权授权。一般非公所有制企业的党建工作，之所以仍然能够沿袭和套用传统的党建工作模式，原因就在于企业组织与党的组织同为机械化技术所塑造，两者之间具有高度的耦合性和通适性。

但是，以互联网为代表的网络信息技术却蕴含着与机械化技术相反的社会功能。如果说机械化技术是内聚性的社会功能，那么互联网技术则是外延性的社会功能。互联网技术对机械化技术的组织革命意义在于，它在用开放对抗集中、用分权瓦解控制的过程中，突破了机械化技术架构起来的组织边界，并在此基础之上重塑了适应于网络信息社会的新组织。作为支撑这种新组织的社会技术，互联网技术实质上使组织边界不再那么泾渭分明，组织结构不再那么壁垒森严。互联网技术力图赋予组织主客体在新的组织场阈中重建新的组织关系和组织生态的能力。尽管互联网的技术赋权具有集权与分权的两面性，但是在信息网络社会迅猛崛起的当下，分权仍然是互联网技术的主要社会属性。事实上，正是通过构筑开放式的组织架构，互联网技术努力破除隔绝组织内外的机制性障碍，不断强化组织的外部准入功能，在使组织内部功能不断向外延展的同时，积极吸纳社会外部力量，形成与外部社会的内生型关系，从而有效提升组织的社会外延能力和规模外溢效应。

互联网企业作为主要由互联网技术架构起来的新类型企业组织，其组织理念、组织价值、组织伦理以及组织机制和组织生态，都具有强烈而鲜明的互联网技术特质。不论是扁平化的企业组织结构，还是高度灵活的运营机制，互联网企业都显示出其适应变化社会和市场的主动性和积极性。但是互联网技术赋予互联网企业更为重要的社会技术意义在于它通过组织架构外部延展功能的内在规定性，实质上极大地提升了互联网企业对市场和社会的引领能力。无论是产品的设计研发还是形成强大影响力的产品链，都昭示着互联网企业与一般非公所有制企业由于组织技术基础的不同带来的社会能量的领域差异性。如果说由机械化技术构建的一般非公所有制企业的社会能量，主要体现在促进经济发展，提供就业岗位等经济领域，那么由互联网技术构建起来的互联网企业的社会能量，则主要体现在促进数字经济发展，并在形成社交网络关系中确立对大众引领的社会领域。无论是数字经济还是社交领域，其实都反映了互联网技术的共享社会特性。因此，开展和推进互联网企业党建工作，必须建立与之相适应组织技术和机制体系，以缩小技术代差，实现与互联网企业的社会技术对接。

三、互联网企业党建的理论建构

互联网企业党建的概念提出和工作部署表明，加强互联网企业这一新类型企业的党建工作，已经成为党和政府应对信息时代新情况、新问题时，进行社会综合治理的主要抓手和工作路径。鉴于互联网企业的特殊性，开展和推进互联网企业党建工作，尤其需要注意解决以下三个方面的理论认识与工作实践问题。

（一）认识互联网企业党建的政治目标：从“赵薇事件”引起网络批评谈起

重视互联网企业，要求互联网企业承担社会责任，是习近平总书记在2016年4月19日召开的网络安全和信息化工作座谈会上专门提出来的。如果说此时人们对总书记的这一提法还没有太多的理解，那么紧接着在4月25日发生的因赵薇在拍摄电影中启用具有“台独”倾向的演员戴立忍所引发的持续性网络舆情事件（以下简称“赵薇事件”）就足以为这次中央会议所传递的互联网和互联网企业治理做出强大注脚。

2016年4月25日，赵薇在其微博推出了《没有别的爱》主演海报汇集，很快就引起了关注她微博动态的网友们的评论。有网友表示电影中启用的演员戴立忍疑是“台独”艺人，劝赵薇停用戴立忍；亦有网友指日本艺人水原希子曾有过辱华行为。但是赵薇对网友的评论和建议根本不予理会。6月27日，赵薇就电影《没有别的爱》杀青发表微博，再贴出多张合影，其中也包括与戴立忍的合影。

赵薇的这一做法刺激了网友，并引发了更多质疑。此时，媒体开始跟进报道。赵薇对媒体跟进报道的做法表示不满，并在微博上发文讽刺其是“为了利益”。不过网友和媒体的反应还是超出了赵薇及其制作团队的预期，为了缓和越来越激昂的网络情绪，《没有别的爱》制作团队和戴立忍于6月30日同时发表官方声明给予回应。然而，公告的发出不仅没有平息网民的怒火，反而由于公告中指责网友的批评是“不实传闻”并表示要“将诉诸法律，维权到底”而更加激怒了网民。与此同时，网友关于此事件的评论开始在各大门户网站被删除。如果说此时赵薇与网友、媒体的论战还只是被看作是娱乐圈惯常事件，那么随着7月6日共青团中央官方微博发出长文起底了戴立忍和水原希子的真相并声援网友后，事件迅速转变成为严肃的社会议题。

共青团官方微博的长文一经发出，就被网友们视为官方力量的支持。然而令网友甚至共青团官方微博都没有想到的是，这条被赋予官方意味的微博文很快就被新浪微博后台删除。尽管在共青团官方微博重新申请下又被恢复，但是新浪微博的这一做法却彻底激怒了网友，并使“赵薇事件”发生了根本性的变化。7 月 7 日，中共中央国家机关工作委员会《紫光阁》杂志官方微博发文转载力挺共青团官方微博。

被彻底激怒的网友们开始把矛头指向控制各大社交媒体的后台资本。就像网友所说的那样，国家官方的媒体文章居然被删，仅凭一个艺人就能控制这些媒体巨头吗？于是网友们自发深挖赵薇的历史，于是发现了赵薇与马云、任志强、王林、李连杰等的亲密合影。而且《没有别的爱》是由欣然影业和阿里影业等联合出品的。阿里影业是阿里巴巴旗下的电影产业，赵薇夫妇也是阿里影业的第二大股东。在网友看来，新浪微博和其他各大社交媒体删除不利于赵薇和《没有别的爱》的批评言论的做法也就顺理成章了。于是，网友将矛头指向阿里巴巴并挖出了阿里巴巴控制的 25 家媒体。网友们的结论越来越清晰——资本开始控制网络。

7 月 14 日，《中国国防报》以《民族感情不可亵渎，底线不可触碰》为名发文强调，民族感情不可亵渎，不管是冠以“艺术”或是其他高大上的理由，或者为了“市场”“票房”等实实在在的利益，一切伤害民族感情的行为都会受到清醒民众的反对抵制，进而更远离“艺术”和“票房”。艺术无国界，但艺术家有国籍，有民族属性，需要尊重大众情感和道德基础，而爱国永远是最基础的伦理道德。《人民日报》随即在其官方微博全文转载了《中国国防报》的文章。《紫光阁》则在其官方微博全文转发《人民日报（海外版）》文章《来赚钱，别越界》的评论文章。文章明确表示，艺人也好，投资者也好，如果公然挑战“一个中国”，有反国家反民族的言行，就彻底过了界，大陆当然不会客气。7 月 15 日，面对来自网民的持续性批评和愈演愈烈的网络风潮，尤其是来自共青团、《紫光阁》、《中国国防报》、《人民日报》等党媒军媒的批评文章，赵薇和《没有别的爱》片方被迫向社会做出道歉。

至此，“赵薇事件”虽然宣告结束，但其引发的思考却在不断发酵。其中，最核心的问题就是：资本是不是控制了媒体？对网友而言，这个问题不是一个理论研究问题，而是一个生活体验问题。在整个“赵薇事件”中，网友们被各大社交平台删帖的亲身体验已经告诉他们：看似自由开放的互联网，却实实在在地被控制在私营资本的手中。

对“赵薇事件”背后反映的资本控制媒体的问题，共青团中央官方微博刊发了李希光撰写的《受资本控制，部分主流媒体人格分裂》的文章。[①]文章尖锐指出：

> 当资本集团控制了生存资源后，他们要按照自己的需要，培育自己的文化精英，将社会的舆论权和话语权交托给文化精英掌握。掌握话语权的文化精英，在资本集团的强大支持下，跟社会其他精英一起联手完成社会控制，包括对网络舆论的控制。
>
> 中国某些大的门户网站的出资人的资本性质，决定这些媒体必然要为资本利益代言。几大门户网站在发展初期，接受境外风险资金的入资，又纷纷在境外资本市场上市，国际资本对这些主流门户网站具有相当的影响力。仅从媒体的社会和政治动员力看，资本控制的媒体动员力已经超过官方控制的媒体动员力。
>
> 资本势力这种对中国网络媒体和部分传统媒体的渗透导致了在国家重大敏感问题的报道内容、报道立场和报道态度上产生网上和网下的“人格分裂”，让党的广大追随者无所适从。真正的新闻自由在于摆脱媒体的外部控制和媒体的内部控制：（1）外部操控——政府的控制与资本的控制；（2）内部操控——媒体投资者和媒体经营者通过编辑部内部控制编辑记者。
>
> 一些媒体表面上在争取摆脱党控制的“新闻自由”，而实际上在变成资本的喉舌。资本对媒体的控制力大于社会其他力量对媒体的实际控制能力，而网络媒体也在演变成一个代表资本利益的强大的政治权力。媒体不再是为人民服务，更不是为民主法治社会服务，而成了资本精英小圈子进军政治精英小圈子的舞台。媒体和网络上更多的意见领袖成了各个利益集团的代言人。

尽管“赵薇事件”是一个偶发性网络舆情事件，但它所揭露出来的资

---

① 李希光：《受资本控制，部分主流媒体人格分裂》，https：//mp. weixin. qq. com/s？ src = 3&timestamp = 1517795657&ver = 1&signature = j1atM74GvnM3uBCz8Mo2-CY9Yp7PRhHPzABNxH4I2SiZFgm9Cb3EQXW9BYx7S8g6c9YEQqinpjtQeelXEkyfKIaHhVun-ErpjmQptqjlXq9fbw81jih4vD0Y9AisoTT4T1vfoJC0dQNJw8Y0cEmSrCl0x7g9lYJTR0HIzE96q-MDHY =； http：//blog. sina. com. cn/s/blog_d0637c740102wdqm. html。

本在竭尽所能地控制新媒体的问题已经足以引起我们的高度重视。而且从这件事情发生的时间节点来看，恰恰就爆发在习近平总书记在网络安全和信息化工作座谈会讲话后不久，这就更加值得我们高度警惕。对非公所有制互联网企业的发展，我们的态度很明确：一方面是鼓励和扶持。就如习近平总书记所讲的那样："我们党在坚持基本经济制度上的观点是明确的、一贯的，而且是不断深化的，从来没有动摇的，这是不会变的，也是不能变的。我不仅讲了话，而且很快就把我的讲话公开发表了，这就是要让广大企业家吃个'定心丸'。"[①] 另一方面则是规范和管理。因为意识形态工作是中国共产党的一项极端重要的工作。在互联网时代，意识形态领导权更是关系到中国共产党的执政命运和政治安全问题。"面对改革发展稳定复杂局面和社会思想意识多元多样、媒体格局深刻变化，在集中精力进行经济建设的同时，一刻也不能放松和削弱意识形态工作，必须把意识形态工作的领导权、管理权、话语权牢牢掌握在手中，任何时候都不能旁落，否则就要犯无可挽回的历史性错误。"[②] 因此，加强对互联网和互联网企业治理从一开始就具有极强的政治意义。其目的就是要使互联网和互联网企业服从服务于党和国家发展需要，在发展中不断夯实党对互联网意识形态领导权、管理权和话语权的掌握。简言之，开展互联网企业党建，必须始终从巩固中国共产党执政安全的高度来认识。

（二）掌握互联网企业党建的分析架构：资本与政治分野下中共的社会治理

尽管"赵薇事件"已经成为过去，但是它给中国互联网治理带来的启示却是深刻而深远的。比如，互联网到底还是不是自由开放的虚拟空间？如果互联网是自由开放的，那么这种自由开放是否能够包容基于金钱、权力和教育带来的现实社会的身份差异呢？如果互联网不是完全自由开放的，那么这种自由开放的边界到底在哪里呢？又是谁在掌握着自由开放的"开关"呢？在"赵薇事件"之前，政府因为互联网治理而成为网民们诟病的唯一对象，动辄被扣上"专断""蛮横"的字眼。但是"赵薇事件"

① 习近平：《在网络安全和信息化工作座谈会上的讲话》，人民出版社 2016 年版，第 20 页。

② 中共中央文献研究室编：《习近平关于全面深化改革论述摘编》，中央文献出版社 2014 年版，第 86 页。

发生后，亲历这一事件的网民们才发现，相比于资本无孔不入的控制，政府反而成为网民们发声最强有力的依靠。在网民们看来，如果说政府治理互联网的根本目的是为了保证网络的安全有序，是为了更好地服务于社会大众，它有着明确的法律规范，因而在治理互联网中尽管存在着某些不为网民所喜的“粗暴”手段，但最起码政府的目的和做法的是出于“公心”和“公序”的。也就是说，政府互联网治理的根本点在于维护最大多数群众利益。但是“赵薇事件”中暴露出来的几大社交平台删除网民评论乃至共青团中央官方微博文章的做法，既显示了社交平台管理方的随意随性和傲慢自大，更让人感到“细思极恐”的则是资本通过社交平台控制舆情的赤裸做法。这是中国互联网发展20多年来，网民们第一次深切感受到资本在社会舆论领域展现出来的强大而无孔不入的力量。更加令人担忧的还在于这些控制了社交平台的资本往往都具有外国背景，这才是“赵薇事件”最令人警惕并无法接受的问题——谁在掌握中国的网络声音？

事实上，还在2009年时，由新华社和中国B2B研究中心联合撰写的《中国互联网外资控制调查报告》（以下简称《报告》）就从“网络战争”“信息安全”“政治工具”等方面揭开了外资控制中国互联网企业的冰山一角。[①]《报告》首先介绍了调查研究的起因。2009年5月，微软公司发言人证实，由于美国政府对“敌对国”的贸易制裁的禁令，微软决定自5月20日起切断包括古巴、伊朗和朝鲜等在内的五国的MSN即时通讯服务。5月30日，微软进一步表示，在美国政府禁令解除前，微软不会与制裁名单上的国家存在生意往来。微软的这则公告引发了人们对于互联网时代信息安全的担忧。5月24日，中国B2B研究中心研究员曹磊公开发表题为《微软关闭五国MSN是否也会关闭中国Windows?》[②] 评论文章后，立即在互联网上掀起了网络热议。[③]

在《报告》看来，微软的举动说明，互联网商业巨头终于开始利用其垄断力量来为政治服务了，这在美国历史上绝非首次，也绝非最后一次。而这一事件对中国来说，就是应该尽快采取强有力措施加强国家网络信息安全。随后，《报告》研究团队展开了对外资控制中国互联网企业的深度调查。调查显示，外资控制互联网企业的方式主要以三种形式进行，并逐

---

① http：//b2b. toocle. com/b2bimages/dcbg. pdf.

② http：//b2b. toocle. com/detail—4597199. html.

③ http：//china. toocle. com/comments/news－4597199. 1. html.

渐形成了："先入为主"，控制比例高；"圈地运动"，控制面广；"上下通吃"，控制产业链强；"前后紧逼"，控制速度加快等四大特征（见下表）。

形式	运作手段	特征
形式一	互联网企业本身就是外资直接投资控制的	如境外网站以中文版形式在中国落地或在中国寻找代理人
形式二	通过各种途径运作国内互联网企业在境外上市	目前，中国具代表性的16家上市互联网企业14家在美国纳斯达克上市，2家在香港上市。中国人创造的优秀互联网企业都跑到境外上市，这意味着每年中国最优秀、最具盈利能力的互联网企业创造的利润，有相当部分被境外投资者占有，而我们辛辛苦苦培育发展的"网络经济"，却极少与国民分享
形式三	中国互联网企业的风险投资来自境外	这在境外上市以及目前没有上市的中国互联网企业中都极为普遍，且有加速增长的趋势。如2000年境外注入国内互联网产业的风险资金在2亿美元左右，而到2005年，有一项统计显示当年这一数字已超过20亿美元，短短几年增长了十倍

资料来源：《中国互联网外资控制调查报告》。

据此，《报告》对外资控制中国互联网企业可能带来的影响提出了自己的主张。《报告》指出：第一，互联网并非鲜花盛开的人间净土。互联网作为经济社会发展的战略制高点，同样充斥着观念冲突、利益矛盾甚至战争。第二，互联网并非大道至上的人类公器。西方国家以及日本的大型企业向来具有很强的民族性与政治倾向性。微软不仅是一家跨国公司，更是工具——人类联络的工具、人类操作电脑的必备工具、某些政治势力角逐的工具。就如同商船在战时会被征用一样，微软这样的公司也有可能被征用。而美国的微软、思科、英特尔、谷歌等互联网大鳄则扮演了觊觎中国互联网与信息安全未来的"先遣商队"。第三，互联网并非远离政治的"幻想之城"。微软迫于美国政府的压力，关闭了上述与美国政府关系紧张的五国的MSN软件服务，而这五国中包括了两个社会主义国家。这恰恰说明了互联网无形存在的"国界"与"歧视"，互联网也具备浓厚的"意识形态"特征。意识形态的偏见，都可能延伸到网络并为美国政治服务，成为美国遏制其他国家的又一个"大棒"和政治工具。随后，《报告》公布了《中国外资背景互联网企业榜单》。

被投资公司	外资风投	被投资公司	外资风投
汽车服务领域（10 家）			
中国汽车网	高盛、GGV	易车网	NVCC、DCM
爱卡	CNET	汽车之家、che168	澳洲电信
51 汽车	德同	二度车	启明创投
安美途	IDG、海纳亚洲	车盟网	华登国际、德同资本
UAA	凯鹏华盈、CCAS	CHE168、AUTOHOME	澳洲电信
医疗健康服务领域（4 家）			
39 健康网	IDG	爱康网	华登国际、ePlanet、中经合
健康中国	IDG	金思特科技	凯鹏华盈
房地产服务领域（1 家）			
搜房网	澳洲电信		
IT 传媒服务领域（5 家）			
ZOL	CNET	PCHOME	CNET
PCPOP	澳洲电讯	IT168	澳洲电讯
天极	日本 impress		
人才招聘服务领域（3 家）			
智联招聘	SEEK、麦格理	中华英才网	美国 Monster
前程无忧	美国 DCM		
旅游机票酒店服务领域（3 家）			
携程	日本乐天 Rakuten	去哪儿	美国 Priceline
E 龙	Expedia		
电子商务服务领域（20 家）			
阿里巴巴	日本软银、美国雅虎	慧聪网	IDG
万网	SYNNEX	中国网库	富基旋风
淘宝网	日本软银、美国雅虎	TOM 易趣	美国 EBAY
卓越	亚马逊	当当网	华登国际、DCM
红孩子	北极光、NEA、凯鹏华盈	乐友	永威
宝宝树	经纬创投	九钻网	美国 KPCB、启明创投、RAPAPORT
珂兰钻石网	美国某上市公司	PPG	TDF、JAFCOAsia、KPCB

续表

被投资公司	外资风投	被投资公司	外资风投
VANCL	启明创投、IDG、软银赛富等	手机之家	PacificNet
北斗手机网	IDG、高原资本等	京东商城	今日资本、雄牛资本、亚洲著名投资银行家梁伯韬私人公司
莎啦啦	IDT	饭统网	日本亚洲投资、伊藤忠商事株式会社、CA－JAIC 基金
时尚资讯服务领域（3 家）			
55bbs	CNET	Onlady	CNET
YOKA 时尚网	IDG		
博客服务领域（2 家）			
博客网	软银赛富、GGV	女性博客社区	通用电气旗下投资机构 Venrock and Peacock Equity、Azure Capital
在线视频服务领域（5 家）			
土豆网	IDG、General Catalyst、GGV、美国洛克菲勒家族	酷讯网	联创策源、SIG
影风影音	经纬创投、IDG	我乐网	HPE、SIG、ASI、CID 集团、红杉资本、Saeamboat Venture
酷 6 网	德丰杰、德同、百度、软银投资、UMC Capital、和通投资、伊藤忠商社等		
SNS 社交服务领域（4 家）			
校内网	日本软银	51. com	巨人（美国上市公司）
开心网	北极光	占座网	红杉中国
IT 传媒服务领域（4 家）			
分众传媒	软银、鼎辉投资基金、美国高盛和欧洲 3i 等	计算机世界	IDG 投资
世通华纳	国泰财富基金、鼎晖创投、华登国际、成为基金、霸菱投资	触动传媒	CDIB、TLC、Mustang

续表

被投资公司	外资风投	被投资公司	外资风投
金融证券服务领域（2家）			
金融界	IDG	中国投资网	美国律商联讯集团全资收购
无线互联网与增值服务领域（2家）			
至德讯通	戈壁创投	58同城网	软银赛富
网络安全服务领域（2家）			
金山	英特尔、新加坡国有投资公司淡马锡、英特尔投资基金等	安全卫士360	红杉资本、高原资本、红点投资、Matrix Partners、IDG
网络游戏服务领域（4家）			
完美时空	软银赛福	汉森信息	松禾资本
盛大	软银亚洲SAIF	久游网	Dragon Groove Inc、美国凯雷集团亚洲风险投资基金、中韩移动投资基金等
婚恋交友服务领域（2家）			
世纪佳缘	启明创投	珍爱网	美国对冲基金BridgerCapital
在线教育服务领域（2家）			
东方剑桥	启明创投、美国Ignition Parters	天才宝贝	智基创投、德同资本、CID

资料来源：《中国互联网外资控制调查报告》。

从2009年5月的“微软事件”到2016年4月开始的“赵薇事件”，尽管时隔七年之久，但两起事件揭示出来的结论却是一样的——资本控制下的互联网企业永远是为资本服务的。不同的是，“微软事件”的微软是为更大的资本——美国政府——的全球战略利益服务，它牵涉的是国家间的战略博弈。在微软和美国政府及其民众看来，服从并服务于美国政府的战略需要就是企业最大的“政治正确”，是可以接受而且应该得到肯定的。但是在“赵薇事件”中，一些网络社交平台的删帖行径却暴露了幕后资本的傲慢与偏见——为了洗刷“自己人”而肆意利用手中舆论权力来压制网民。正是因为这个原因，网民才强烈呼吁国家要加强对互联网的整顿与治理。

对党和政府来说，无论是“微软事件”还是“赵薇事件”，都集中揭露了这样一个严重问题：如何驯服市场化的资本力量并使之与政治保持同频共振？在中央召开的网络安全和信息化工作座谈会上，习近平总书记给出了答案。第一，网上网下要形成同心圆。“什么是同心圆？就是在党的领导下，动员全国各族人民，调动各方面积极性，共同为实现中华民族伟大复兴的中国梦而奋斗。”① 第二，互联网不是法外之地。网络空间乌烟瘴气、生态恶化，不符合人民利益。“我们要本着对社会负责、对人民负责的态度，依法加强网络空间治理，加强网络内容建设，做强网上正面宣传，培育积极健康、向上向善的网络文化，用社会主义核心价值观和人类优秀文明成果滋养人心、滋养社会，做到正能量充沛、主旋律高昂，为广大网民特别是青少年营造一个风清气正的网络空间。”② 第三，网络安全是共同的而不是孤立的。“网络安全为人民，网络安全靠人民，维护网络安全是全社会共同责任，需要政府、企业、社会组织、广大网民共同参与，共筑网络安全防线。”③ 第四，互联网企业要承担社会责任。“网上信息管理，网站应负主体责任，政府行政管理部门要加强监管。主管部门、企业要建立密切协作协调的关系，避免过去经常出现的‘一放就乱、一管就死’现象，走出一条齐抓共管、良性互动的新路。”④ 习近平总书记从维护国家信息安全高度给出的上述四个原则性指导意见，厘清了在互联网和互联网企业治理过程中对资本与政治这一核心关系的认识问题。一方面，“非公所有制企业搞大了、搞好了，搞到世界上去了，为国家和人民做出更大贡献了，是国家的光荣。党和政府当然要支持，这一点是毫无疑义的”⑤；但是另一方面，互联网生态恶化的现象也亟需整顿。“我国互联网市场也存在一些恶性竞争、滥用市场支配地位等情况，中小企业对此意见不少。这方面，要规范市场秩序，鼓励进行良性竞争。这既有利于激发企业创新活力、提升竞争能力、扩大市场空间，又有利于平衡各方利益、维

---

① 习近平：《在网络安全和信息化工作座谈会上的讲话》，人民出版社 2016 年版，第 7 页。

② 同上书，第 9 页。

③ 同上书，第 16—17 页。

④ 同上书，第 20 页。

⑤ 同上。

护国家利益、更好服务百姓。”[①] 总之，在处理资本与政治的关系时，必须把互联网和互联网企业治理放在党和政府国家治理体系的整体大格局中来考虑，从社会治理的角度出发，依法规范互联网企业的市场行为，引导和培养良性健康的网络生态，切实平衡好国家利益、企业利益和群众利益，使互联网企业真正承担起社会责任，让互联网真正为人民服务。应该说，这是我们认识互联网企业党建的政治原点，也是开展互联网企业党建时必须始终遵循的理论原则。

（三）探索互联网企业党建的工作范式：中共社会治理的目标、组织与体系

但是，由于“互联网企业党建”作为一个新类型党建工作的概念提出是在2017年初，因而理论界关于“互联网企业党建”的研究相对比较缺乏。就目前的研究现状来看，直接以“互联网企业党建”之名发表的理论性研究文章仅有四篇：《技术、资本与政治逻辑张力下的互联网企业党建》《突出“三个性”，加强非公有制互联网企业党建工作》《互联网企业党建工作的实践探索——杭州市高新技术开发区企业党建调查》《互联网企业党建如何实现精准化》。与“互联网企业党建”相关的党建理论研究著作仅有四本：《网络党建论：互联网时代政党的组织变革与社会适应》《网络党建能力论：信息时代执政党的网络社会治理》《网络党建理论与实践研究》《互联网＋基层党建》。在上述研究成果中，来自高校并获取国家和省部级以上课题资助的成果是《网络党建论：互联网时代政党的组织变革与社会适应》《网络党建能力论：信息时代执政党的网络社会治理》《网络党建理论与实践研究》《技术、资本与政治逻辑张力下的互联网企业党建》和《互联网企业党建如何实现精准化》。来自相关党委职能部门工作经验总结的是《突出“三个性”，加强非公有制互联网企业党建工作》（中共河南省委宣传部）和《互联网企业党建工作的实践探索——杭州市高新技术开发区企业党建调查》（浙江省杭州市高新技术开发区区委）等等。在上述关于“互联网企业党建”的理论研究文章中，其分析认识互联网企业党建的研究视角既有共同性——着眼于党在互联网企业的组织建设和工作展开，又有着差异性——互联网企业党建的边界在哪里？或者说，开展互

① 习近平：《在网络安全和信息化工作座谈会上的讲话》，人民出版社2016年版，第20页。

联网企业党建仅仅就是关注互联网企业内部的党的组织建设还是应该根据互联网企业的特征而有所延展？这一系列问题的存在和提出，要求我们必须从社会治理角度重新认识互联网企业党建并探索出符合其发展规律的党建工作新范式。

如前所述，提出互联网企业党建绝不是对非公所有制企业党建的概念和内容的重复。尽管本书所指互联网企业，从企业类型和公私属性上可以归属为非公所有制企业。但是，由于互联网企业在信息网络社会具有的独特经济社会角色，其党建工作目标和要求也将具有区别于一般非公所有制企业党建的特殊性。就目前党建工作指导思想和工作实践来看，一般非公所有制企业党建工作的总体要求，都是围绕企业中的“人”这一因素开展工作的。也就是说，在市场经济不断成熟发展、多元社会体制不断形成和就业途径多样化的当下，党建工作的目标首先就是要把数量庞大的体制外党员，或者说流动党员重新联系并有效组织起来。据中共中央组织部公布的党内统计数据显示，截至 2016 年底，中国共产党党员总数达 8944.7 万名；党的基层组织数量达 451.8 万个。但是，在这一显赫数字的背后，党员的分布结构却呈现出多样化态势。按照党员职业的标准划分，离退休人员 1692.7 万名，党政机关工作人员 756.2 万名，工人（工勤技能人员）709.2 万名，农牧渔民 2596 万名，企事业单位、民办非公企业单位专业技术人员 1324.1 万名，企事业单位、民办非公企业单位管理人员 931 万名，学生 187 万名，其他职业人员 748.5 万名。[①] 从上述分布结构来看，除离退休人员外，非公所有制企业成为党员活动的最主要经济社会组织。因此，对各级党委职能部门来讲，其党建工作的首要和核心目标就是要把这些失去体制内资源支撑的党员重新纳入到党的组织体系之中。在这一工作思路的指导下，无论是要求企业中的党员要把身份“亮”出来，还是把满足人数要求的党员按党章规定组成党支部或联合党支部等基层党组织，成为当前推进非公所有制企业党建实现组织和工作“双覆盖”的主要内容。

与此同时，由于一般非公所有制企业主要从事的都是与物质生产或生活服务等类型相关的经济领域，因此对非公所有制企业党建工作的总体要求就是：非公有制经济组织中党的基层组织，贯彻党的方针政策，引导和监督企业遵守国家的法律法规，领导工会、共青团等群众组织，团结凝聚职工群众，维护各方的合法权益，促进企业健康发展。也就是说，党委职

---

① 新华社北京 2017 年 6 月 30 日电。

能部门对非公所有制企业的党员党组织的要求主要有两点：一是要牢记自己的政治身份，按照党章要求开展相应的组织学习教育活动；二是要以党员的先进性服务于企业的整体发展。于是，非公所有制企业中的党员党组织与企业的生产经营活动之间，就集中体现为“工作—服务”的政企关系。但是，互联网企业作为非公所有制企业中的新型企业，由于其在经济社会中所扮演的角色的独特性，现有非公所有制企业中党建工作的“工作—服务”的政企关系，已经无法适应信息网络时代执政党的社会治理要求，因而迫切需要对互联网企业党建的工作目标和总体要求提出新的观点。尽管互联网企业类型众多，且有不少互联网企业与一般非公所有制企业一样，从事物质生产和生活服务的经营活动，但是由于互联网企业内在的组织和技术特性，在“链”式连接的复杂社会交往体系中，其社会外溢能量却无非一般非公所有制企业可比。比如，同样是从事商品发售的企业，传统非公所有制企业的影响力远远无法与互联网电商企业的巨大社会交往能量可比。对那些直接从事精神产品生产和传播的互联网企业来说，这种社会影响力则更加庞大而无孔不入。

最为关键的一点是，互联网企业由于其所有制属性上的私有化，决定了不可能像国有企业那样采取行政性力量来推进党的建设工作；而由于其从事的生产经营活动具有强大的社会外溢效应，也不可能再延续一般非公所有制企业的党建工作模式。因此，需要对互联网企业和互联网企业党建有一个全新的认识，并根据党建工作的目标要求，重新建立党建工作与企业发展之间的新关系。笔者以为，这种新型关系就是要从一般非公所有制企业“工作—服务”的政企关系，努力向互联网企业“工作—服务—引领”的政企关系转变。也就是说，要在互联网企业党员党组织双覆盖的组织基础之上，积极探寻多样化的党建工作方法，依托相关法律法规，努力使党的组织力和影响力渗入到企业内部活动之中，力争发挥对企业的负责任经营产生有效的政治引领作用。这应该成为互联网企业党建的总体要求和中心工作。

同时，由于从事的互联网业务和企业产品指向的不同，互联网企业实际上包括了不同层级类型的企业。既有像一般非公所有制企业一样的硬件生产型企业和技术服务型企业，又有具有互联网技术特质（如社交媒体属性）的公共服务型企业和精神服务型企业。不同类型的互联网企业由于提供的互联网产品与社会大众之间的关系各不相同，因而也就决定了企业党建工作目标的层级差异。其中，硬件生产型企业和技术服务型企业是整个互联网行业发展的物质技术的提供者。也就是说，这两种类型的互联网企业都以为相关企业提供互联网技术服务作为企业的主要业务，因而其产品并不与社会大众这样的市场消费者产生直接关系。因此，这两种类型的互联网企业与一般非公所有制企业一样，其党建工作主要以党的组织设置和工作覆盖为主要组织目标。这一组织目标的确立及其在对这两种类型互联网企业党员党组织的政治要求上，主要体现为内部的组织教育与政治规训和外部的政治示范与组织团结。也就是说，中国共产党在这两种类型企业的党建目标是有明确的组织边界的：对企业党建的组织要求是对党员的教育管理和对非党群众的示范与团结；对企业党组织在企业经营管理结构中的要求是维护职工利益和促进企业健康发展。当然，在实际的工作中，硬件生产型企业和技术服务型企业的党组织仍然以党员的内部教育作为主要的组织任务。

但是如果不加分析地将这两种类型的互联网企业党建工作方法完全移植到公共服务型企业和精神服务型企业党建中，往往就会出现党建工作方法水土不服的问题。其根源就在于公共服务型企业和精神服务型企业具有不同于硬件生产型企业和技术服务型企业的组织内涵。公共服务型企业以向社会大众提供消费品作为企业的主要业务。这种类型企业的产品由于具备了社交属性，因而在与社会大众发生直接的供需关系的同时，又能够通过产品的开放式结构使社会大众参与其间，从而在此基础之上形成了企业与用户之间、用户与用户之间的复杂社会关系网络。更加关键的是，这种社会关系网络虽然带有现实社会的诸多印记，但由于其主要是在网络虚拟空间或平台上发生发展起来的，因而在摆脱了现实利害关系的顾忌后形成了自己的独特内涵。比如，网络论坛发言和评论总体上表现出情绪性、尖锐性、讽刺性的情感表达特征，而基于现实社会生活的理性、平和、慎密、客观的表达方式则很少能容纳于其间。再比如，阿里巴巴集团的淘宝网作为当下中国最大的电子商务平台，既重新构建了平台与驻场商家的商业利益关系（通过商家驻场聚拢流量并拥有了对线下商业资源进行再组织的能力），又形成了商家与用户之间的商业伦理关系（通过对商家售卖产品的互动点评和平台智能排序的方式建立起基于诚信的商业伦理）。在这个平台上，尽管有政府相关执法部门的监督，但是制定规则的主导权仍然掌握在平台管理方淘宝的手上。可以看出，这是公共服务型互联网企业与硬件生产型企业和技术服务型企业的最大区别，即通过向用户提供可以参与的平台而获得了对用户及其关系形成的影响能力。与之相比，精神服务型互联网企业则通过提供与用户自身体验更加紧密的产品来显示其潜在无形的社会影响力。比如，以 Acfun（简称 A 站）、Bilibili（简称 B 站）为代表的弹幕式视频类网站，以微信、微博、QQ 为代表的社交媒体工具，都把注重用户个人体验作为产品经营重点，在聚集了庞大流量的基础上对现实社会产生强大的舆论影响。因此，这种超出一般非公所有制企业固有组织结构的社会关系塑造能力，要求必须重新设定这两种类型互联网企业的党建工作目标，建立层级分明的人与产品并重的目标体系。即硬件生产型企业和技术服务型企业的党建工作目标以“人”为主，工作内容主要为党的组织设置和工作覆盖；公共服务型企业和精神服务型企业的党建工作目标必须重视“人”和“产品”的结合，在党的组织设置和工作覆盖的基础之上，将党组织对产品的管理作为政治引领的主要切入点。

更加重要的一点还在于，由于互联网企业是信息时代社会权力网络体系中的关键一环，又因其多为非公所有制企业而存在既无制度性安排又无行政性依托的先天缺陷，因此，加强互联网企业监管和开展互联网企业党建，实质上涉及党和政府多个相关职能部门。从行政监管方面来看，主要涉及国家互联网信息办公室、民政、工商、税务、人力资源与社会保障等行政执法部门。其中，国家互联网信息办公室对互联网企业负主要监管责任，通过制定相关法律行规和企业约谈机制开展监管工作。民政、工商、税务、人力资源等行政执法部门则将互联网企业党建情况的登记、申报、年报等纳入工作范围，从而发挥了积极有效的行政辅助力量。从党委职能部门来看，主要由各级组织部门和社会工作委员会负责互联网企业党建的具体工作。从实际工作实践来看，社会工作委员会成为互联网企业党建的主要负责单位。按照 2015 年 9 月中共中央办公厅印发的《关于加强社会组织党的建设工作的意见（试行）》规定，县级以上地方党委要依托党委组织部门和民政部门建立社会组织党建工作机构。当然，由于各地互联网企业发展情况差异比较大，因而相关组织机构的建立也是不同。比如，中共上海市委于 2003 年就探索建立了上海市社会工作党委，作为市委的派出机构，全面负责上海“两新”组织党建工作的具体指导。到目前为止，上海“两新”组织党建工作由无专门机构管理发展成为拥有市—区—街镇的三级工作网络体系。应该说，这一领导机制在“两新”组织党建工作实践中被证明是行之有效的。但是随着“两新”组织新兴党建领域（如互联网企业党建）以及新社会阶层群体的兴起，现有的领导机制仍有改进完善的空间。从目前及今后的发展趋势来看，尤其有必要建立健全与网信部门（网络组织管理局）、统战部门（新社会阶层局）、民政部门（社会组织管理局）、公安部门（公共信息网络安全监察）以及共青团等多部门的沟通联席工作机制。通过平台共建、信息共享、党建共管等方式，统筹协调，各方协作，解决共同面对的重点难点问题，积极有效地推进互联网企业党建工作。

可以说，开展互联网企业党建必须把互联网企业放在社会治理格局中来认识，根据互联网企业自身差异化特征及其对社会治理的影响程度，确定各个类型互联网企业党建工作的新方法、新途径。

第三章

互联网企业党建工作：风险、挑战与应对

开展互联网企业党建，既是中国共产党健全网络社会治理体系，提高网络社会治理水平和能力的关键环节和主要工作，同时又是由互联网企业及其党建工作的特殊性决定的。发挥企业党建工作的内在政治性引导和政府行政执法部门的外在强制性约束，是中国共产党推进网络社会治理的两个主要着力点和工作路径。从社会治理绩效的角度来看，以国家互联网办公室为代表的相关职能部门由于拥有对互联网行业的执法权和监管权，因而其对互联网企业的治理成效是比较明显的。但是，作为中国共产党网络社会治理手段的另外一个重要内容——互联网企业党建却面临理论认知上的困惑和工作推进中的困境。事实上，这种困惑和困境带来的治理成绩不佳的关键原因，在于把互联网企业党建等同于一般非公所有制企业党建，把非公所有制企业党建工作模式不加分析地套用于互联网企业党建。其实，从中共中央组织部明确提出互联网企业党建概念这一举动就已说明，这是一种有别于一般非公所有制企业的新型企业，是一种有别于一般非公所有制企业党建的新型企业党建。作为新型企业，互联网企业的“新”集中体现在它具有通过互联网技术和平台生产能够对社会大众的心理、思想和行为产生深刻影响的产品内容的社会能力。这种社会能力既非一般非公所有制企业可以比拟和模仿，也松动和销蚀了建基于现实物理结构之上的党建工作稳定性基础，取而代之的则是以流动性为主要特征和内涵的党建工作新场阈。迅速变化而流动不息的社会结构和组织环境，对开展和推进互联网企业党建提出了严峻挑战，要求中国共产党必须积极探索适应党建工作流动性要素的新理论、新方法、新途径。

一、互联网企业的社会风险治理：法治与政治

如第一章所述，正是由于互联网企业及其所代表的数字经济在中国经济总量中的比重的逐渐增大，以及互联网企业经营活动日益深入到中国社会生活的各个领域，互联网在中国的特殊意义才远远超出其于发达国家所

发挥的作用。就像互联网政治学家安德鲁·查德威克指出的那样："由于社会背景和制度架构的独特性，中国正在形成复杂的、本土化互联网政治。这种中国特色的互联网政治，广义而言，是对既往基于父爱主义和全能政府的政治治理的拨正及调整——尽管这种变化从政治制度设计来看有不情愿和被动的意味；狭义而言，是对形形色色的境外网站、境内网站、互联网及新媒体信息流动、网民意见及网络社群的管理政策的理念更迭与多方博弈。其中，特别是越境数据流——点对点的跨越国家政治疆界的数字化电子数据传输，在过去、现在，都引出了一系列法律法规、国情政治和其他意识形态问题。"① 甚至而言，互联网之于中国的角色实质上是技术、经济、社会，乃至政治等多种角色的复杂集合。正是因为具备这种多重角色内涵，掌握和运用互联网技术的互联网企业，对执政党的社会治理体系和能力水平提出了挑战和新的适应性要求。

（一）风险与挑战：互联网企业的社会治理效应

互联网企业对党和政府的社会治理体系提出的挑战主要表现在三个方面。

一是对社会治理新内容的挑战。内容监管是社会治理的主要工作任务。不同的内容构成形态往往决定了不同的社会治理工作途径。在工业化时代，社会治理的内容主要以物质化的物理形态表现出来。尽管看起来拥有诸如收音机等灵巧移动的传播平台，但是电波的无形发送却控制在有形的电视广播中心；尽管看起来新闻的采编传递具有信息的外在表征，但是新闻的传播却只能依靠纸质媒体表现出来。因此，工业化时代社会治理的内容监管更多地表现为对物理载体的审查和控制偏好。以中国共产党社会治理内容监管的实际来看，电视广播、新闻出版等主要传播工具向来是社会治理监管的工作重心。在主要传媒由党和国家牢牢控制的前提下，社会治理的重心实质上主要是对内容的审查和监管。这一工作程序一般是由各地宣传部门和新闻出版部门进行工作把关。可以说，以报纸、电视、电话、电台等为主要代表的机械性技术，构成了工业时代社会治理的基础性技术支撑。这种机械性社会治理技术由于与自上而下的中央集权式工业社会高度吻合，因而具有广泛而深刻的社会可控性。事实上，无论是这种技

① ［英］安德鲁·查德威克著，任孟山译：《互联网政治学：国家、公民与新传播技术》，华夏出版社2010年版，第8页。

术的使用方还是控制方，双方都共同遵循着技术的这一内在规范性，因此也就为社会治理的内容监管提供了有迹可循（有固定生产办公场所）、有物可查（有实物化的固体形态）、有人可控（有负责操作的相关人）、有法可依（相关的法律规定）的物理手段。这是工业化时代社会治理内容监管的基本原理和工作路径。

但是，以互联网为主要代表的网络信息技术的出现及其在社会领域引起的革命性变化，却对现有的基于机械化技术支撑起来的社会治理体系和能力提出了挑战。从社会治理内容的角度而言，监管内容的多样化、虚拟化和精神化，已经成为信息网络时代社会治理的主要趋势和工作难点。所谓多样化，是指内容（产品）在表现形式上的多样性，又指内容（产品）在生产供应上的多元性。信息网络时代激发了个人的创作欲望并为其想法的实现提供了可行的生产方案。正是这种社会想象力的整体性爆发使内容多样化成为可能。所谓虚拟化，这是信息网络社会内容监管面临的一个最为突出的问题，它主要是指内容（产品）的表现形式可以具有虚拟性，又是指内容（产品）的存在基础依托于网络虚拟空间。诸如网络文学、网络游戏、网络金融、网络新闻等信息服务都可以被视为虚拟化的内容（产品）。所谓精神化，主要是就内容（产品）的社会性而言的。互联网在其诞生以来衍生的诸多社会性问题中，心理需求和精神需求一直是其中的典型问题。网上和网下之所以被视为社会的两个活动场阈，就在于网络虚拟空间能够在相当程度上满足社会大众囿于现实社会而不能伸张的意愿与欲望。正是在这种普遍性的精神需求的驱动下，在推动了互联网经济蓬勃发展的同时，也从根本上重塑和确立了社会观念和行为的新模式，对基于传统工业社会的治理方式提出了挑战。

互联网企业作为信息网络时代主要内容（产品）的生产方和提供方，由于拥有互联网技术并控制了互联网流转平台，通过对其所掌握的触网人群的庞大数据库的分析计算，依据不同类型人群的需求（物质的或精神的），及时调整生产经营方向，为用户提供精确化的差异性内容（产品）服务。互联网企业的这种主动性经济行为，既是其用户第一、服务至上的经营理念的体现，但由于互联网本身内涵的复杂社会特性，又使互联网企业行为的经济影响力日渐外溢成为强大的社会影响力。在“链”连接的互联网时代，由于相关法律监管的缺席滞后，在现实社会强力审查控制机制失灵的当下，互联网企业经营的内容（产品）往往行走在法律的“灰色”地带，在满足了多元化的社会大众“精神”需求的时候，又给现实物理世界的社会治理能力提出了新的工作监管挑战和更高要求。

二是对社会治理新机制的挑战。伴随社会治理新内容变化的重要结果之一，就是要求党和政府建立与之相适应的社会治理新机制。工业化时代的社会治理机制主要具有以下四个方面的特点：从治理领域来看，工业社会治理具有强烈的专业覆盖性或者说目标的确定性。由机械化技术构筑起来的工业社会，其可以进行流动且与社会意识形态具有紧密相关性的信息领域并不多，主要集中在新闻报纸、电视电台和出版印刷等三种专业性较强的类型单位。物理化的实体存在和信息传播方式，使得社会治理具有高度的目标确定性和专业的狭隘性。从治理部门来看，正是由于这种信息存在和传播的物理性特征，决定了社会治理部门的权力集中化、部门垄断化和机构简单化。在现实社会生活中，社会治理部门主要集中于各级党委宣传部门和政府新闻出版部门。两个部门之间尽管工作重心略有不同，但始终遵循党委统一领导，因此在相关治理领域表现出高度的权力垄断集中和执行机构的简单明了。从治理技术来看，由于信息载量不足和传播渠道的简单狭隘，上述两个部门在进行内容监管时往往选择人力排查方式来审查新闻信息是否符合相关要求。从运行机理来看，社会治理的监管工作一般采取新闻清样报送、重大选题备案或根据形势任务要求进行抽查，以及接受社会举报等方式来运转。总体而言，工业化时代的社会治理机制强调的是自上而下的线式垂直管理，在社会治理机制上表现出典型的平面性和物理性两大组织特征。

但是，互联网时代的信息传播改变了过往一切社会的信息生产和流转模式，对工业化时代的社会治理机制提出了近乎瓦解性的严峻挑战。在社会治理领域方面，互联网时代的信息生产和传播具有来源的多元性、形式的多样化和渠道的散点式等特征。来源的多元性，即是指信息的生产和提供往往并不局限于某种特定的职业专业，而是借助于互联网技术的开放性和便捷性，每一个人都有可能成为信息的“源点”。形式的多样化，是指信息的表现形式既可以是常见的文字图画，也可以是视频音像，更可以是各种意义符号，或者综合上述各种要素共同构成。渠道的散点式，是指一般意义上的互联网空间具有高度的多中心性和网络化结构。从理论意义上讲，任何一个被视为有用的信息都能够被无限复制、无限传播。互联网信息的这三大特征实际上意味着工业社会治理的狭隘领域已经丧失了专业性划分的存在基础。在人即为媒体的信息网络社会，社会治理领域开始呈现出前所未有的全领域性。恰恰正是这一基础性的信息变革，催生了信息网络社会治理机制在主管部门、治理技术和运转机制等方面的适应性变革。成立于2011年5月的国家互联网信息办公室就是这一机制性变革的首要成果，它是经国务院批准设立的互联网信息监管机构。而于2014年2月27日成立的中共中央网络安全和信息化领导小组，更是把网络安全和信息化建设提高到国家战略的层面，开始改变过去治理部门职能交叉、权责不一、效率不高的监管困境。与此同时，各业务主管部门加大了对运用信息技术加强内容监管的尝试和努力。在大数据的分析筛选下，通过敏感词检索的方式，内容监管的力度有所加强，不良网络信息的蔓延得到了初步遏制。

在理顺和构建新的社会治理机制的过程中，互联网企业成为治理机制中的重要一环。事实上，各级政府网信部门建立起的监管机制和约谈机制，都在事实上将互联网企业尤其是具有重大影响力的互联网企业作为主要的工作对象。从一般的监管思路上来讲，这是一个比较切实可行的工作切入点。毕竟，无论互联网信息流动性再大再强，它仍然离不开有形的互联网流动渠道，而互联网企业恰恰是掌握这种渠道的主要力量之一。在互联网大势不可逆的环境下，渠道为王的互联网企业既是现有社会治理体系的主要工作对象，但在社会治理大格局中，互联网企业却已俨然成为社会治理体系的新生力量。无论情愿与否，都必须承认，互联网企业已经是兼具强大经济力量的社会性影响力量。

三是对社会治理新对象的挑战。蓬勃兴起的数字经济和日益开放多元的社会结构，使互联网企业成为信息网络时代强而有力的经济—社会复合组织，其生产经营活动对现有的社会治理体系产生了极大的冲击和挑战，因而成为执政党社会治理重点关注的工作新对象。如前所述，这种政治关注主要取决于互联网企业在经济、社会和舆论传播等方面所发挥的重大作用，但仍有必要进一步认识到互联网企业这一治理新对象所蕴含的深刻社会意义。从政府—企业—社会的黏合度来观察，在信息社会以前的农业社会和工业社会，从来没有哪一种类型的企业像互联网企业那样，引起政府和社会如此之高的重视。农业社会的企业，其经营活动由于受“士农工商”四民阶层的意识形态和制度制约，往往需要依附于封建权贵来为企业和个人寻求保护。这个时期的企业与政府的关系，更加准确地说其实是企业与封建权贵阶层的关系，本质上是一种“仆从式”的政治—经济关系，大型企业更多地成为权贵们用来规避政治规则而实际获取超额利润的“白手套”。因此，企业的兴衰往往并不取决于其生产经营状况的好坏，而是由权贵们的政治沉浮决定的。如，清末胡雪岩这样的“红顶商人”就是典型例子。可以说，这个时期的企业对政府尤其是统治阶级中的权贵们来讲，并不具有特别重要的地位和角色，充其量只是一颗谋取利益的经济棋子而已。

大工业时代的到来荡涤了农业社会的经济基础和上层建筑，构建起属于自己时代的工业社会结构体系。在这一复杂社会体系中，企业与政府和社会的关系成为最主要的政治—经济—社会关系。即企业摆脱了农业社会权贵经济的仆从角色和社会桎梏，开始在经济和政治上具有了独立的利益诉求，甚至可以说，正是具有近代意义的企业塑造了资本主义。马克思·韦伯在《新教伦理与资本主义精神》一书中对此做了精辟论述。然而，我们仍然可以发现，在资本主义全球兴起的历史中，正是个人和企业对财富的渴望和追求以及伴随而生的对国家经济政治社会等各方面提出的变革性适应要求，最终成为推动资本主义不断扩张的原动力。可以说，这是大工业时代资本主义经济发展在政治社会等上层建筑的最集中体现。于是，作为主要经济力量的企业，在事实上也成为政治和社会的统治力量，从而与整个工业社会构成了内生型的经济政治关系。从社会治理的角度而言，企业不是社会治理的工作对象，而是社会治理的主要力量。新中国成立以来建立起的各种类型的国有企业，实质上不仅仅担负着从事生产经营的任务，更肩负着维护社会安全和稳定的政治使命。从这一意义上讲，国有企业与党委和政府部门一样，在其所在行业领域就是一股强大的社会治理力量。

然而，诞生于工业社会母体之中的信息社会，如同工业社会扫荡农业社会一样，也开始以其经济技术动能改造着既有的社会结构和治理体系。互联网企业作为最具信息社会一切特征的经济组织，从其发展之初就显示出对母体社会强烈的“反抗”和“叛逆”的冲动意志。这种内在的冲动性，既来源于追逐经济利益的企业本能，更得益于其所拥有的实现这种意志的技术手段和途径。正是后一种技术性支撑赋予了互联网企业强大的经济社会变革之力。不像工业资本主义通过颠覆性的革命来实现和确立新的经济基础和社会结构，信息社会的到来更像一场静悄悄的革命，通过潜移默化的能量累积和舆论营造，更是借助于信息通讯基础设施的高速发展，通过规避现有制度机制的限制，互联网企业不断构筑起一种新的经济关系和商业图景。伴随着日益丰富且影响广泛的生产经营活动，一种有别于现存社会的新质社会开始出现。尽管人们对这种新质社会的认识并不一致，但不可否认的一点就是，互联网时代已经到来，并无时无刻不在影响着人们的日常生活和社会关系。作为最充分体现信息变革力量的互联网企业，由于身具强大的经济动能和对社会的广泛深刻的影响力，也不断试图重构企业与政府和社会的新关系。在这一关系重塑的博弈过程中，互联网企业也因此成为党和政府社会治理重点关注的工作对象。就像习近平总书记讲的那样："企业要承担企业的责任，党和政府要承担党和政府的责任，哪一边都不能放弃自己的责任。"[①] 尤其是在 2018 年 4 月 21 日的全国网络安全和信息化工作会议上，习近平总书记更是明确强调，要压实互联网企业的主体责任，决不能让互联网成为传播有害信息、造谣生事的平台。

（二）法治与政治：互联网企业的内外治理途径

按照构建互联网企业党建"工作—服务—引领"政企关系的总体目标，围绕党员党组织政治能量的凝聚与发挥这一核心要求，开展互联网企业党建迫切需要在内外两个方面下功夫：一方面，要着力构建外部规范性强制力量体系。尽管互联网企业党建与一般非公所有制企业党建在目标要求和工作方式上有着较大差异性，但也有一个共同之处，这就是二者都处于无内部行政力量可以依托利用的组织环境。不过，相比较于一般非公所有制企业，开展互联网企业党建仍然具有一个重要的政治优势，那就是互联网行业行政监管力量的强大。中共中央网络安全和信息化领导小组及其所属常设工作机构国家互联网信息办公室，是党和政府进行互联网治理的最高领导机关和行政执法机关。根据国发〔2014〕33 号通知，国务院授权国家互联网信息办公室负责互联网信息内容管理工作，并负责监督管理执法。整顿互联网秩序，规范互联网企业市场行为，成为国家互联网信息办公室的主要工作。通过制定和颁布一系列的法律法规和行业规范，国家互联网信息办公室建立起了一整套有法可依、有法必用、违法必究的行政管理工作流程。特别是 2016 年 11 月 7 日第十二届全国人民代表大会常务委员会第二十四次会议通过的《中华人民共和国网络安全法》，2017 年 6 月 1 日起施行的《互联网新闻信息服务管理规定》和《互联网信息内容管理行政执法程序规定》，都有力提高了政府职能部门对相关互联网企业的监管力度，也为随后开展互联网企业党建提供了坚强有力的法律保障和行政

---

① 习近平：《在网络安全和信息化工作座谈会上的讲话》，人民出版社 2016 年版，第 20 页。

依托力量。具体来说，国家网信办对互联网企业的监管途径主要有以下三个。

一是制定法律，规范互联网企业的行为边界。国家网络安全和信息化工作座谈会召开后，中国政府加快了对互联网相关法律法规的立法工作。其中，最重要的法律当属《中华人民共和国网络安全法》的制定和出台。该法于2016年11月7日第十二届全国人民代表大会常务委员会第二十四次会议通过，于2017年6月1日起施行。《中华人民共和国网络安全法》共计七章七十九条，分别对网络安全、网络运行安全、关键信息基础设施的运行安全、网络信息安全、监测预警与应急处置和相关责任主体的法律责任等进行了规定。该法的意义在于，从国家安全的角度阐释了立法的目的和用途。总则第一条明确规定：为了保障网络安全，维护网络空间主权和国家安全、社会公共利益，保护公民、法人和其他组织的合法权益，促进经济社会信息化健康发展，制定本法。该法对互联网企业经营行为进行了原则性规定。总则第九条规定：网络运营者开展经营和服务活动，必须遵守法律、行政法规，尊重社会公德，遵守商业道德，诚实信用，履行网络安全保护义务，接受政府和社会的监督，承担社会责任。总则第十条规定：建设、运营网络或者通过网络提供服务，应当依照法律、行政法规的规定和国家标准的强制性要求，采取技术措施和其他必要措施，保障网络安全、稳定运行，有效应对网络安全事件，防范网络违法犯罪活动，维护网络数据的完整性、保密性和可用性。同时，在其他章节中也对网络运营者进行了详细规定。可以说，《中华人民共和国网络安全法》的出台，为中国政府治理互联网提供了根本依据。与此同时，国家互联网信息办公室也加强了部门规章的制定。其中，自2016年以来比较重要的规定有《互联网信息搜索服务管理规定》（2016年8月1日起施行）、《移动互联网应用程序信息服务管理规定》（2016年8月1日起施行）、《互联网直播服务管理规定》（2016年12月1日起施行）、《互联网信息内容管理行政执法程序规定》（2017年6月1日起施行）、《互联网新闻信息服务管理规定》（2017年6月1日起施行）、《互联网新闻信息服务许可管理实施细则》（与《互联网新闻信息服务管理规定》同步施行）、《互联网论坛社区服务管理规定》（2017年10月1日起施行）、《互联网跟帖评论服务管理规定》（2017年10月1日起施行）、《互联网群组信息服务管理规定》（2017年10月8日起施行）、《互联网用户公众账号信息服务管理规定》（2017年10月8日起施行）、《互联网新闻信息服务新技术新应用安全评估管理规定》

（2017 年 12 月 1 日起施行）、《互联网新闻信息服务单位内容管理从业人员管理办法》（2017 年 12 月 1 日起施行）和《微博客信息服务管理规定》（2018 年 3 月 20 日起施行），等等。上述一系列规定对具有强烈新闻舆论属性和社会动员属性的网络平台及其相关方进行了原则性规定，为网信等行政执法部门对互联网的管理提供了法律法规依据。

二是约谈企业，整顿互联网企业的热点问题。建立互联网新闻信息服务单位的约谈工作机制是网信部门加强互联网管理的重要方式。2015 年 6 月 1 日起正式实施的《互联网新闻信息服务单位约谈工作规定》第二条明确指出，约谈是指国家互联网信息办公室、地方互联网信息办公室在互联网新闻信息服务单位发生严重违法违规情形时，约见其相关负责人，进行警示谈话、指出问题、责令整改纠正的行政行为。第四条规定了哪些情况下要进行约谈的具体内容：（1）未及时处理公民、法人和其他组织关于互联网新闻信息服务的投诉、举报情节严重的；（2）通过采编、发布、转载、删除新闻信息等谋取不正当利益的；（3）违反互联网用户账号名称注册、使用、管理相关规定情节严重的；（4）未及时处置违法信息情节严重的；（5）未及时落实监管措施情节严重的；（6）内容管理和网络安全制度不健全、不落实的；（7）网站日常考核中问题突出的；（8）年检中问题突出的；（9）其他违反相关法律法规规定需要约谈的情形。《规定》实施以来，国家互联网信息办公室和地方互联网信息办公室加强了对相关互联网新闻信息服务单位的约谈力度。自 2017 年以来，全国网信系统不断加大行政执法力度、规范行政执法行为，坚决依法查处典型案件，取得明显成效。据统计，全国网信系统全年依法约谈网站 2003 家，暂停更新网站 1370 家，会同电信主管部门取消违法网站许可或备案、关闭违法网站 22587 家，移送司法机关相关案件线索 2045 件。有关网站依据服务协议关闭各类违法违规账号群组 317 万余个。[①]

针对未经许可或超越许可范围开展互联网新闻信息服务、歪曲篡改标题原意和新闻信息内容等问题，北京市、上海市、广东省、海南省等网信办约谈腾讯网、百度、搜狗、知乎、虎嗅网、梨视频、观察者网、东方网、红歌会网、天涯社区、凯迪社区等一批违规网站；北京市网信办对凤凰网、新浪网、搜狐网、网易、今日头条、北青网、新京报网等分别做出警告、罚款等处罚。针对部分电商销售违禁管制物品等问题，国家网信办

① http：//www.cac.gov.cn/2018 -02/05/c_1122368756.htm.

指导浙江省网信办约谈淘宝网并责令其全面自查自清，切实履行网站主体责任。针对传播淫秽色情、庸俗低俗、封建迷信信息等问题，北京市、上海市、湖北省等网信办依法约谈新浪网、搜狐网、网易、百度贴吧、今日头条、得意生活网、火山直播、花椒直播、360 网址导航、hao123 网址导航、265 网址导航、2345 网址导航等网站，并责令其限期整改。

在国家互联网信息办公室的指导下，各地互联网信息办公室加强了对属地管理的互联网新闻信息服务单位的管理。比如，2017 年 12 月 29 日，北京市互联网信息办公室在国家互联网信息办公室指导下，针对今日头条、凤凰新闻手机客户端持续传播色情低俗信息、违规提供互联网新闻信息服务等问题，分别约谈两家企业负责人，责令企业立即停止违法违规行为。两家企业负责人表示，将严格落实网信部门管理要求，对相关问题进行自查自纠，分别对违规问题严重的部分频道暂停内容更新。今日头条手机客户端“推荐”“热点”“社会”“图片”“问答”“财经”6 个频道自 2017 年 12 月 29 日 18 时至 12 月 30 日 18 时暂停更新 24 小时、凤凰新闻手机客户端“头条”“推荐”两个频道自 2017 年 12 月 29 日 18 时至 12 月 30 日 6 时暂停更新 12 小时。[①] 2018 年 1 月 11 日，上海市网信办相关负责人针对“万豪会员邮件事件”紧急约谈万豪国际集团亚太区负责人和万豪酒店管理公司上海负责人。责令万豪国际集团从当晚 18 时起对官方中文网站、中文版 APP 自行关闭一周，开展全面自查整改，彻底清理违法违规信息，及时向社会公布对事件的调查结果和处置情况。1 月 12 日，上海市互联网信息办公室向 zara. cn 运营主体爱特思电子商务（上海）有限公司、medtronic. com 运营主体美敦力（上海）管理有限公司发出《互联网站整改通知书》，责令两家网站立即更改违法违规内容，并于12 日 18 时前在官方网站刊发致歉声明。同时要求两家网站全面自查，进一步加强官方网站及 APP 信息内容合法性审查和管理，按时提交书面整改报告。1 月 27 日，国家互联网信息办公室指导北京市互联网信息办公室针对新浪微博对用户发布违法违规信息未尽到审查义务，持续传播炒作导向错误、低俗色情、民族歧视等违法违规有害信息的严重问题约谈该企业负责人，责令其立即自查自纠，全面深入整改。新浪微博负责人表示，将严格落实网信部门管理要求，对问题突出的热搜榜、热门话题榜、微博问答功能、热门微博榜明星和情感版块、广场头条栏目情感版块暂时下线一周进行整改。下线时

① http：//www. cac. gov. cn/2017 - 12/29/c_1122187494. htm.

间从2018年1月27日21时至2月3日21时。[1] 1月31日，国家互联网信息办公室指导广东省互联网信息办公室针对UC头条持续传播炒作导向错误、低俗色情信息等问题约谈该企业负责人，责令立即停止违法违规行为，自查自纠，切实整改，全面清理网上违法违规信息，健全信息内容管理长效机制，杜绝类似情况再次发生。

通过约谈的方式，国家互联网信息办公室和地方互联网信息办公室加强了社会反映强烈的互联网新闻信息服务单位涉事项目的整顿。

三是依法管理，从严查处违法违规行为和网站。与此同时，各级网信部门会同有关部门，严厉查处危害国家安全类违法信息和网上违法行为，依法关停“九千网”“西柚网”“悠悠网”“邢台社区网”等一批传播危害国家安全信息的违法网站；相关网站按照服务协议关闭、禁言“澎湃观察”“魔都家”等一批发布反对宪法确定的基本原则的违法账号，坚决阻断相关违法信息传播扩散。针对其他各类违法违规行为，各地网信部门严格执法，依法关闭“人民风采网”“中国资讯网”“中国上海网”等一批违规从事互联网新闻信息服务网站；关闭“中国论文库”“教育论文网”“教育期刊网”等一批违规从事经营性互联网信息服务网站；关闭“少年禅医轻松”“飞扬网”“名人网”等一批传播虚假信息网站；关闭“红杏直播”“蜜桃秀”“福利猫导航”“宅男福利社”等一批传播淫秽色情信息的直播网站和APP；关闭“天天电玩城”“优胜国际”“千金娱乐”“乐彩网”等一批聚众赌博违法网站；关闭假冒“人民网”“中国日报网”“国家铁路新闻网”“凤凰通讯社”“青海新闻网”等一批侵权网站。

如果说国家互联网信息办公室是从外部为监管互联网企业建章立规，那么开展互联网企业党建则是力图从内部提高党的渗透性政治影响能力。这是开展互联网企业党建的另外一个方面的工作路径。这一做法既是中国共产党作为领导全国的执政党的政党逻辑——群众在哪里，党的组织就应该在哪里——发展的必然要求，但同时也是考虑到互联网企业内部生态的实际工作需要。从互联网企业的内部生态来看，其人员构成、企业文化和经营理念等都极具特点。从中国百强互联网企业的发展史来看，无论是其创始人也好，经营管理团队也罢，抑或是一般的技术工作人员，年轻化、高学历化、技术尖端化而又具有国际视野是互联网企业从业人员的普遍特点。而崇尚创新，具有敏锐的市场触觉，能够根据用户需求及时调整产品

---

[1] http://www.cac.gov.cn/2018-01/27/c_1122326857.htm.

经营方向，则又是互联网企业的企业文化和经营理念的内在特质。因此，提出互联网企业党建的目的，不仅希望借助于法律法规的强制性力量来规范企业追逐市场的行为，而且更希望借助于党员党组织的政治活动来影响、感召乃至引领企业内部的生态建设，以积极培植互联网企业的社会责任感。这也是本书重点着墨之所在。

二、互联网企业党建的要素性挑战：人与产品

前面讲过，互联网企业和互联网企业党建具有特殊性。具体来说，互联网企业党建的特殊性最集中地体现在构成党建工作的基础性要素发生了革命性变化。即从由人、组织、空间和技术构成的一般党建工作四要素转变成为由产品、平台和技术构成的互联网企业党建三要素。简言之，人与产品构成互联网企业党建工作的核心要素。开展互联网企业党建，必须面对这一工作要素巨大变化带来的挑战。

（一）一般党建工作的四要素：人＋组织＋空间＋技术

一般来说，中国共产党的党建工作主要由四个要素构成：人、组织、空间和技术。其中，“人”是党建工作的核心，“组织”是党建工作的依托，“空间”是党建工作的载体，“技术”是党建工作的手段。在传统工业社会中，上述四个组织要素因其强烈的物质形态表现而具有深刻的内在约束性。改革开放以来，在社会主义市场经济催生下诞生的非公所有制企业，尽管摆脱了计划体制下行政性权力的束缚而具有了市场的自主权，但无论是就企业的结构、资源的获取、产品的营销以及市场的监管，还是包括党员在内的企业员工的生产行为和社会活动，都与传统工业社会的社会结构和组织规范高度契合，实质上是传统工业社会组织行为的具体映射。从社会治理的角度来看，这种组织行为因其组织主体及其社会活动的物理性特征，易于受到政党的内部监督和政府的外部监管，因而表现出了高度的组织稳定性，从而构成了社会治理的支撑基础。从根本上来讲，中国共产党之所以在一般非公所有制企业中选择组织和工作双覆盖的党建工作路径，其实就是对一般非公所有制企业党建工作稳定性要素特性深刻洞悉下的组织习性使然。在一般非公所有制企业中，构成党建工作的人、组织、空间和技术四个组织要素的稳定性体现如下。

首先，“人”是党建工作的核心。人是组织最宝贵的资源，是组织成长的内在动力。任何组织都是以人为核心来开展诸如团结、凝聚、规训和塑造等组织活动的。离开了人，组织就无法存在和发展。可以说，人既是党建工作的对象，更是党建工作的核心。一般非公所有制企业的党员，尽管脱离了行政体制的约束成为市场经济条件下的社会人，但是由于其政治身份的存在而依然受到党章的约束。在各级党委组织部门、社会工作党委以及街道、园区、商圈、楼宇等党的基层组织网络的共同努力和深入排查，一般非公所有制企业的“隐性”党员都会被“发现”，进而重新纳入到基层组织之中。更何况，政党治理是中国共产党国家治理的重要组成和工作路径。按照中国共产党“群众在哪里，党的组织就在哪里”的政治逻辑和组织要求，全面推进党在非公所有制企业和社会组织中的组织设置和工作覆盖，其根本目的就是要把游离于行政体制之外的党员重新纳入到组织之中，并力图通过对这些体制外党员的再政治化和组织化，使其以自己的言行影响和带动身边其他群众增强对党的政治认同，不断夯实和拓展党在非公经济领域执政的社会基础。这就是中国共产党把“人”作为“两新”组织党建工作主要任务的内在政治逻辑和根本着眼点。

其次，“组织”是党建工作的依托。组织是政党开展内外工作的主要活动场阈，也是政党对内部成员进行政治塑造和对外展示政党形象增强政治吸引力的主要工具。可以说，组织是决定政党政治生命和政治活力的主要结构要素。中国共产党历来重视组织建设，始终强调党的各级组织尤其是基层组织要发挥联系、团结和引领群众的战斗堡垒作用。在具体的党建工作实践中，各级党组织既是开展党建工作的主要依托，也是党建工作的组织主体。按照《中国共产党章程》的要求，凡是有正式党员三人以上的，都应当成立党的基层组织。因此，党的基层组织既是党的全部工作和战斗力的基础，也是推进非公所有制企业党建工作的主要抓手。作为从事生产经营服务等各种业务的非公所有制企业，尽管其在所有制属性上与公有制企业有着根本区别，但是由于其生产经营活动的各个环节仍然受到政府相关执法部门强而有力的市场监管，这就在事实上为各级党委和组织部门在企业中开展党建工作提供了有力的政治杠杆。于是，通过全面推进非公所有制企业党的组织设置和工作覆盖，中国共产党实际构筑起了根植于各个领域社会末端的基层组织网络体系，既强化了对体制外流动党员的组织教育管理，又扩大了党在非公所有制领域的组织基础和政治基础，充实和健全了党和政府的社会治理体系。

其三，“空间”是党建工作的载体。无论是人或组织都必须依存于一定的物理空间才能存在和发展，但是物理空间属性的不同对人和组织活动的影响也各有差异。党建工作也不例外。也就是说，不同的物理空间及其组织结构决定了党建工作在目标、途径和方式的选择上也是明显不同的。事实上，中国共产党的组织建设逻辑就是按照对现实物理空间容纳的政治经济资源的划分来展开的。《中国共产党章程》明确按照政治经济属性把党的组织活动空间划分为国有企业和集体企业、事业单位、党和国家机关以及非公所有制经济组织四个大类。由于组织活动的空间属性的差异性，对党的基层组织的政治定位和工作要求也就大不相同。对国有企业和集体企业中党的基层组织，要求其发挥政治核心作用，围绕企业生产经营开展工作；对实行行政领导人负责的事业单位中的党的基层党组织，要求其发挥政治核心作用；对实行党委领导下的行政领导人负责制的事业单位中的党的基层组织，对重大问题进行讨论和做出决定，同时保证行政领导人充分行使自己的职权；对各级党和国家机关中的党的组织，要求其协助行政负责人完成任务，改进工作，对包括行政负责人在内的每个党员进行监督。可以看出，由于上述四种类型的组织空间占有丰富的行政资源，是中国共产党组织空间的构成主体，因而其对党组织的活动有着严格的政治要求和党内规范。但是，对非公所有制经济组织中的党的基层组织来说，由于企业的所有制属性的根本性差异，中国共产党对基层组织的政治要求和工作方式相对来说比较温和，更多地要求其发挥政治团结和促进企业健康发展的作用。可以说，党建工作的空间载体属性的差别，影响乃至决定了党建工作重心任务和政治成效的差异。

最后，“技术”是党建工作的手段。任何组织的内部治理，都离不开社会技术的有力支撑。甚至从相当意义上讲，组织的结构及其形态都是一定的社会技术表现形式。机械化的社会技术为集权式的组织结构提供了强大的技术实现手段和支撑架构，因而也就影响和决定了自上而下的垂直式管理方式，成为以这一技术为基础的组织或团体内部运转的内在选择和逻辑必然。中国共产党是严格按照列宁创建的布尔什维克党的模式创建起来的，而列宁就是以高度体现机械化技术中心控制论的近代报纸作为布尔什维克开展组织活动的技术支撑。他指出：“没有这样的机关报，地方工作仍然是狭隘的‘手工业方式’的。……要想组织革命力量，进行纪律教育，提高革命技术都是不可能的。”① 这种社会技术塑造的组织科层制和中心控制思想成为中国共产党组织工作的基本原则和最强烈而鲜明的组织工作特点。《中国共产党章程》明确规定：党是根据自己的纲领和章程，按照民主集中组织起来的统一整体。在民主集中制的六条基本原则中，首要的一条就是：党员个人服从党的组织，少数服从多数，下级组织服从上级组织，全党各个组织和全体党员服从党的全国代表大会和中央委员会。

尽管随着改革开放的深入发展和社会主义市场经济日益成熟，多元化的社会结构对中国共产党的党建工作和社会治理提出的挑战越来越大，但是根植于工业社会的现有党建工作结构仍然表现出相当程度的稳定性，民主集中制作为党和政府的组织原则和工作方法仍然是积极而有效的。一方面，这是由中国作为一个超大规模国家的结构特点决定的。民主集中制作为处理中央与地方关系的基本原则，体现了中央权威的全局指导性和地方政策自主灵活性的有机结合，因而能够为多民族国家的团结、统一和稳定提供坚实的政治保证。另一方面，这也是由中国共产党作为中国唯一执政党的政治现实决定的。民主集中制作为中国共产党的组织原则，往往会在执政党的内在政治逻辑推动下成为党在国家治理政治实践中的基本原则。正是从这一政治逻辑出发，面对党内和社会上存在的错综复杂的思想问题和利益矛盾，中国共产党在开展党建工作时始终高度重视人和组织这两大要素，对分布于体制内外的党员教育管理和基层组织设置的要求从未有过任何改变。《中国共产党章程》明确规定，党员必须履行自觉遵守党的纪律，执行党的决定，服从组织分配，积极完成党的任务的义务；企业、农村、机关、学校、科研院所、街道社区、社会组织、人民解放军连队和其他基层单位，凡是有正式党员三人以上的，都应当成立党的基层组织。

中国共产党在一般非公所有制企业中的党建工作，同样必须遵循这两个基本的组织要求，全力推进党组织的设置和工作覆盖，稳固党在一般非公所有制企业的组织和政治基础。从多年实践的政治绩效来看，中国共产党在一般非公所有制企业的这一党建工作路径是比较有效的，既扩大了党的组织设置和工作覆盖面，又通过向下延伸的党的政治触手，增强了党对一般非公所有制企业的政治团结。中共中央组织部于 2018 年 6 月 30 日发布的 2017 年中国共产党党内统计公报显示，截至 2017 年 12 月 31 日，中国共产党已在 187.7 万个非公所有制企业建立党组织，占全国非公所有制

① 《列宁全集》第 4 卷，人民出版社 1958 年版，第 168 页。

企业总数的73.1%。① 应该说，这一成绩的取得既是各级党委和组织部门高度重视和坚持不懈地努力的结果，也是中国共产党多年来形成的一整套党建工作模式发挥作用的结果，更是一般非公所有制企业从生产到经营各个环节的物理化形态保持未变的结果。也就是说，一般非公所有制企业仍然是工业社会利用机械化技术架构起来的经济组织，企业的运转天然而内在地遵循着工业社会的组织逻辑，其结构是内敛而非开放，其发展是垂直线条式而非纵横网络式，其社会影响的效果是单向而非交互。可以说，恰恰正是一般非公所有制企业的这种组织生产结构，适应了中国共产党基于工业社会建立起来的党建工作体系，成为影响乃至决定一般非公所有制企业党建工作较为顺利的社会原因。但是，以互联网技术为组织架构的互联网企业的出现，却改变了现有党建工作要素的稳定性结构，使之呈现出流动性的发展态势，从而对党建工作模式提出了新的挑战。

（二）互联网企业党建工作三要素：产品＋平台＋技术

与一般党建工作要素不同的是，产品、平台和技术成为互联网企业党建工作的主要构成要素。正是这三种要素的深刻变化对现行的非公所有制企业党建工作模式提出了挑战。因此，互联网企业党建工作的推进成效，首先取决于对产品、平台和技术三个工作要素特质的准确理解。

从产品的角度来讲，互联网产品是互联网企业党建工作流动性内涵的主要体现，也是互联网企业党建工作边界拓展和延伸的主要动力。现有党建工作模式的稳定性主要来源于党建工作对象的具体而固定。无论是在行政事业单位，还是在非公所有制企业中，包括党员在内的所有人都处于无处不在、无所不包的社会网络体系之中，每个人的言行举止都是有迹可循、有迹可查，每个人的影响只能局限于以工作、朋友和家庭等核心关系形成的“熟人社会”。这样以来，人的社会身份的明确具体及其活动交往的有限范围，既限定了每个人在社会结构层级中的角色地位，也确定了党建工作的组织边界及其对不同类型单位的党建政治目标。当然，这种理论认知的正确性及其指导实际工作的有效性，主要取决于当下中国社会结构的主体依然处于工业化社会。尽管信息社会的浪潮不断冲刷着现有社会基础，但是由于中国社会的巨大体量及其传统和制度的惯性，在相当长时期间内仍然不足以完全动摇和取代工业化社会。正是由于当代中国社会基础

---

① http：//news.12371.cn/2018/06/30/ARTI1530340432898663.shtml.

和结构仍属于典型意义的工业化社会，中央集权控制的工业化组织原则仍然渗透于工业社会的各个领域，成为包括政党在内的组织或集团共同尊崇的组织结构和价值伦理，而人仍然被视为工业化社会组织链条中的关键环节。于是，把人作为主要对象和工作中心成为中国共产党在公有制领域和非公所有制领域党建的共同模式和路径依赖。《中国共产党章程》对党员和党的基层组织的规定和要求就集中体现了这种以人为本的政治认知和组织习性。

但是，互联网企业作为区别于一般非公所有制企业的新型企业，它的出现却在事实上对这种基于工业化社会结构的党建工作模式提出了挑战。尽管我们认识到信息社会目前还不足以取代工业社会，但是有一点却必须承认，那就是信息社会的巨大外溢效应已经给当下中国的诸多领域提出了变革要求。一方面，中国社会的不均衡发展使其尚有足够空间来抵消和容纳信息社会带来的能量冲击，因而保证了党在一般非公所有制企业中的工作模式有效性；但另一方面，作为信息社会集成体现的互联网企业，却通过对互联网技术的运用重新架构起了适应于信息社会的组织结构和形态。在工业化社会结构仍然存在的情况下，互联网企业力图摆脱一般非公所有制企业的工业化社会印记的努力，以这种单骑突进的方式显得格外耀眼和分外另类。事实上，无论就其业务经营范围还是产品研发销售，目前的互联网企业，都与一般非公所有制表现出了巨大差别。这种差别主要是由企业的产品属性决定的。不同内涵属性的企业产品，其构建企业与大众关系的社会外溢能力和效果也是不同的。如果说一般非公所有制企业的市场业务和产品运营属于“硬”服务，即满足社会大众日常的物质性需求，那么互联网企业的市场业务和产品运营则属于“软”服务，即满足社会大众的心理乃至精神性需求；如果说一般非公所有制企业与大众的关系仅限于市场经济条件下正常的厂家与客户关系，即供货方与需求方的市场关系，那么互联网企业与大众的关系则超越了正常的市场供需关系而向构建与大众的新社会关系延伸，即互联网企业借助于产品实现了对市场用户的心理、行为，乃至精神的社会性影响。正是互联网企业这种借助于附加属性产品生成社会影响力的独特组织结构，打破了现有非公所有制企业党建以企业物理空间为组织基础的管理边界，使以人为中心的现有党建工作模式往往陷入有心无力、有力无处使的尴尬境地。因此，互联网企业产品作为互联网企业党建工作流动性要素之一，要求重新确立党的组织管理边界，在重视人的管理的同时，必须使党的工作向产品管理的方向努力。

从平台的角度来讲，网络平台是互联网企业重塑企业与大众关系的主要空间，也是开展互联网企业党建工作的组织新场阈。如果说具有附加媒体属性的互联网产品是互联网企业加强与市场用户关系的重要工具，那么搭建开放自由且具有更大容纳空间的网络平台，则使互联网企业拥有了重新塑造企业与用户乃至社会关系的新场阈和新能力。应该说，这种社会关系塑造能力是互联网企业区别于一般非公所有制企业最为关键甚至是最具决定性的要素。从社会治理的角度来看，由于一般非公所有制企业的工业化组织结构和企业产品内涵的物理属性的限定，企业的生产经营活动都是在现实物理空间的架构之内展开的，因而企业构建与市场用户关系的社会能力往往会受到现实社会结构的各种制约。在实际的经营活动中，无论是对企业的监管还是对企业产品及其市场行为的规范，政府都拥有绝对的决定性力量。也就是说，在这种基于机械化技术为核心架构起来的工业化社会，政府才是拥有社会关系塑造能力的最大且最具决定性力量的组织主体。即便某一行业会出现垄断型的超级企业，但是企业对社会大众的影响仅局限于其生活需求领域，而无法深入到社会大众的心理和精神等更深层次的需求之中。这不仅是由于企业缺乏用来延展自身社会能力的产品，更是由于产生形成于工业化社会土壤之中的企业不可能摆脱对现实物理空间的结构性依赖。由政治、经济、文化、社会以及传统习俗等各方面形成的严密细致的社会罗网，牢牢地将工业化时代的企业限定在经济生产领域而不得超越一步。在这种社会结构没有遭到强烈冲击而出现瓦解的情况下，企业的活动空间既是现实物理而具体的，也是边界明确而易控的。由此带来的政治影响就是，中国共产党在企业中开展党的建设工作是比较容易的，不仅在于中国共产党是唯一执政党，也在于党建工作的组织空间要素是稳固的。可以说，企业作为工业化时代的经济产儿，其在诞生之初就被印上了强烈的社会属性。

就像一般非公所有制企业具有工业化时代的社会属性一样，互联网企业作为信息化时代的宠儿也具有鲜明的时代特色和深刻的社会属性。开放自由是互联网作为社会技术所具有的天然属性，也是以互联网为代表的信息网络技术架构起来的信息化社会的内在要求。尽管从当下社会发展情况来看，工业化社会仍然是社会的主体结构，但是作为工业化社会发展趋向的信息化社会的触角已经深入到工业化社会的各个领域，并在相当程度上推动和实现了与工业化社会的高度融合。尤其是在形成和推进信息化社会发展的基础结构如信息通讯领域，这种高度融合性表现得越来越明显。正是在移动通讯加速发展的基础之上，一个新的社会空间领域——网络虚拟空间——迅速形成，成为与现实物理空间并重且影响力越来越大的社会活动平台。所谓网络虚拟空间，主要是指以互联网技术为组织架构，以即时通讯、电子商务、网络应用服务等为主要内容，社会大众借助网络与之链接并产生活动的一种有别于现实物理空间规范要求的网络平台。比如，全球著名的社交媒体平台 Facebook 和 Twitter 就是典型的网络虚拟空间平台，而以 BAT（百度、阿里巴巴、腾讯）为代表的互联网公司则是中国最典型的网络平台代表。从网络虚拟空间的出现及其日益完善的技术平台对社会大众展现出的强大吸附能力可以看出，正是互联网企业而不是政府作为主导性力量推动和掌握了这一超级网络平台的发展命脉。尽管政府在着力推动信息基础设施建设方面发挥了关键性作用，但是由于在互联网技术发展运用过程中存在的战略预估不足等原因，导致政府对网络虚拟空间及其平台的相关监管政策往往被动滞后，这就使得互联网企业在资本欲望和市场渴求的推动下，迅速成为网络虚拟空间及其平台的主要构建者，形成和确定了与现实物理世界大不相同的网络行为规则。正是这种拥有网络虚拟平台规则制定的权力，互联网企业才超越一般非公所有制企业而具有了深刻社会影响力。而这种社会影响力主要是通过网络平台体现出来的，因此也就决定了互联网企业党建的工作场阈实现上已经摆脱了一般非公所有制企业党建以经营场所为工作中心的空间限制。又由于网络平台是以信息流的形式来展现不同地域人们在同一虚拟空间的社会活动，这就生成了互联网企业党建工作空间要素高度流动性的组织特征。互联网企业党建工作空间的这一结构特征，要求党建工作必须既要注重互联网企业组织活动的物理空间，又要高度重视互联网企业活动的虚拟空间。

从技术的角度来讲，互联网技术是互联网企业组织结构生成及其伸展社会影响力的基础性、核心性技术。互联网企业的这一组织技术特征，要求各级党委和组织部门在深入开展互联网企业党建工作时，必须高度重视和开发这一新的组织新技术。事实上，组织技术对组织的意义从来都不应该被低估。从组织技术的角度来看，中国共产党在一般非公所有制企业中党建工作的稳固结构，主要得益于机械化技术在构建企业组织及其市场行为时内在的高度制约性。以中心控制、层级结构和垂直延伸作为内涵的机械化技术，明确规定了企业组织行为的边界和空间。在这一技术逻辑的规约下，一般非公所有制企业无论是市场业务还是产品经营以及资源调配，其组织行为往往都表现出对具体而有形的物质结构及形态的高度依赖与顺从，其对社会的影响往往具有很大的局限性。比如，企业的经营场所是固定不移的，产品销售是在物理空间构成的市场进行的，企业内部成员关系的特质是层级管理体制的服从性，企业与用户的外部关系主要体现为市场供需关系。当然，与一般的企业相比，一些垄断型企业往往拥有更强的社会影响力。但是，垄断企业的社会影响力内涵和指向主要集中在与大众生活需求相关的产品服务等领域。比如，中国电信、中国移动和中国联通三家移动通信领域的龙头企业宣布取消长期以来饱受诟病的国内长途漫游费，但这一做法并没有对大众生活产生多大的影响。再如，尽管零售业的相关企业搭建了大卖场这样的买卖平台，而且这种平台也的确在一定程度上影响了大众的消费行为习惯（如以商场驳车的方式诱导附近居民的消费倾向等），但是囿于平台结构和内容而形成的社会关系（物质化的消费交往）既不能在消费者之间产生影响（卖场中的消费者很少发生横向直接的关系），也无法借此伸展企业对消费者行为更加深刻的影响能力（消费者只是与收银员、售货员发生简单的消费关系）。可以说，正是机械化技术作为一般非公所有制企业组织架构的技术基点，决定了企业及其产品活动的实体化、流程化，决定了政府相关职能部门对企业及其产品的可控性，也就奠定了中国共产党在企业中开展党建工作的稳定结构。

但是，互联网技术作为对机械化技术的突破和创新，实际上是对机械化技术中心控制的技术逻辑和遵从权威的组织伦理的反叛。互联网技术在瓦解了传统金字塔型的科层体制的基础之上，建构起了开放融合、自由流动的网络化组织结构。当然，在互联网发展已经日益显露出新的技术霸权的今天，人们已经开始对互联网是否真正具有自由精神提出疑问。但有一点必须承认的就是，毕竟是互联网技术而不是其他社会技术在纵向上瓦解和销蚀了传统中央集权式的组织层级和权威，在横向上扩大和拓展了大众的社会权力基础。就当下中国社会政治生活而言，正是互联网赋予了社会大众便捷而有效的意见表达与组织动员的技术渠道。更为关键的是，在这一社会发展新趋势的形成过程中，正是互联网企业而不是政府相关部门起到了主导性的推动作用。无论是综合门户网站类的互联网企业（比如搜狐、新浪、网易等），还是电子商务类的互联网企业（淘宝、京东等），抑或是搜索引擎类的互联网企业（比如百度、搜狗等），各种类型的互联网企业在资本推动和市场逐利的行为中，一个区别于现实物理世界的网络虚拟空间开始形成。互联网企业在给大众提供了满足消费需求的网络平台的同时，又通过不断营造共同话题吸引大众参与其间，并使之在共同活动中建立起具有无限复制可能的横向链接网络。随着移动通信端的迅猛发展，尤其是在“互联网+”成为社会各领域的普遍性倡议与行动的时候，这个存在于网络虚拟空间的社会交往新体系对现实生活的影响越来越大、越来越深。虚拟与现实两个交往体系的碰撞、摩擦与融合，对党和政府的社会治理能力提出的要求也越来越高。因此，从组织技术角度来看，互联网企业党建工作要素的流动性就在于：互联网技术的内在开放特质即使社会大众拥有了比现实社会更加广泛便利的表达与参与能力，又赋予和催化了互联网企业及其产品的无限链接能力，并增强了互联网企业通过产品来伸展对社会的影响能力。从这一意义上讲，中国共产党在互联网企业开展党建工作，必须高度重视互联网这一组织技术的内在逻辑结构及其蕴含的深刻社会内涵，既要重视一般党建工作以政治教化为手段的传统路径，更要重视和发挥互联网新技术在组织管理中的积极作用。

三、构建“产品链”式互联网企业党建新体系

人与产品之所以能够成为互联网企业党建区别于其他类型党建的内涵性要素，根本原因就在于互联网企业及其产品形成的产品链。在相当程度上讲，互联网企业的生命力和影响力取决于其无限延伸于社会生活领域的高附加值产品链。这是互联网企业与一般非公所有制企业最为显著的差异。正是这种差异性决定了互联网企业党建绝不能照搬一般非公所有制企业党建工作模式，必须根据互联网企业的新特点，遵循互联网企业党建的内在组织逻辑，积极探索适应互联网企业实际情况的党建工作新路径。具体而言，开展互联网企业党建，必须紧紧围绕互联网企业产品链这一工作主线，正确处理好人与物（产品+内容）、人与组织（企业+平台）、人与技术（机械化技术与互联网技术）三者的关系，从目标观念、组织机制与管理技术三个方面，建构互联网企业党建立体化、交互式、同步性的工作方法体系。

（一）树立基于“产品链”的互联网企业党建目标体系

组织成效的高低既取决于组织功能的合理设定，更取决于组织目标的科学定位。目标是组织行动的方向和组织成效的标尺。任何一个组织都有其追求的目标。没有合理的目标，就没有有效的组织。准确的目标定位，

是组织内部设定功能、调配资源、整合力量、发挥威力的首要前提。开展互联网企业党建，首先且关键的问题就是科学设定党建工作目标。也就是说，必须首先回答这样两个问题：一是什么是互联网企业党建的工作目标？或者说，党委职能部门在互联网企业开展党建工作的目的是什么？想要达到目标的界线在哪里？二是按照上述工作目标设定逻辑，究竟应该如何科学地设定互联网企业党建的工作目标和路径呢？即按照什么样的标准来规划和确定互联网企业党建的工作目标和方法体系？

首先回答第一个问题。第一个问题的关键主要取决于党委职能部门对互联网企业扮演的社会角色的认知度。认识的高度决定了工作的深度和目标的效度。如果认为互联网企业和一般非公所有制企业在所有制属性上并无二致，那么照搬挪用一般非公所有制企业党建工作模式就成为理所当然的工作逻辑。但是互联网企业发展的现实和中共中央组织部明确提出开展互联网企业党建的指示都已表明，互联网企业与一般非公所有制企业有着显著区别。这种区别并非是指互联网企业是应用互联网技术的高新技术企业，更主要的是指互联网企业具备了超越经济领域而拥有的社会影响能力，而这恰恰是一般非公所有制企业无法具备或者即使有但蕴含的能量并不足以对社会产生深刻影响。应该说，如果承认正是互联网企业具备的社会影响力才引起中共中央组织部的高度重视并将其作为党建的专门类型，那么再沿袭套用党委职能部门在一般非公所有制企业中的党建模式就显得不合时宜。或者说，这样的工作方法在事实上已经不足以成为实现组织部门对互联网企业党建要求的有效支撑。那么，组织部门对互联网企业尤其是具有高度社交媒体属性的互联网企业党建的目标是什么呢？按照中央的指示精神，开展互联网企业党建的目标，就是要在互联网企业内部建立党的基层组织，并在推进党员党组织双覆盖的基础之上，通过党员党组织政治能量的凝聚，发挥对互联网企业发展的政治引领作用。也就是说，出于对互联网企业在社会舆论传播等方面具有的影响能力的高度忧虑和重视，中央组织部希望通过对互联网企业内部党员党组织的组织和工作覆盖，力图影响和规范互联网企业的社会传播产品和渠道。这是开展互联网企业党建的最终目标。

但是，形成目标共识并不等于理顺了具体的工作路径。从互联网企业党建的实际推进情况来看，探寻合适的工作路径恰恰决定了互联网企业党建工作目标的实现程度。那么，怎么才能探索出符合互联网企业实际情况的党建工作新路径呢？这就是我们需要回答的第二个问题，即必须根据互联网企业党建的工作目标和互联网企业的特点来确定和规划党建工作方法的标准体系。正是因为互联网企业的特殊情况和互联网企业党建工作想要达到的组织目标高度和难度，决定了开展互联网企业党建工作，必须在吸收和借鉴一般非公所有制企业党建工作方法成效的基础之上，努力探索和创设新的工作方法体系，以弥补和重建互联网企业党建在从“人”到“物”转换中的组织新边界和组织新场阈。具体来说，可以分两步走：第一步，借鉴一般非公所有制企业党建工作方法，全力推进党员党组织的“双覆盖”，在互联网企业内部建立党的基层组织，为开展党员的组织管理教育活动提供必要的组织支撑。这一阶段的工作由于强调以“人”为组织建设和管理的核心，因而也是互联网企业党建与一般非公所有制企业党建的共同之处。但是，由于互联网企业党建的目标是要通过党员党组织的活动来发挥政治引领作用，而互联网企业的社会影响力主要是由其产品和产品链构成的。这意味着对“物”的管理成为互联网企业党建工作第二阶段的主要内容，因此也就决定了互联网企业党建工作必须紧紧围绕产品和产品链来展开。于是，互联网企业党建工作开始突破一般非公所有制企业党建以“人”为界的组织屏障，使互联网企业党建以“物”为界的组织边界得到了延伸。为了满足互联网企业党建组织边界延伸的需要，就必须建立与之配套的工作方法体系，努力做到互联网企业产品链延伸到哪里，互联网企业党建工作组织边界就延伸到哪里，互联网企业党建的工作方法就跟进到哪里。

（二）确立基于“产品链”的互联网企业党建机制体系

互联网企业党建工作组织边界的延伸长度取决于互联网企业产品链的延展长度。在包括一般非公所有制企业的传统党建工作模式中，“人”一直是党建工作的主体性要素，也是党建工作的主要内容和组织管理的聚焦对象。对“人”的高度重视成为中国共产党开展党建工作的内在政治逻辑。但是，互联网企业和互联网企业党建作为企业和党建的新类型，其存在的意义就在于：拥有强大社会影响力的互联网企业产品和产品链，已经在事实上降低甚至消解了“人”这一传统党建工作主体性要素的重要性。从政治宏观视野看，我们并不否认人始终是党建工作第一位和最主要的核心要素，但是在具体工作实践中，互联网企业提出的挑战要求我们必须对互联网企业党建工作主体性要素进行重新思考。在传统的党建工作模式中，由于一般非公所有制企业的产品具有功能内聚性的特点，企业对社会生活特别是精神生活领域并无太大影响，因而党建工作的重心强调的是对企业党员的联系，把将其重新纳入到党的基层组织管理体系作为党建工作的主要目标。按照这一目标要求，企业党建的工作机制与党建组织边界是高度协调配套的，能够提供有力的工作支撑。但是，随着互联网企业党建的组织内涵和组织边界的深刻变化，传统的党建工作机制已经无法满足工作实际需要。为了保证党建工作的组织边界与企业产品链延展长度的高度契合，为其提供强而有力的机制支撑就成为组织发展必须考虑的重大问题。

那么，怎样才能建立起这样的组织机制呢？以互联网企业产品链延展聚合的社交功能来看，可以着手建立以下三个方面的工作机制。

一是建立与互联网企业产品链延展相适应的党建工作追踪机制。要使互联网企业党建的组织边界与企业产品链高度契合，首先需要做的工作就是要对互联网企业产品链的延展情况进行情况分析和数据积累。不同类型的互联网企业及其产品链，由于其内涵、功能和市场需求的不同，因而其具体的延伸发展路径也不尽相同。比如，电商类互联网企业，如淘宝，其产品链主要体现在通过构建网络交易平台以聚集庞大规模的电商，进而形成和拥有了优质的电商供应链。在激烈的市场竞争中，这个供应链实际上演变成为淘宝等电商类互联网企业用于二次市场开发的流量控制，即用户管理和市场细分。在这里，淘宝等电商类互联网企业的产品链更多地体现为物质供应链，其对大众生活的最大冲击是塑造了社会大众的消费新模式，进而对实体商业形成巨大挑战和影响。但是与腾讯等社交通信类互联网企业相比，这一类型的互联网企业及其产品链的市场用户的参与度及产品的交互度以及对社会大众的影响度都比较低。而对腾讯这样的社交通信类互联网企业来说，通过重视用户的高参与度和即时体验度的程序开发和设计，迅速成为中国社会网络体系中的主要渠道，进而汇聚和掌握了庞大的社会流量，为市场的再开发奠定了强劲的用户基础。这一类型的互联网企业产品链与电商类互联网企业表现出明显不同。作为腾讯出品的代表性社交媒体软件微信就是这一领域的商业典型。因此，通过对互联网企业及其产品链的不断追踪调查，建立差异化的类型标准体系，这是构建符合互联网企业特征的党建工作机制的第一步。

二是建立与互联网企业产品链延展相适应的党建工作介入机制。在党建工作追踪机制不断完善的基础之上，以互联网企业差异化管理标准为参照，逐步建立起相应的党建工作介入机制。党建工作介入机制的核心是全程式环节管理。当然，这并不是说党建工作要在互联网企业从生产、流通到销售的各个环节都要进行事无巨细的全程式管理。这既无足够的力量支撑又不具备现实可能性。实际上，强调党建工作介入机制的全程式环节管理，主要是指在互联网企业产品链延展的各个环节，从产品的市场调研、研发设计、平台投入、用户反馈等每一环节，党建工作需要根据产品链上各个环节的社交属性强度择机介入。以旅游类互联网公司为例，针对出境旅游产品的意识形态监管既是网信部门的职责，也是相关党委职能部门的工作。网信部门是通过强制性外部法律法规约束来实现对项目产品的意识形态“硬”管理，党委职能部门则是通过对旅游产品实施过程中的节点介入发挥对产品内容的“软”管理作用。因此，通过互联网社交平台，党委职能部门能够建立起与互联网企业产品链相伴随的工作介入机制。

三是建立与互联网企业产品链延展相适应的党建工作嵌入机制。如果说建立互联网企业党建工作追踪机制和介入机制是一种外生型伴随机制，那么建立互联网企业产品链的内生型嵌入机制就应该成为党建工作组织创新的主要努力方向。就具体实践而言，可以有两个路径的选择：一是挑选党建工作条件比较成熟的互联网企业，在不违背产品市场指向和经营要求的前提下，可以在其产品的附加环节进行党建工作的嵌入。比如，在产品包装的颜色、图案、形状等方面，可以选择市场用户能够接受而又不显突兀的表达方式，来展现和传递产品的主流正能量。二是重点培养和推广相关党委职能部门直接掌握的互联网企业进入互联网社交网络平台，以其优质的产品内容形成拥有强大影响力的产品链，聚集用户规模，掌握用户资源，影响用户行为。当然，从实现互联网企业党建工作目标来看，这是最为理想的一种工作路径选择。

（三）建立基于“产品链”的互联网企业党建技术体系

必须认识到，互联网企业是最熟悉信息社会规则并能最市场化地运用信息社会规则的经济社会组织。忽视了互联网企业的这一特点，就会给互联网企业党建工作造成技术上不能容忍的组织缺陷。前文已经指出，互联网企业党建的工作目标具有高度的意识形态性，这与一般非公所有制企业党建工作目标的政治性具有比较大的差别。一般非公所有制企业党建工作遵循的是常规性的政治要求，其实际工作中的组织偏好是对党员的身体控制。借助于现实性的物质结构限制，这一组织目标相对来说比较容易实现。而互联网企业党建工作的高意识形态性，往往是在既无行政资源可以依托，又无现实物理结构可以支撑的社交网络空间之中进行。面对虚无的场阈和虚无的目标，要求从事相关工作的职能人员必须具备极高的理论素养和技术素养。而从实际情况来看，技术素养显然更加重要而迫切。没有对互联网技术的深刻认识，没有对互联网企业运用互联网技术从事平台内容的市场化操作的洞彻和把握，更没有能够为党建工作者提供强大辅助分析和决策的技术支撑力量，互联网企业党建工作是根本无法有效推进和深入下去的。因此，必须建立能够保障互联网企业党建工作有效推进的组织管理技术体系。具体来说，至少必须拥有两种类型的技术：一是基础性的大数据分析技术。通过对所属互联网企业及其主打项目产品的信息搜集、录入和分析，建立相关的数据库，以全面准确地掌握互联网企业及其主打项目产品的发展变化情况，为开展互联网企业党建提供基础性的技术支撑。二是应用性的党建工作管理技术。要保障党建工作的追踪机制、介入机制和内嵌机制能够发挥效用，必须采取多种方式、多种渠道，努力开发相应的组织管理技术体系以为其提供有效支撑。比如，党建工作的追踪机制就可以与网信管理部门合作以共享其相关的监管技术，以为党建工作提供技术支持。除了与相关部门合作外，开发符合党建工作特点的相关组织技术也属必要。总之，建立与互联网企业党建工作相适应的组织管理技术，是信息社会对中国共产党组织创新发展的内在技术性规定和工作要求。只有插上信息技术的翅膀，互联网企业党建工作才能更加有力、有效、有办法。

第四章

互联网企业党建目标：组织、服务与引领

前述三章我们对互联网企业及其党建工作的相关理论进行了初步的系统性研究。研究的核心观点就是，互联网企业作为有别于一般非公所有制企业的新类型企业的特殊性，决定了互联网企业党建工作的特殊性。这种特殊性集中体现在开展互联网企业党建工作必须高度重视“人”和“产品”的有机结合。既要遵循一般党建工作的基本原则，注重对党员和群众这一“人”的因素的重视；又要根据互联网企业及其产品能够对社会精神生活产生影响的特点，注重对具有新闻舆论属性和社会组织动员属性的“产品”这一新因素的重视。可以说，“人”和“产品”成为构建互联网企业党建工作目标体系的核心原点。无论是互联网企业党建工作目标任务的设定，还是目标内涵的确定，抑或目标实现的方法途径，都必须以能否实现对“人”（党员和群众）的组织团结和对“产品”的政治塑造作为工作实效的唯一衡量标准。这一标准对党务工作部门来说，就是要求在开展和推进互联网企业党建时必须牢固树立组织、服务与引领的三阶段式层级目标工作体系。第一阶段是组织阶段，这是互联网企业党建的初始目标，其核心任务是要把分散在互联网企业中的党员重新组织起来；第二阶段是服务阶段，这是互联网企业党建的中期目标，其核心任务是为互联网企业和党员群众提供政策性、公益性、社交性等内容服务，增强党建工作的吸引力和凝聚力；第三阶段是引领阶段，这是互联网企业党建的终极目标，其核心任务是在夯实前两个阶段任务的基础之上，把党的意志和党的路线方针政策贯穿于互联网企业的发展之中，实现党对互联网企业的政治引领。

一、组织起来：互联网企业党建的初始目标

组织起来，这是中国共产党开展组织建设的基本原则，也是夯实党建工作基础的组织原则。就像列宁指出的那样：“无产阶级在争取政权的斗

争中，除了组织而外，没有别的武器。”①

（一）建立组织：把党员重新组织起来

开展互联网企业党建，首先要把党建工作的对象——党员组织起来。尽管我们强调互联网企业及其党建工作与一般非公所有制企业及其党建工作具有特殊性，但是在具体展开党建工作时面临的问题却是共同的，即作为非公所有制企业，互联网企业的党员存在状态、群众集体心理和管理层立场态度等这些能够对党建工作产生影响的因素具有同质性。这种同质性问题总体上表现为充斥在社会上的政治疏离感。政治疏离是相对于政治信任的，它是对外部或客观政治生活状态的反映。肯尼斯·纽顿认为，政治疏离并不是某种一般人格特征的表现，而是对政治现实的一种评价，这种评价使政治疏离就像试纸一样记录着一个政治系统在其公民眼中表现有多好。政治疏离程度很高或不断增强表明政治生活或系统一定有某个地方出了问题。② 就中国现实而言，造成这种当代中国尤其是非公领域普遍性的政治疏离的原因很多，但是有三个方面的因素绝不能忽视。

一是来源于社会环境尤其是经济环境的变化。改革开放和社会主义市场经济地位的确立，使中国的经济生活和社会关系发生了深刻变化，社会经济成分、组织形式、就业方式、利益关系和分配方式都多样化了。这种社会环境的多样化带来的最深刻变化就是社会结构的原子化。党和政府开始有步骤地放弃计划经济时代对社会经济生活的大包大揽，把这一领域尤其是部分经济领域有计划地让渡给市场经济条件下的非公所有制经济，希望通过发展非公所有制经济来解决党和政府越来越无法承担的社会责任（如就业等）。也就是说，党和政府要从过去对社会生活全能式的“父爱统治”的“越位点”上退出，通过对社会的“断奶”来培养社会的自我生存和发展能力。正是按照这一基本逻辑，社会主义市场经济得到了越来越快的发展，社会主义市场经济的观念也愈来愈扎根于社会之中。但是，这种社会结构的多样化发展趋势却给中国共产党的执政带来了严峻挑战。早在2000年5月14日，江泽民在上海主持召开江苏、浙江、上海党建工作座谈会时就指出，中国社会生活发生了广泛而深刻的变化，社会经济成分、组织形

---

① 《列宁全集》第8卷，人民出版社1961年版，第415页。

② 肯尼斯·纽顿：《政治信任与政治疏离：社会资本与民主》，见周云红主编：《社会资本与民主》，社会科学文献出版社2011年版，第424页。

式、就业方式、利益关系和分配方式多样化的趋势给中国共产党执政和领导各项事业提出新的更高要求。“比如，在计划经济体制下，国家基本上全部承担了城市居民的就业要求，农村人口也全部组织在当时那种集体经济的体制中。党员、群众基本上都在政府直接管理的部门或单位中工作，党的组织和领导主要通过从上到下组织严密的部门和单位来实施。现在，在党政事业机关和国有企业之外，出现了新的经济组织和社会活动领域。很多人在非公有制经济领域中就业，不少人自谋职业。农村实行联产承包责任制，农民和基层组织的关系也与过去不同了。市场经济的发展，使人们在就业和生产经营活动方面的流动性比过去大大增强。在这种情况下，完全依靠过去的方式实施党的领导，显然是不够的。”[①]

正如江泽民指出的那样，多样化社会结构带来的最根本挑战就是中国共产党执政的社会组织结构的完整性被破坏了，取而代之的则是公有制领域和非公有制领域这两个截然不同的组织场阈。在公有制领域中，中国共产党通过对行政资源的垄断能保持相对完备有效的组织结构，从而成为中国共产党执政最可靠、最有效的行政力量系统。但是在非公有制领域，由于没有行政力量资源的有力支撑，中国共产党失去了对非公所有制企业行使权力的有效杠杆，其组织结构因而遭遇到了多方面挑战。比如，在非公所制企业中工作的党员愿意不愿意被重新组织起来？非公所制企业愿不愿意成立党组织？如果能够成立，那么党组织与企业应该建立什么样的关系？等等。尽管考虑到中国共产党作为中国唯一执政党的政治现实情况下，在非公企业建立党组织并使党组织活动起来已经被企业所接受。但是对党务工作部门来说，这只是完成了党在非公领域组织建设系统性问题中的第一步，还有一个更为关键的问题需要得到进一步地解决——如何在党组织建立的基础之上重新培养和增强非公企业和党员的政治认同感。毕竟，与国有企业和体制内党员相比，无论是非公企业还是党员个人，都是在一个极其强调自我能力、自我价值、自我负责的社会经济环境中拼搏，成功也好，失败也罢，都是由“原子化的个体”来承担的。樊浩等学者在对新兴群体关于“当前社会一个人成功主要靠什么”的调查数据显示，知识和能力为37.4%、运气为34.5%、家庭关系为18.4%，其他选项分别为勇敢和毅力（2.3%）、远大理想（1.7%）、扎实工作（1.7%）、独特

① 江泽民：《江泽民文选》第三卷，人民出版社2006年版，第16页。

个性（1.1%）、讨好领导（0.0%）。[①] 企业群体的选择分别是：知识和能力（29.9%）、扎实工作（15.0%）、勇敢与毅力（9.5%）、家庭关系（9.1%）、运气（8.7%）、独特个性（7.6%）、讨好领导（7.2%）、远大理想（2.7%）、未选（10.3%）。[②] 即便是体制内的公务员群体对于这个问题的意见反馈也超出了一般预期想像，按照多寡顺序分别为：扎实工作（23.0%）、运气（22.8%）、家庭关系（13.5%）、知识和能力（19.1%）、讨好领导（9.5%）、勇敢与毅力（8.1%）、独特个性（2.9%）、远大理想（1.1%）。[③] 因此，在非公企业中建立党的组织并开展组织活动，如果忽视了这种出于原始生存本能而展现出来的极具个性化的风格特征，那就无法真正深入到党员内心最柔软之处，党的组织效力也就无从谈起，党员对党组织的政治认同也就无法增强。

二是来源于企业和个体政治现实体验的变化。社会经济环境的剧烈变化在把非公企业和个人进行组织结构原子化的同时，又为其提供了与之相适应的社会经济生活新的价值体系。根据樊浩等学者的调查显示，当前中国社会影响较大的前五位的文化观念依次是：市场竞争观念（71.3%）、拜金主义（56.6%）、传统道德（55.4%）、流行文化（54.3%）、享乐主义（49.7%）。五种观念之外，马克思主义（25.9%），只位居第十。这一数据表明，在世俗文化中，市场已成为文化的主导因素，五者中有其三，传统与文化时尚构成文化观念的另外两个支点。马克思主义对世俗文化影响力较小。[④] 在2006年8月至2007年5月针对苏州企业家群体的调查问卷，进一步显示了市场化的道德和价值观念对企业家的影响。在关于“我国社会的主流道德是什么”的调查中，其回答按照多寡顺序分别是：市场经济道德（40.2%）、不知道和说不清（20.4%）、中国传统道德（15.6%）、个人主义道德（12.0%）、集体主义道德（6.7%）、共产主义道德（4.4%）、未回答（0.7%）。[⑤] 在“企业中比较盛行的观念有哪些”的调查中，其回答按照多寡顺序分别是：市场竞争观念（27.6%）、传统道德（13.8%）、拜权主义（12.0%）、英雄主义（8.2%）、拜金主义

① 樊浩等：《中国大众意识形态报告》，中国社会科学出版社2012年版，第743页。

② 同上书，第771页。

③ 同上书，第743页。

④ 同上书，第50—51页。

⑤ 同上书，第696页。

(6.4%)、马克思主义（6.2%)、关系学（5.1%)、存在主义（4.9%)、流行文化（4.7%)、科学精神（4.2%)、爱国主义（2.2%)、其他(2.2%)、享乐主义（1.8%)、个人主义（0.7%)。[①] 在关于“企业道德形态多元多样原因”的调查中，其回答按照多寡顺序分别是：市场经济条件下的利益多元（26.7%)、改革开放使社会文化更加宽松（18.9%)、不同群体要求不同（14.9%)、人心人性的多样（13.6%)、全球化背景下东方和西方不同文明的冲突（10.2%)、传统与现代的冲突（8.9%)、不同地区的差别（5.7%)、其他（1.1%)。[②]

上述一系列调查结果显示，改革开放和社会主义市场经济的深入发展，对企业和个人的发展带来了全方位的影响。尤其是在精神生活领域，市场化的道德观念和价值体系越来越成为主导性的新价值。在两个时代（计划经济时代和市场经济时代）已然发生交替变化的背景下，时代的迅速转换与主流价值体系未能及时更新之间的冲突，给包括企业和个体在内的全社会带来的精神危机是普遍的。1999 年发生的“法轮功”事件其实就是精神危机爆发的集中体现。江泽民在 2000 年 1 月 20 日召开中共中央政治局会议上就指出：“我国经济生活和社会关系发生了深刻变化，社会经济成分、组织形式、就业方式、利益关系和分配方式都多样化了。思想政治领域的情况和斗争也错综复杂。国外一些资产阶级腐朽的东西渗入国内，国内历史上遗留的和现实生活中产生的一些不良现象时有泛起之势。‘法轮功’问题的出现就是一个尖锐而现实的例子。”[③] 在随后于 5 月 14 日在上海召开的江苏、浙江、上海党建工作座谈会上，江泽民直接提出了改革开放以来出现的“信任危机”这一现实问题。他说：“去年‘法轮功’问题暴露出来后，引起我的深思，提出了‘法轮功’的兴起和对中国共产党的‘信任危机’问题。最近，具有八十多年历史的国民党在台湾地区的选举中下台，又进一步引起了我的思考。”[④] 正是着眼于解决“信任危机”这一威胁到中国共产党执政的重大政治问题时，江泽民提出了要加强党对社会非公领域的全面领导。他说：“党的领导如何更加切实有效地覆盖社

① 樊浩等：《中国大众意识形态报告》，中国社会科学出版社 2012 年版，第 697 页。

② 同上书，第 698 页。

③ 江泽民：《江泽民文选》第二卷，人民出版社 2006 年版，第 522—523 页。

④ 江泽民：《江泽民文选》第三卷，人民出版社 2006 年版，第 14 页。

会和市场发展的广泛领域，是一个我们必须认真研究解决的重大问题。”[①] 因此，开展党在非公领域的组织工作，其目的就是要为企业和个人提供组织和精神上的支撑，以尽量减缓产生企业和个人政治疏离感的市场化价值影响。

三是中国共产党尚存在诸多亟需改革的问题。虽然市场经济给社会生活带来的深刻影响是造成非公领域政治疏离的根本原因，但是还有一个关键性因素绝不能忽视。这就是中国共产党自身的问题。作为执政党，中国共产党在塑造社会的精神价值体系中占据着主导性地位。在计划经济时代，中国共产党依靠无所不在的党、政、军、民、学等各类组织的强大力量，通过集体主义氛围的社会熏陶，构建了个人、家庭与社会（单位）之间命运相连的利益共同体，在内外压力下，社会主义主流价值体系才得以在社会生活各领域扎根。但是在改革开放和社会主义市场经济时代，中国共产党依靠的组织力量、社会环境和利益共同体都被打破，在失去了强力依托的情况下，社会主义主流价值体系不断遭到市场化价值观念的侵蚀。党和政府作为社会主流价值体系提供者的角色也开始遭遇来自企业等其他组织的挑战。樊浩等人对企业家的调查显示，在“对主流道德舆论影响越来越大的是哪些组织”的问题中，党组织为28.4%、企业为23.6%、学校为17.5%、团组织为10.2%、家庭为8.2%、工会为3.6%、教会为2.7%，其他组织为5.8%。在“对主流道德舆论影响越来越大的是哪些人”的问题中，领导干部为25.1%、企业家为21.8%、记者为16.4%、明星为13.8%、老师为7.3%、同事为2.0%、家长为1.2%、亲戚朋友为1.1%、同学为0.9%，其他为2.4%。[②] 企业和企业家之所以能够成为继党组织和领导干部之后排名第二位，就在于企业在社会的经济地位越来越高。在“影响或左右当前我国社会道德舆论的主要力量是什么”的问题中，这个结论得到了验证。按照多寡顺序分别为：政治权力（27.6%）、经济财力（27.3%）、文化影响力（23.3%）、综合实力（17.6%）、人格魅力（2.9%）、其他（1.3%）。[③]

在企业或企业家对社会道德舆论影响权重迅速增加的情况下，对社会

---

① 江泽民：《江泽民文选》第三卷，人民出版社2006年版，第16页。

② 樊浩等：《中国大众意识形态报告》，中国社会科学出版社2012年版，第701页。

③ 同上书，第700页。

道德舆论影响最大的领导干部群体却不断遭受诟病，被称之为“挨骂最多的阶层”。[①] 造成这一问题的原因很多，但是干部队伍中存在的一些为社会所不满的消极腐败现象却是形成这一问题的根源。尤其是权力腐败和信仰缺失这两个问题的存在，更是严重消蚀了党和政府塑造社会主流价值观念体系的能力。习近平总书记在2014年5月9日参加河南省兰考县委常委班子专题民主生活会时的讲话中直言不讳地说，社会上的一些潜规则已经侵入党内并逐渐流行起来。比如，在思想政治上，一些人信奉“马列主义对人，自由主义对己”“两个嘴巴说话，两张面孔做人”；在组织生活中，一些人信奉“自我批评摆情况，相互批评提希望”“你不批我，我不批你；你若批我，我必批你”“上级对下级，哄着护着；下级对上级，捧着抬着；同级对同级，包着让着”；在执行政策中，一些人信奉“遇到黄灯跑过去，遇到红灯绕过去”“不求百姓拍手，只求领导点头”；在干部任用中，一些人信奉“不跑不送、降职使用，只跑不送、原地不动，又跑又送、提拔重用”；在人际交往中，一些人信奉“章子不如条子，条子不如面子”“有关系走遍天下，没关系寸步难行”。[②] 这些潜规则看起来无影无踪，却又无处不在；听起来悖情悖理，却可畅通无阻，成为腐蚀党员和干部、败坏党的风气的沉疴毒瘤。2017年10月24日，中国共产党第十九次全国代表大会通过的《十八届中央纪律检查委员会向中国共产党第十九次全国代表大会的工作报告》指出，2014年以来，全国共有7020个单位党委（党组）、党总支、党支部，430个纪委（纪检组）和6.5万余名党员领导干部被问责。[③] 2015年以来，全国纪检监察机关共处理204.8万人次。其中，批评教育、谈话函询95.5万人次；纪律轻处分、组织调整81.8万人次；纪律重处分、重大职务调整15.6万人次；严重违纪涉嫌违法立案审查11.9万人次。[④] 在保持惩治腐败高压态势下，十八大以来，经中共中央批准立案审查的省军级以上党员干部及其他中管干部440人。其中，十八届中央委员、候补委员43人，中央纪委委员9人。全国纪检监察机关共接受信访举报1218.6万件（次），处置问题线索267.4万件，立案154.5万件，处分

① 杨继绳：《中国当代社会阶层分析》，江西高校出版社2011年版，第285页。

② 中共中央纪律检查委员会、中共中央文献研究室编：《习近平关于党风廉政建设和反腐败斗争论述摘编》，中央文献出版社、中国方正出版社2015年版，第45页。

③ 《中国共产党第十九次全国代表大会文件汇编》，人民出版社2017年版，第131页。

④ 同上书，第134页。

153.7万人，其中厅局级干部8900余人，县处级干部6.3万人，涉嫌犯罪被移送司法机关处理5.8万人。[①] 十八届中央纪律检查委员会报告中揭露出来的党员领导干部的腐败行径，严重损害了中国共产党的政治形象，这是造成社会政治疏离感的主要原因。

因此，为了重塑党的形象，重建党和群众的关系，重构党对社会的领导力和凝聚力，习近平在向中国共产党第十九次全国代表大会作的报告中明确表达了对腐败问题的“零容忍”。他说：“人民群众最痛恨腐败现象，腐败是我们党面临的最大威胁。只有以反腐败永远在路上的坚韧和执着，深化标本兼治，保证干部清正、政府清廉、政治清明，才能跳出历史周期率，确保党和国家长治久安。当前，反腐败斗争形势依然严峻复杂，巩固压倒性态势、夺取压倒性胜利的决心必须坚如磐石。要坚持无禁区、全覆盖、零容忍，坚持重遏制、强高压、长震慑，坚持受贿行贿一起查，坚决防止党内形成利益集团。在市县党委建立巡察制度，加大整治群众身边腐败问题力度。不管腐败分子逃到哪里，都要缉拿归案、绳之以法。推进反腐败国家立法，建设覆盖纪检监察系统的检举举报平台。强化不敢腐的震慑，扎牢不能腐的笼子，增强不想腐的自觉，通过不懈努力换来海晏河清、朗朗乾坤。”[②] 可以说，通过惩治腐败营造良好的政治生态和社会环境，为党在一般非公所制企业尤其是互联网企业中重新建立党的基层组织并团结企业党员和群众提供了强大的政治支撑和舆论导向，是中国特色社会主义进入新时代后全面加强党的建设的必然要求。

（二）树立威信：选拔基层组织带头人

高度重视并强调基层党组织的战斗力和凝聚力，是中国共产党不断战胜困难并赢得胜利的一个重要原因。但是如前所述，市场经济时代社会结构多样化和社会力量的多元化却对中国共产党执政的组织基础构成了严重挑战。早在2000年初时江泽民就对这一挑战发出了警告。他说：“我们早就提出了要防止出现基础不牢、地动山摇的情况。加强党的基层组织建设的工作，必须坚持不懈地抓下去，一刻也不能放松。一定要使分布在全国

① 《中国共产党第十九次全国代表大会文件汇编》，人民出版社2017年版，第137—138页。

② 习近平：《决胜全面建设小康社会　夺取新时代中国特色社会主义伟大胜利——在中国共产党第十九次全国代表大会上的报告》，人民出版社2017年版，第66—67页。

各条战线、直接联系着社会各阶层群众的基层党组织，不仅能够在平时改革发展稳定等工作中发挥积极作用，而且在遇到突发事件、面临各种政治风浪时也能够显示出强大的战斗力。我们国家大，党员队伍大，社会情况复杂。一点不出问题是不可能的。但是，要力争做到少出问题，出了问题能够想办法及时解决。现在，有些地方、有些基层处于放任自流的无组织、无管理、无政府状况，一些问题和怪事出来之前无人警惕和察觉，出来以后也没有人报告和研究，迟迟得不到处理。这就说明，我们党在那里的组织力量、战斗力量是相当薄弱的。这种状况如果任其蔓延发展下去，我们党和政府的工作就会失去群众基础，是极其危险的。"[①] 正是从这个时候起，加强党的基层组织建设尤其是党在非公领域的基层组织建设就成为中国共产党加强自身建设的一项重要内容。2000 年 9 月 13 日，中共中央组织部印发《关于在个体和私营等非公有制经济组织中加强党的建设工作的意见（试行）》。[②] 该意见要求凡是有正式党员 3 名以上的非公有制经济组织，都应当建立党的基层组织。党员人数在 3 名以上、50 名以下的，应建立党支部；党员人数不足 3 名的，可就近与其他组织中的党员建立联合党支部；党员人数超过或接近 50 名、100 名的，可分别建立党的总支部委员会、党的基层委员会。党员人数少、暂不具备建立党组织条件的，应抓紧把工会、共青团组织先建立起来，为建立党组织创造条件。根据中共中央组织部公布的 2016 年中国共产党党内统计公报显示，截至 2016 年 12 月 31 日，中国共产党党员总数为 8944. 7 万名，基层组织 451. 8 万个（其中基层党委 22. 0 万个，总支部 27. 7 万个，支部 402. 1 万个）。目前已在 185. 5 万个非公有制企业建立党组织，占非公有制企业总数的 67. 9% 。[③]

尽管中国共产党在非公领域组织建设取得了明显进步，但是党的基层组织的作用发挥却不尽人意。2011 年 2 月 19 日，胡锦涛在省部级主要领导干部社会管理及其创新专题研讨班上的讲话中指出了非公领域党的基层组织建设存在的薄弱点。他说："改革开放以来，我国非公有制经济组织、社会组织大量增加，但相关管理和服务工作跟不上。一是非公有制经济组织中党组织和工青妇组织不健全、作用发挥不充分。一些非公所有制经济组织片面追求经济效益，忽视员工合法权益，忽视人文关怀，没有承担起

① 江泽民：《江泽民文选》第三卷，人民出版社 2006 年版，第 18—19 页。

② http：//www. chinabaike. com/law/zy/0978/1419095. html.

③ http：//news. 12371. cn/2017/06/30/ARTI1498810325807955. shtml.

管理和服务员工的社会责任，有的企业接连发生停工、聚集、上访事件。二是各类社会组织快速增多。我国大多数社会组织在经济、社会、文化、教育、科技、卫生等领域发挥着积极作用，但发展培育不足、规范引导不够、结构和分布不合理问题也很突出。目前，各类社会组织中党组织覆盖率不高，管理引导作用十分有限。”① 从2011年到2017年，党的基层组织尤其是在非公领域基层组织的作用发挥更是令人堪忧，突出表现为十九大报告提到的“弱化、虚化、边缘化”三个问题。所谓弱化，是指党的基层组织在非公所有制单位没有发挥它本应该发挥的功能和作用；所谓虚化，是指党的基层组织没有严格落实党章规定的组织原则；所谓边缘化，是指党的基层组织在非公所有制单位中处于无人重视、被人忽视的困难处境。为了解决党的基层组织“弱化、虚化、边缘化”的问题，十九大报告提出了要加强基层党组织带头人队伍建设的方法途径。

那么，应该选拔什么样的带头人来改善和加强基层党组织的战斗力和组织力呢？就目前情况来看，非公所有制单位党的基层组织带头人一般是由这样三种类型的人构成的。

第一种类型是由具有党员身份的企业出资人（即“党员出资人”）直接担任。这一类型本是最理想的基层党组织带头人的人选。按照组织部门的设想，如果企业是由党员出资建立的，那么由党员出资人来担任企业党组织的带头人，就能给党组织开展活动带来天然优势。2000年9月13日，中共中央组织部印发《关于在个体和私营等非公有制经济组织中加强党的建设工作的意见（试行）》规定：“对已经是私营企业主的党员，党组织要从思想上、政治上关心他们，帮助他们提高自身的政治素质，增强党性。要求他们时刻牢记自己是一名共产党员，教育引导他们不仅应模范地遵守国家的政策法规，依法经营，照章纳税，而且要严格遵守党章，树立正确的理想信念，实践党的根本宗旨，认真履行党员义务，自觉遵守党的纪律和接受党组织的教育、管理、监督。鼓励他们把企业获得的利润，用于扩大再生产，支持社会公益事业。”② 2012年5月，中共中央办公厅印发的《关于加强和改进非公有制企业党的建设工作的意见（试行）》也明确了对“党员出资人”的相关规定。该意见第六部分“加强对非公有制企业出资人的教育引导”中强调，对党员出资人，要教育引导他们遵守党规党纪和

---

① 胡锦涛：《胡锦涛文选》第三卷，人民出版社2016年版，第493页。

② http：//www.chinabaike.com/law/zy/0978/1419095_2.html.

执行党的决议，自觉履行党员义务，服从党组织的教育、管理和监督。[①] 事实上，在一些由党员出资人兴办的企业中，与其他非党员出资人兴办企业相比，这一做法确实收到了比较好的效果。无论是企业党员的精神风貌、党组织的活动，还是党组织对企业文化和群众的正向影响都具有积极意义。

第二种类型就是由企业管理层中的党员来担任。与第一种类型的基层组织带头人本身就是企业出资人的情况相比，第二种类型的基层带头人选择由担任一定行政职务的党员担任，既是一种次优选择，也是一种不得已的选择。毕竟，本来非公领域的党的基层组织活动就是在无政府行政资源可依托的情况下开展的，如果在非公企业中再没有相关行政力量的支持，那么党的组织威信必然会被弱化，基层组织必然会被边缘化。从目前现状来看，基层组织带头人在企业中的行政职务一般集中在经理层、人事、财务和综合办公室等部门。相对来说，这四个部门在单位的地位及其对员工的影响都具有一定的权威性。进入管理层的党员一般负责集团公司下属分公司的事务，对下属企业员工和党员具有直接影响；人事部门主要负责员工的招聘、培训和职业发展；财务部门主要负责员工的薪水、绩效和奖励的核发；综合办公室是企业管理层的日常办公机关，是企业行政事务运转的关键一环。由上述四个部门的党员，特别是担任一定职务的党员来负责本企业的党组织活动，对调动该企业党员的积极性具有一定的帮助。

第三种类型是由企业中具有人格魅力的党员担任。与前面两种类型的基层组织带头人相比，这一类型的基层带头人更加符合一般非公所有制企业的普遍情况。因为大多数企业的出资人和管理层并非都有党员存在。因此，这一类型的基层组织带头人往往是在自然生长的情况下，在年龄、资历、阅历、能力、人情等各方面都有较为突出的表现，依靠自己的人格魅力赢得企业的内部认可，从而为党的基层组织开辟了活动空间。

上述三种类型的基层党组织带头人构成了当前党在非公所有制企业的组织建设的基本情况。每一种类型的基层组织带头人既有优势也有弱点。比如，在第一种类型中，由党员出资人担任基层组织带头人固然能够为企业建立党组织并开展相应活动提供支撑，但是企业党务工作毕竟只是党员出资人日常工作的极小部分。更何况，企业党组织的具体活动仍然是由党员出资人委托其他党员来主持和开展的。在第二种类型中，由担任行政职

---

① http：//politics. people. com. cn/GB/17981152. html.

务的党员担任基层组织带头人虽然同样能够为企业党组织的活动提供便利，但由于本身并不是企业出资人，因而其面临的问题也很突出，即党务工作占据的时间和精力并不构成其在企业的工作量。从实际情况来看，这一类型的基层组织带头人在开展活动时必须说服和取得企业领导层在不能干扰正常工作秩序的前提下才能实施。在第三种类型中，基层组织带头人面临的问题更加突出。因为基层组织的活动基本上完全依赖于带头人在企业中的影响，尤其是与企业管理层的情感关系的维系上。更加困扰基层组织发展的问题还在于，这一类型的基层组织带头人往往不是刻意培养出来的，而是在企业工作中自然成长起来的。一旦这样的基层组织带头人遭遇年龄或工作调动等问题时，往往会对企业党组织的发展命运产生直接影响。因此，应该尽快建立培养、选拔基层组织带头人队伍的有效机制，使有威信、有能力、有魅力的党员成为企业党组织的带头人。

二、服务团结：互联网企业党建的中期目标

把党员重新组织起来，是中国共产党重建社会政治关系的初期目标和关键一步。在把党员组织起来的基础之上，党委职能部门就能够通过企业党组织这一政治支点发挥对企业的政治影响，在为企业提供服务的过程中实现对企业的政治团结。这是党在非公所有制企业组织建设的中期目标，也是互联网企业党建的中期目标。

（一）提供怎样的服务——互联网企业党建的服务内容

那么，党的基层组织应该提供什么样的服务内容呢？具体而言，主要涉及党员和企业两个方面的服务内容。

就党员层面来讲，把企业中的“隐形党员”或“流动党员”重新纳入到党的组织体系之中，这是党在非公所有制企业（包括互联网企业）开展组织建设的主要内容，也是党组织服务的主要内容。所谓“流动党员”，主要是指由于就业或居住地变化等原因，在较长时间内无法正常参加正式组织关系所在党组织活动的党员。我国社会的飞速发展，使得社会经济结构和组织方式日益多元化，原来以单位部门为主开展党员教育的组织结构有了较大变化，大量下岗、离岗、转岗党员的出现，以及党员从业的流动性、多样性、分散性的趋势，使传统的党组织出现了覆盖盲区。据统计，随着城市化进程的加速推进，到2016年底，我国城镇常住人口7.9亿，常

住人口城镇化率达到57.4%，但户籍人口城镇化率只有41.2%。这说明，城市常住人口中，有大量非户籍人口。比如深圳市，常住人口2100万，其中非户籍人口占80.7%；成都的2000万常住人口中，非户籍人口达到31.5%。[①] 在这些“新城市人”群体中，产生了大量涌入非公领域工作的流动党员。针对流动党员大量产生的现象，中共中央办公厅于2006年6月28日印发了《关于加强和改进流动党员管理工作的意见》（以下简称《意见》）。这是关于流动党员管理的权威性指导文件。《意见》首先从机制上对流出地党组织和流入地党组织的组织关系对接进行了明确规定。要求流出地党组织要了解掌握外出流动党员情况，加强与流入地党组织的联系，配合流入地党组织共同做好流动党员外出期间的教育管理工作。具体来说，其职责就是：在党员外出前进行教育并提出要求，按规定登记并发放《流动党员活动证》；掌握外出党员的流动去向、外出时间、地点和联系方式等情况；了解党员外出后的思想、就业和生活等情况，及时向外出流动党员通报党组织的重要情况，通知外出流动党员按规定参加党内选举等重要活动；外出流动党员返回后，认真查验《流动党员活动证》等有关材料，及时了解党员外出期间的表现和参加党的组织生活情况；了解预备党员外出期间的表现，按规定做好预备党员转正工作。要求流入地党组织对流动党员管理负有主要责任，要加强与流出地党组织的联系，把流动党员纳入本地党员教育管理的整体工作中。其具体职责为：认真查验《流动党员活动证》，做好外来流动党员身份确认工作；加强对外来流动党员的经常性教育和管理，将外来流动党员编入党的一个基层组织，组织他们参加党的组织生活；关心外来流动党员，为他们的就业、学习和生活提供必要帮助；在《流动党员活动证》上如实填写党员参加组织生活、交纳党费等情况，及时将外来流动党员的重要情况反馈给流出地党组织；做好外来流动人员中预备党员的教育和管理工作。同时，《意见》对要求流动党员要认真履行党员义务，正确行使党员权利，在流入地参加党的日常组织生活，在正式组织关系所在党组织参加选举等重要活动，自觉接受流出地和流入地党组织的教育和管理，发挥先锋模范作用。简言之，组织部门希望通过从源头地到流动地之间的组织对接来加强对流动党员的管理。但是这一机制要发挥作用的关键需要两个条件：一是有赖于流动党员政治自觉性

---

① 赵乐际：《在全国城市基层党建工作经济交流座谈会上的讲话》，载于上海市党的建设研究会主办《党建通讯》（内部刊印），2017年第8期，第3页。

的增强。对部分流动党员来说，在居住地和工作单位频繁更换的情况下，往往不太情愿花费时间和精力将组织关系进行频繁转换，“口袋党”就此产生。更何况，在非公所有制企业工作的流动党员，由于党员的政治身份对其工作发展并无正向促进作用，因而往往会隐匿其党员身份成为“地下党”。这两种情况都会导致《意见》对流动党员的组织关系要转接于工作地的规定往往流于形式。二是负责承接流动党员组织关系的工作地基层组织要发挥作用。从实际情况来看，在中央和地方都高度重视流动党员管理的情况下，工作基层党组织对流动党员的管理是比较认真细致的。但是也存在不少问题。比如前述的流动党员多集中于大大小小的非公所有制单位，隐匿性和流动性都很强。需要基层党务工作部门花费大量时间、精力和物力到各个企业进行全面细致地排查，才能掌握比较可靠准确的流动党员信息。但是问题就在于，一旦基层党务工作部门建立起所属区域流动党员的信息系统后，流动党员的流动性（尤其是在一些小而散的非公所有制单位中表现得更加明显）却又使这一信息管理系统的数据可靠性和准确性有所损耗。不过，建立党员信息管理系统仍然不失为一种有效的托底工作，是对党员进行“痕迹管理”的必要而基础的技术支撑。中央组织部开发建设多功能的党员信息库和党员信息管理系统的目的就在于此。

对企业来说，基层党组织的服务内容主要与企业和企业员工的需求有关。根据中共中央办公厅印发的《关于加强和改进非公有制企业党的建设工作的意见（试行）》的规定，非公有制企业党组织是党在企业中的“战斗堡垒”，在企业职工群众中发挥政治核心作用，在企业发展中发挥政治引领作用。其能够提供的服务内容包括：（1）宣传贯彻党的路线方针政策。组织党员深入学习马克思列宁主义、毛泽东思想、邓小平理论和“三个代表”重要思想，认真贯彻落实科学发展观，宣传贯彻执行党的路线方针政策、上级党组织和本组织的决议，教育党员和职工群众自觉遵守国家法律法规和有关规章制度，引导和监督企业合法经营，自觉履行社会责任。（2）团结凝聚职工群众。加强和改进思想政治工作，密切联系群众，注重人文关怀和心理疏导，主动关心、热忱服务党员和职工群众，帮助解决实际困难，把广大职工群众团结在党组织周围。（3）维护各方合法权益。积极反映群众诉求，畅通和拓宽表达渠道，依法维护职工群众合法权益，协调各方利益关系，及时化解矛盾纠纷，构建和谐劳动关系，促进企业和社会稳定。（4）建设先进企业文化。坚持用社会主义核心价值体系引领企业文化建设，组织开展丰富多彩的企业文化活动，塑造积极向上的企业精神，树立高尚的职业道德，促使企业诚信经营。（5）促进企业健康发展。组织带领党员和职工群众围绕企业发展创先争优，发挥党组织和党员先进模范作用，促进生产经营。（6）加强自身建设。完善组织设置，健全工作制度，推进学习型党组织建设，坚持党的组织生活，做好发展党员和教育、管理、监督、服务工作，充分发挥纪检组织在维护和执行党的纪律中的职能作用，提高党务工作者素质，领导工会、共青团等群众组织，支持和带动群众组织发挥作用，进一步增强党组织的创造力、凝聚力、战斗力。

就互联网企业党建而言，由于其作为一般非公所有制企业中的特殊类型，因而基层党组织为党员和企业提供的服务内容应该在已有条文的基础上有所拓展和丰富。比如，对生产生活类的互联网企业来说，党组织提供的服务内容应该包含政府关于打击假冒伪劣产品的政策法规的宣传、教育和监督；对精神文化类的互联网企业来说，党组织提供的服务内容应该包括政府关于文化产品生产经营传播的相关法律法规的宣传、教育和监督；对新闻信息类的互联网企业来说，党组织提供的服务内容应该包括国家互联网信息办公室和地方互联网信息办公室关于新闻信息服务法律法规的宣传、教育和监督，等等。

（二）以服务实现团结——互联网企业党建的服务目标

从根本上看，为党员和企业提供相关服务的目的，就是为了在组织上凝聚党员和在政治上团结企业。也就是说，要通过基层党组织的活动来显示党在非公所有制企业的组织存在和政治能量，借此团结企业出资人和企业员工群众。在具体实践中，这种以服务为途径来实现政治团结目标的方式，主要在企业党员、企业员工和企业三个层面上具体展开。

从企业党员层面来说，提供服务的目的就是要让党员时刻感受到“组织在身边”。“组织在身边”的内涵主要包含两个方面的意思：一方面，是通过组织的物理存在来强化对党员的教育和管理。从党员管理类型上看，非公所有制企业的党员多为流动党员。如前所述，在当前组织信息管理系统尚未完善的情况下，委身于非公所有制企业的流动党员往往囿于现实各种因素的考虑而成为“口袋党员”和“地下党员”，从而成为党的严密组织管理体系中“漏网之鱼”乃至“法外之地”。从组织管理效能的角度来看，这实质上是组织力量的最大损耗。据中共中央组织部发布的《2017 年中国共产党党内统计公报》显示，截至 2017 年 12 月 31 日，中国共产党党员总数为8956.4万名。其中，工人（工勤技能人员）664.8万名，农牧渔民2549.9万名，企事业单位、民办非企业单位专业技术人员1355.5万名，企事业单位、民办非企业单位管理人员948.7万名，党政机关工作人员754.2万名，学生178.8万名，其他职业人员750.4万名，离退休人员1754.0万名。[①] 尽管公报没有显示非公领域党员的实际人数，但是从公布的党员职业分布分析，非公领域的流动党员人数已经成为一股不容忽视的隐匿力量。如果党的各级组织不能及时将这些流动党员重新纳入到各级组织管理体系之中，那么这股力量就会从党的肌体上流失，从而给党的健康发展带来损失乃至损害。因此，开展党在非公领域的组织建设，其根本意义在于重塑流动党员的政治意识以增强党执政的政治基础。正如习近平总书记所说的那样："一个松松垮垮、稀稀拉拉的组织是不能干事、也干不成事的。如果党组织像个大车店、大卖场一样，想来就来，想走就走，那还能有什么核心力量？还能把广大人民群众团结在党的周围吗？"[②] 另一方面，强调"组织在身边"就是要通过各级组织为流动党员提供相关政策和组织服务，在将其重新纳入到组织管理体系之中的同时，更希望通过开展组织活动来显示对党员在心理和精神上的信仰支撑。将流动党员纳入组织管理体系并进行政治重塑，不仅在于通过组织管理对其进行身体控制，更在于为流动党员提供充足的持续性组织信仰支撑。毕竟，流动党员身处无行政依托的自由竞争的市场环境之中，其在生活压力和社会熏陶下更易于接受市场化的道德价值观念。如果没有组织的实时提醒和教育管理，很容易发生信仰蜕变的可能。就像习近平总书记指出的那样，在我们党员、干部队伍中，信仰缺失是一个需要引起高度重视的问题。在一些人那里，有的以批评和嘲讽马克思主义为"时尚"、为噱头；有的精神空虚，认为共产主义是虚无缥缈的幻想，"不问苍生问鬼神"，热衷于算命看相、求神拜佛，迷信"气功大师"；有的信念动摇，把配偶子女移民到国外、钱存在国外，给自己"留后路"，随时准备"跳船"；有的心为物役，信奉金钱至上、名利至上、享乐至上，心里没有任何敬畏，行为没有任何底线。[③] 因此，在非公企业中建立党的基层组织并彰显"组织在身边"的一个重要目

---

① http://news.12371.cn/2018/06/30/ARTI1530340432898663.shtml.

② 中共中央文献研究室编：《习近平关于全面从严治党论述选编》，中央文献出版社2016年版，第100页。

③ 同上书，第61页。

的，就是要为流动党员提供政治信仰的组织性支撑。

从企业员工层面来说，提供服务的目的就是要让员工时刻感受到“有事找组织”。中共中央办公厅印发的《关于加强和改进非公有制企业党的建设工作的意见（试行）》的规定，非公有制企业党组织要在企业职工群众中发挥政治核心作用。其担负的一项重要职责就是要团结凝聚职工群众。即如《意见》所说的，要加强和改进思想政治工作，密切联系群众，注重人文关怀和心理疏导，主动关心、热忱服务党员和职工群众，帮助解决实际困难，把广大职工群众团结在党组织周围，强调“有事找组织”的政治逻辑就是中国共产党群众路线的实践要求。事实上，党在非公领域的组织活动，不仅是为了把脱离原有属地化管理的党员重新纳入到组织管理之中，更是为了把党的声音和力量借助于在企业中建立组织的方式发扬出来，以强化企业员工心目中党的具体而生动的形象，增进党对企业员工的亲和力。就具体实践方式而言，党组织在这一方面的服务活动主要是通过工会等企业法定组织来实现的。

从企业发展层面来说，提供服务的目的就是要让企业时刻感受到“这里有组织”。中共中央办公厅印发的《关于加强和改进非公有制企业党的建设工作的意见（试行）》的规定，非公有制企业党组织是要在企业发展中发挥政治引领作用。其所提供的服务内容主要体现在监督企业合法经营、调解劳资关系、建设先进企业文化和促进企业健康发展四个方面。简而言之，党组织在非公所有制企业中的活动既以不干扰企业正常经营为前提，又必须以促进企业良性发展为目标。在具体实践中，党组织的活动不干扰企业正常经营往往容易做到，毕竟，党组织存在和依托的是非公所有制企业。更加直接地说，是党组织所代表的政治力量必须与市场化的资本力量达到妥协平衡。对非公所有制企业来讲，赚取更多利润才是企业的“市场王道”，而同意在企业中成立党的基层组织则是对中国共产党是唯一执政党这一现实的政治遵从，是企业在中国谋求发展不得不遵守的要求。在两者之间，企业的选择无疑是基于现实权力关系的考量而做出的。正是这一点从根本上决定了党组织在非公所有制企业的活动空间其实是十分有限的。而作为对非公所有制企业同意建立党组织的政治妥协，党组织则被赋予了促进企业健康良性发展的目标。在具体实践中，党组织承担的这一目标则是通过发挥党组织在企业与党委和政府相关职能部门之间的桥梁沟通作用来实现的。

（三）党员群众的利益——互联网企业党建的服务效果

尽管中共中央办公厅印发的《关于加强和改进非公有制企业党的建设工作的意见（试行）》对非公所有制企业党组织做了一系列明确规定，但是在具体实践过程中，党组织要想取得党委和组织部门预想的政治效果——重塑党员、团结群众和引领企业，最根本的还在于服务的实际效果。也就是说，在维护企业、党员和员工三者合法利益问题上，要给各方树立“组织靠得住”的牢固印象。但要达到这一效果殊非易事。事实上，有以下两个根本性矛盾限制了党组织冀图这一效果的能力。

一是企业与员工之间的矛盾。必须承认，在非公所有制企业中，无论企业内部关系和氛围营造得多么好，都不能改变这样一个最基本的事实：企业是老板用来赚钱的而不是用来作慈善的；员工是企业招聘进来赚取利润的工具而很少有可能成为企业的主人。这样一个事实在根本上决定了企业（更直接地说是老板）与员工之间的关系是赤裸裸的利益关系，也决定了企业与员工之间所发生的一切问题的核心是利益问题。对员工（无论他具有什么样的政治身份）来说，进入企业工作的根本目的就是赚钱养家。因此，他所关注的问题是企业给予自己的待遇问题。至于其他的问题都必须服从服务于这一中心问题。可以说，这种基于最根本利益考量基础之上的企业与员工的关系，决定了企业和员工的立场态度和行为边界。这种规定性实际上限制了员工在企业空间内的活动内容和调和渠道。在一般情况下，员工与企业之间产生的矛盾多为经济方面的，比如工资待遇、职位调升和职业规划等。在这个时候，员工解决上述问题的方式和渠道更多地依赖于非常规的个性化方式（如与顶头上司直接对话并提出自身要求），绝少通过工会等制度性的组织渠道来解决自己面临的现实利益问题。对员工的这些看似不合规定的行为，企业其实往往乐见其成。因为员工做法实际上使企业、员工和工会的三者调解关系变成了企业与员工的直接对话，既节约了时间成本又树立了企业的绝对唯一权威。在工会丧失了成为企业与员工之间利益调解的中间者的角色的情况下，企业党组织实际上失去了对企业和员工都能产生影响的组织杠杆。党组织在企业和员工之间树立“组织靠得住”的想法也就无从谈起。因此，解决这一问题的关键还在于健全和充实企业工会的职能权责。

二是党员与员工之间的矛盾。利益问题是企业与员工的核心问题，是决定其他一切问题的基点。作为党员员工，除了与企业存在这一根本性的利益关系之外，还有一个必须面对而常常难以解决的关系问题。这就是党员员工与非党员工之间的关系问题。按照中国共产党在非公企业建立党组织的初始想法，就是要把非公企业内部的党员重新组织起来并纳入到教育管理体系之中，同时通过这些党员在企业中的先锋模范作用来影响和团结企业的非党群众，从而增强党在非公企业的政治基础和组织能力。分析这一政治设想可以看出，非公企业党员实质上被赋予了远远超出体制内党员的政治功能。比如，同样是强调党员要发挥先锋模范作用以影响和带动群众，但是对体制内党员来说，这个先锋模范作用主要是通过在公职上的勤劳守纪来体现的，然而由于体制的程序化和一致性要求，这种党员个体的先锋模范作用往往为整体性体制环境所代替，因而党员个体对身边非党群众的影响是偏弱的。对同在体制内的非党群众来说，其遵从的生存和发展法则更具有制度的规定性。也就是说，是强制度而非弱个体才是决定非党群众心理和行为的决定性因素。不过，这种情况在非公企业党员和非党群众关系上则是完全反转过来了。在非公领域，党的形象往往取决于党员个体的形象。党员个体的行为举止都牵涉到群众对党的整体形象的评价。在非公企业，当党员被党组织重新挖掘出来并被纳入到组织管理体系之中时，也就意味着党员在非公企业中将要扮演更加多样而复杂的角色。一方面，党员员工要和其他员工一样在企业中努力打拼以赚取生活必需之费用，这是他的“经济角色”，这一角色决定了他与企业的关系是简单的雇佣关系；另一方面，党员员工与其他员不一样的地方在于他又承担了党组织赋予的政治内涵——要成为身边群众的模范和组织团结群众的纽带，这是他的“政治角色”。然而，对非公企业党员员工来说，这种“政治内涵”的体现和表达往往是在无组织可依托的情况下，需要党员个体付出额外和极大的努力才有可能实现的。与体制内党员相比，非公党员体现先锋模范作用的途径唯有：工作更努力、成绩更突出、道德更高尚。只有这样，才有可能通过自身的努力换得群众的认可。不过问题就在于，这样的要求实际上增加了党员个体的劳动强度和道德负重感。但是对党员个体来说，这样的结果又不被企业和非党群众所认同——这是你身为共产党员应该做的。尤其是在企业党组织根本无法为党员个体所做的这种努力提供有效的社会支持系统时（无论是心理、情感还是物质上），所有的重负都需要党员个体自承担时，这种巨大的社会落差感和焦虑感就会倍增。因此，这也成为制约党组织在非公企业中发挥服务效果的关键因素。

总之，对非公企业党组织来说，检验党组织服务效果的唯一标准就是能否调和党员、群众和企业之间的利益关系。然而就目前党组织的功能、定位和实现途径而言，其难度可想而知。

三、引领导向：互联网企业党建的终极目标

无论是组织起来还是服务团结都是非公企业党建的两个阶段性目标，也是非公互联网企业党建必经的发展阶段。不过，对中共中央高度关注的互联网企业来说，更重要的目标则在于政治引领和目标导向。事实上，仔细研读习近平总书记关于互联网企业发展的相关讲话可以看出，在建设网络强国的宏大战略下，互联网企业被赋予了更为深刻而丰富的社会内涵——社会责任感。正是忧心于互联网企业越来越普遍的社交媒体化的演变趋势，中共中央组织部才提出了互联网企业党建这一新时代党建的新课题。实现对互联网企业的引领导向也因而成为中国共产党在互联网企业开展党建工作的终极目标。

（一）政治引领与企业治理：互联网企业党建的政治目标

互联网企业党建主要以从事互联网经营活动的企业为工作主体。从党建工作实践来看，互联网企业党建又并非无根之木、无源之水，互联网企业党建仍然是党建科学化的重要内容。但是互联网企业党建既是互联网时代中国共产党组织建设的重要发展，当然具有新特点、新意义。互联网企业党建是近年来面临互联网对主流意识形态的冲击，对建制化政治参与的突破，对集体主义政治文化的动摇等而产生的一种新的党建模式。事实上，互联网企业党建就是在技术、资本与政治逻辑张力下政党建设最为深刻的体现。更明确地说，正是在技术、资本与政治的逻辑张力下，互联网企业党建才得以发生并被高度重视。比如，像“BOSS 直聘”这样服务于各个企业人力需求的互联网信息服务平台，对其在加强强制性的法律规范的同时，在开展相关党建工作时尤其需要注重发挥企业内部党员党组织的组织和工作力量。

互联网企业党建正是因为这一原因才被赋予了对互联网企业实现政治引领的目标任务。当然，这样说并不是要否定党在一般非公所有制企业组织工作的政治引领任务。而是强调与一般非公所制企业党建相比，互联网企业党建要实现对企业的政治引领和目标导向的政治任务，其内涵和外延

都被大大拓展了。事实上，实现对互联网企业及其产品政治引领的目标任务对党建工作提出的要求，不仅要求其通过党员党组织的活动影响企业内部其他非党员工的思想和行为乃至企业的价值和文化取向，更重要的是要通过企业产品链的延伸来传播党的政治理念，重新建立与活跃于网络新场阈中的社会大众的有效联系，以夯实和拓展党执政的政治基础，提升党的网络社会治理能力和水平。这才是全面把握互联网企业党建工作区别于一般非公所有制企业党建终极目标的关键所在。

（二）组织—服务—团结：互联网企业党建引领的实现途径

当然，就像党要实现对一般非公所有制企业政治引领遇到的问题一样，实现对互联网企业的政治引领也面临同样的问题。即政治引领的机制和途径是什么？或者更直接地说，党组织实现对企业的影响力支点在哪点？应该怎样搭建这样的权力杠杆呢？就目前来说，针对互联网企业的特殊性，中共中央从内外两个方面逐步建立起了对互联网企业党建的法律和政治支持系统。从外部的法律支持系统来看，以《中华人民共和国网络安全法》为核心，由网信、广电、工商等多部门出台的相关互联网法律法规为主体，逐步构建起互联网企业及其产品营销的市场规范体系。这一外在的法律法规支持系统是对互联网企业最强有力的约束，也是对开展互联网企业党建最强有力的支撑。这是与一般非公所有制企业党建相比，互联网企业党建获取的最大外部支持，因而也为互联网企业党建提供了极大的工作便利。就互联网企业党建本身而言，在外有强制性规范力量的支撑下，党在互联网企业的组织设置和工作覆盖都有了很大进展。尤其是党建工作的三个阶段——组织起来和服务、团结，都在实践中有所发展和创新，逐步探索出了“抓重点兼一般”“抓大看小”的党建工作路子。所谓“抓重点兼一般”就是指在实际开展互联网企业党建工作时，要以社会经济影响力大的互联网企业作为党建工作的重点，同时要关照到一般性的互联网企业。这里所说的社会经济影响力大主要是指从事新闻信息服务、精神产品服务和社交平台服务等类型的互联网企业；一般性的互联网企业则主要是指从事硬件生产和技术服务的生产服务类企业。所谓“抓大看小”就是指在把那些已经成长为大型甚至巨型企业的互联网企业作为党建工作重心的同时，对那些刚刚创业的微型和小型互联网企业要给以适当的政策扶持，要在企业孵化的初始阶段就通过党组织的对接帮助，为企业创始人种下红色政治基因。总之，党组织要实现对互联网企业的政治引领，必须在遵从组织—服务—团结的基本工作路线流程的基础之上，根据互联网企业的各自特点，因地制宜地探索开展互联网企业党建的多样化工作方法，为政治引领的实现不断夯实党的组织基础和政治基础。

第五章

互联网企业党建路径：平台、内容与技术

以互联网为内涵特质的互联网产品、互联网平台和互联网技术，是对以机械化技术组织起来的一般非公所有制企业党建工作结构的全要素突破，是构建互联网企业党建工作体系的组织新要素。这一突破预示着互联网企业党建至少要在三个方面发生可预期的深刻变化：组织目标要从以人为主转变到人与产品并重；组织空间要从以企业为主转变到企业与平台并重；组织手段要从重视政治教化转变到政治与技术并重。因此，开展互联网企业党建工作，必须着眼上述互联网企业党建工作的新结构、新特点，从平台、内容和技术三个方面探寻符合互联网企业组织结构和发展的党建工作新路径。

一、互联网企业党建工作路径之一：网络平台

如前所述，与一般非公所有制企业党建相比，互联网企业党建工作的主要活动空间已经不再仅仅局限于互联网企业这一物理化的组织空间，而是要延伸到互联网企业及其具有社交媒体属性的产品建构的网络平台之中。把网络平台作为互联网企业党建的重要工作场阈，这是开展互联网企业党建并借此扩大党的政治影响力和组织力的新路径。

（一）社交平台：中共网络治理的观念及演变

从1994年4月20日北京中关村地区教育与科研示范网正式接入国际互联网为起始，中国共产党与网络之间的复杂治理关系大致经历了三个重要发展阶段。从总体进程来看，这种复杂治理关系在每一个发展阶段的具体演进和治理形态，既是网络在中国的发展不断发生深刻嬗变的过程，也是中国共产党不断深化对网络认识进而积极采取措施实施监管的过程。以中国共产党作为网络社会治理主体的视角为标准，这一治理演进的认识及伴随而生的政策形成过程，主要可以分成为舆论传播表达工具阶段、虚拟空间场阈形成阶段和网络社会共生融合阶段三个主要发展时期。与之相应

的则是中共网络治理观念经历了从“思想政治斗争阵地”到“掌握网上舆论主导权”再到“互联网治理体系”三个演进阶段（见下表）。

互联网的发展演进		中国共产党的网络治理演变	
发展阶段	工具代表	治理阶段	主要观点
工具表达	BBS、QQ、MSN	舆论斗争新阵地	互联网上小道消息和政治谣言很多
虚拟空间	BBS、QQ、博客、微博	网上舆论主导权	互联网已成为思想文化信息的集散地和社会舆论的放大器
网络社会	微信、微博、QQ 其他网络平台和工具	互联网治理体系	互联网越来越成为人们学习、工作、生活的新空间，越来越成为获取公共服务的新平台

网络作为舆论传播表达工具是网络社会在中国生成发展的初始阶段和主要形态。不过最先引起中国共产党高度重视的并不是网络本身，而是网络的物理载体——个人电脑。20 世纪 90 年代，中国的互联网还处于发展的最初阶段。由于拨号上网的速率和传输容量都极其弱小，以及昂贵的上网费用超出了绝大多数中国人的收入水平，国内互联网拨号用户在 1996 年仅为 35652 户，且用户多为党政机关和国有企事业单位。[①] 但是电脑行业的迅速兴起促使个人电脑进入寻常百姓家的同时，也为当时泛滥的盗版影碟（尤其是不健康影碟）提供了新的私密性播放场所。1995 年 12 月 18 日，《人民日报》头版头条以《一位母亲强烈呼吁扫黄打非不可手软》之名刊发了一位苏州女工的举报信，信中声泪俱下地控诉了苏州宝碟公司非法销售的黄色激光视盘（VCD）对自己儿子的毒害，同时配发本报评论员文章《警惕“电脑犯罪”》。这一时事短评在当时引起了中共中央政治局的关注。江泽民在谈起这件事时说：“这位母亲的信，读了以后，催人泪下。政治局常委们谈起这件事，都感到心情沉重。一个十六岁的孩子，本来是个好青年，家长寄予厚望，为了让他学电脑技术，拿出家中所有存款买了电脑，结果受到黄色光盘的毒害。我们全党同志都有责任教育好青少年。如果对这样的事无动于衷、麻木不仁，怎么得了！我们一定要加强文化市

---

① 中华人民共和国国家统计局：《中国统计年鉴（2013）》，中国统计出版社 2013 年版，第 539 页。

场管理。对那些毒害群众、毒化社会空气的精神垃圾，要坚决取缔，决不能手软。”① 尽管评论员把这种通过个人电脑播放黄色光盘并给青少年成长带来的危害冠之以“电脑犯罪”，但此时个人电脑仍处于家庭这样私密性极强的环境中，并且多未联网因而其影响面极其狭窄，因而政府主要是通过加强对文化影像市场销售环节的监管来实现可能出现的社会风险管控。

不过，随着中国分别于1996年12月13日签署《关于信息技术产品贸易的部长宣言》和1997年4月15日签署《〈服务贸易总协定〉第四议定书》及其所附减让表——《基础电信协议》，中国的互联网开始与国际互联网加速融合。在1997年至1999年这短短的三年时间里，中国的互联网上网人数迅速从62万人猛增至210万人，并在1999年达到890万人。② 近千万的上网人数及其在网上日益活跃的活动成为社会治理的新领域。以1999年4月25日发生的“法轮功”事件为标志，网络所蕴含的信息传播和组织动员能力令中共高层十分震惊。江泽民在就“法轮功”事件写给中共中央政治局常务委员会委员及其他有关领导同志的信中指出，“这次事件，是一九八九年那场政治风波以来在北京地区发生的群体性事件中人数最多的一次。”他指出：“今天的事件，值得我们深思。人不知，鬼不觉，突然在党和国家权力中心的大门口周围聚集了一万多人，围了整整一天。其组织纪律之严密，信息传递之迅速，实属罕见。可是，我们的有关部门事先竟毫无察觉，而从互联网上就能迅速找到‘法轮功’在各地的组织联络系统，这还不发人深省吗？信息技术的迅速发展，给我们提出了新的课题。我们各个机关配置的电脑不在少数，是否有人注意到这些重要的社会动向呢？如果注意了，为何又没有任何反映呢？这些问题都需要认真加以研究。此事发生后，西方媒体立即作了报道并加以煽动性渲染。究竟同海外、同西方有无联系，幕后有无‘高手’在策划指挥？这是一个新的信号，必须引起我们的高度重视。”③

“一个新的信号”，这是中国共产党对正在蓬勃兴起的网络力量的第一感观。只不过这一印象过于负面并成为其后中共在网络治理时始终强调和

① 江泽民：《江泽民文选》第一卷，人民出版社2006年版，第508页。

② 中华人民共和国国家统计局：《中国统计年鉴（2013）》，中国统计出版社2013年版，第607页。

③ 江泽民：《江泽民文选》第二卷，人民出版社2006年版，第319页。

坚持政治安全的逻辑原点。如果说“法轮功”事件让中共震惊于网络存在的巨大风险和监管漏洞，那么随后发生的中国网民抗议美国轰炸我驻南斯拉夫大使馆的集体行为，则令中共中央惊喜于网络所蕴含的机遇和力量。1999 年 5 月 7 日，从美国本土空军基地起飞的美军战略轰炸机用五枚导弹从不同角度袭击了中国驻南联盟大使馆，导致中国三名新闻记者牺牲。这一事件立即引起中国民众的强烈愤慨。5 月 9 日，《人民日报（网络版）》乘势开通“强烈抗议北约暴行 BBS 论坛”。这个论坛成为中国真正意义上的第一个互联网舆论载体，其后演化成为“人民网强国论坛”。《人民日报》积极主动引导网络舆情的做法受到肯定。江泽民在 5 月 11 日召开的中共中央政治局常务委员会会议上就指出：“这次全国人民同仇敌忾的抗议行动，再一次向世人表明，我们的人民是团结御侮的，是不可战胜的。历史经验告诉我们，群众充分发动起来以后，必须加强领导和引导工作。……要使干部群众都懂得，中国绝对不能乱。……讲稳定，这是最大的大局。”[①] 在继“法轮功”事件引发中共中央关注网络的政治安全后，“领导权”和“讲稳定”成为中共中央网络治理的又一重要原则。10 月 6 日，中共中央办公厅在转发《中央宣传部、中央对外宣传办公室关于加强国际互联网络新闻宣传工作的意见》中，第一次从争夺 21 世纪思想舆论阵地制高点的高度，明确了网络新闻宣传工作发展的方向。

进入 21 世纪以来，互联网的发展及其治理成为中共中央高度重视的重大议题。“阵地意识”成为中共中央网络治理的首要感观。在 2000 年 1 月 20 日召开的中共中央政治局会议上，江泽民明确提出要加强对包括互联网传播在内的思想文化领域的管控。他说：“在一些小报小刊和互联网上，小道消息和政治谣言很多”，“要加强对宣传思想文化领域的管理，包括切实加强对报刊特别是小报小刊、图书出版、电视电影、网络以及其他传媒阵地的管理”。[②] 3 月 3 日，江泽民在参加九届全国人大三次会议、全国政协九届三次会议的党员负责同志会议上的讲话中全面阐述了信息网络化迅速发展对中国的全方位影响，要求引起各级干部和全社会的高度关注。他说：“信息网络化迅速发展，对政治、经济、军事、科技、文化、社会等领域产生了深刻影响，使各国经济与国际经济的联系更为便捷，相互影响也更直接，突出表现在网上媒体、网上教育以及网上银行、网上交易、网

① 江泽民：《江泽民文选》第二卷，人民出版社 2006 年版，第 327 页。

② 同上书，第 566 页。

上营销等电子商务蓬勃发展上。信息网络化直接导致了军事领域的革命性变革，空前提高着军队信息战、网络战能力，数字化部队建设已开始成为发达国家军队建设的重点。信息网络化还为各种思想文化传播提供了更便捷的渠道，大量信息通过网络伸入社会各个角落，成为当今文化传播的一个重要手段。我们要抓住信息网络化发展带来的机遇，加快发展我国的信息技术和网络技术，并在经济、社会、科技、国防、教育、文化、法律等方面积极加以运用。同时，我们也应该高度重视信息网络化带来的严峻挑战。现在，互联网上的信息庞杂多样、泥沙俱下，还存在大量反动、迷信、黄色的内容。可以这样说，由于信息网络化发展，已经形成了一个新的思想文化阵地和思想政治斗争阵地。我们的党建工作、思想政治工作、组织工作、宣传工作、群众工作，都应该适应信息网络化的特点。对信息网络化问题，我们的基本方针是积极发展，加强管理，趋利避害，为我所用，努力在全球信息网络化发展中占据主动地位。"[①] 5 月 31 日，胡锦涛在中共中央党校第二十八期省部级领导干部进修班毕业典礼上的讲话中指出，"由于信息网络化发展，互联网已经形成了一个新的思想文化阵地和思想政治斗争的战场。对此，消极回避、因噎废食或者只靠封堵都是不行的。面对这种形势，我们既要抓住信息网络化发展带来的机遇，采取相应对策，加快网络技术发展，充分利用网络为传播先进思想文化服务，同时又要高度重视网上斗争，加强管理，趋利避害，把信息网络化对思想文化领域带来的消极影响减少到最低限度。"[②] 6 月 28 日，江泽民在中央思想政治工作会议上的讲话中再次强调指出，"互联网已经成为思想政治工作一个新的重要阵地。国内外敌对势力正竭力利用它同我们党和政府争夺群众、争夺青年。我们要研究其特点，采取有力措施应对这种挑战。要主动出击，增强我们在网上的正面宣传和影响力。各级领导干部要密切关注和研究信息网络发展的新动向，抓紧学习网络知识，善于利用网络开展工作，努力掌握网上斗争的主动权。"[③]

从上述一系列讲话中可以看出，中共中央已经把互联网视为一个新的思想文化阵地和思想政治斗争战场。既然是"阵地"，那就需要固守；既

---

① 中共中央文献研究室：《江泽民思想年编（一九八九—二〇〇八）》，中央文献出版社 2010 年版，第 459—460 页。

② 胡锦涛：《胡锦涛文选》第一卷，人民出版社 2016 年版，第 431 页。

③ 江泽民：《江泽民文选》第三卷，人民出版社 2006 年版，第 94 页。

然是“战场”，那就要赢取胜利。正是在这种“阵地意识”和“战场意识”的指导下，中国共产党初步形成了网络治理的基本方针——“积极发展，加强管理，趋利避害，为我所用”①。胡锦涛在2002年4月9日召开的维护企业和社会稳定中央工作会议上解释了这一方针的具体内涵。他说：“各地区各部门要从维护社会政治稳定和国家安全的高度，重视网上斗争，趋利避害，做好工作。既要重视发挥互联网正面信息的宣传作用，为我所用；又要加强对有害信息源的控制，防止影响社会稳定的信息和其他有害信息上网传播。要进一步采取技术措施，加强对有害信息内容的监控，将有害信息内容造成的不良影响减小到最低限度。还要加强互联网信息工作的制度化、规范化建设，特别是要依照《互联网信息服务管理办法》等有关法规，加大执法力度，依法严厉打击网络犯罪活动。”②

从1995年《人民日报》提出“电脑犯罪”概念到2002年中国共产党初步形成网络治理的基本方针，经过七年多的发展，中国互联网呈现出爆发式的发展态势。据中国互联网络信息中心发布的《第十二次中国互联网络发展状况调查统计报告》显示，截至2002年12月31日，中国上网计算机数2083万台，上网用户5910万人。在用户上网目的调查中，“获取信息”居于首位，占53.1%。在用户经常使用的网络服务调查中，“电子邮箱”占92.6%、“搜索引擎”占68.3%、“网上聊天（聊天室、QQ、ICQ等）”占45.4%、“信息查询”占42.2%、“新闻组”占21.3%、“BBS论坛、社区、讨论组等”占18.9%。③ 上述数据表明，规模日渐庞大的网民群体开始通过聊天室、BBS论坛和新闻组等网络工具，逐步形成和催生了一个有别于现实物理世界的虚拟空间。以2003年发生的“广州孙志刚事件”④

---

① 江泽民：《江泽民文选》第三卷，人民出版社2006年版，第300页。

② 胡锦涛：《胡锦涛文选》第一卷，人民出版社2016年版，第538—539页。

③ 中国互联网络信息中心：《第十二次中国互联网络发展状况调查统计报告》，http://www.cnnic.org.cn/hlwfzyj/hlwxzbg/200906/P020120709345366251949.pdf。

④ 2003年3月20日，湖北青年孙志刚在广州被收容并遭殴打致死。该事件首先被地方报纸媒体曝光后，我国各大网络媒体积极介入，引起社会广泛关注，互联网发挥了强大的媒体舆论监督作用，促使有关部门侦破此案。6月20日，国务院发布《城市生活无着的流浪乞讨人员救助管理办法》，同时废止《城市流浪乞讨人员收容遣送办法》。网络媒体的影响力与地位逐步提高。

和“哈尔滨宝马撞人事件”[①] 为标志，互联网在中国开始发生真正的内涵蜕变。在这个新空间里，网民的意见表达摆脱了现实世界的监管束缚而显得无所顾忌。尤其是在国企改制、职工下岗、征地拆迁等引发的群体性冲突事件中，网上舆论的推波助澜对政府相关部门和单位形成了强大的社会压力，加剧了社会管理难度。

从2003年至2012年，这10年既是互联网生成虚拟空间场阈的新阶段，也是中共网络治理发展的新阶段。与互联网作为舆论传播工具的初始阶段相比，虚拟空间生成阶段其实是对互联网这一最初表现形态的结构性整体升级。促使这种嬗变发生的决定性力量首先在于基础通信设施和互联网技术的发展。中国先后制定了《国家信息化发展战略（2006—2020年）》（2005年）、《国民经济和社会发展第十一个五年规划纲要》（2006年）等促进互联网发展的战略规划。2007年4月，中共中央政治局提出大力发展网络文化产业，发展网络文化信息装备制造业。2007年10月，中共十七大确立了“发展现代产业体系，大力推进信息化与工业化融合，促进工业由大变强”的发展战略。2010年1月，国务院决定加快推进电信网、广播电视网和互联网三网融合，促进信息和文化产业发展。在中国政府的积极推动及明确的政策引导下，中国互联网逐步全面、持续、快速发展。据国务院新闻办公室2010年发布的《中国互联网状况》白皮书显示，截至2009年底，全国已建成辐射全国的通信光缆网络总长度达826.7万千米，中国基础电信企业互联网宽带接入端口达1.36亿个，互联网国际出口带宽达866367Mbps，拥有7条登陆海缆、20条陆缆，总容量超过1600Gb。中国99.3%的乡镇和91.5%的行政村接通了互联网，96.0%的乡镇接通了宽带。第三代移动通信（3G）网络已基本覆盖全国。[②] 基础通信设施的加

---

① 2003年10月16日上午10时26分许，代义权驾驶农用四轮车在哈尔滨抚顺街，与被告人苏秀文停靠在路边的宝马吉普车相刮。苏秀文下车辱骂并殴打代，后被围观群众劝开。苏遂上车，突然宝马车向前冲出，将站在该车前方的被害人刘忠霞（代义权之妻）当场撞死，另有12名围观群众被撞伤。公安机关于当日在现场将苏秀文抓捕。2003年12月20日，哈尔滨市道里区法院公开审理此案，被告人苏秀文犯交通肇事罪，被判处有期徒刑2年，缓刑3年。这一判决结果引起舆论大哗。互联网上开始传说，“苏秀文是黑龙江省某领导亲属”，另外苏秀文的丈夫是大老板，“用钱买通了关系”、证人被“封口”等等。12月30日，在黑龙江省委书记宋法棠主持下，省委常委会议对此案进行了研究，确定由政法机关依法进行调查、复查。

② 国务院新闻办公室：《中国互联网状况》，http：//www. scio. gov. cn/zfbps/ndhf/2010/Document/662572/662572_1. htm。

速发展和互联网宽带接入速率的提升，以及居民家庭收入的普遍提高等一系列利好因素的出现，不断促使网络用户在数量和规模上实现了历史性突破。根据中国互联网络信息中心公布的数据显示，2005 年在中国互联网发展史上具有重要的里程碑意义。正是在这一年，中国网民数量达到 10300 万人，首次破亿。① 从 2005 年到 2012 年，中国网民数量持续攀升（见下图）。②

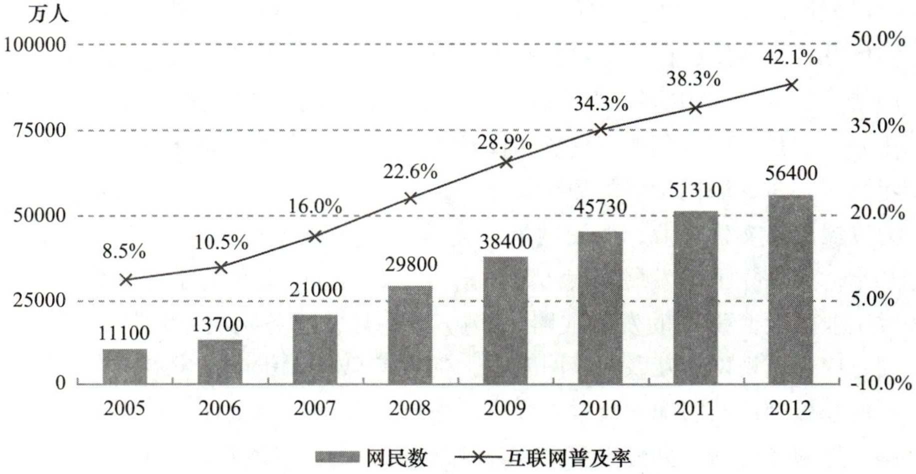

资料来源：中国互联网络发展状况统计调查。

如果说庞大的网民规模使网络虚拟空间具有了坚实的人口基础，那么以 BBS 论坛、QQ、博客、微博等为代表的社交网络工具的出现则极大地刺激了网民的活跃程度，从而为网络虚拟空间注入了充沛的社会能量，并使网络虚拟空间真正成为有别于现实物理世界的新场阈。BBS 论坛是中国网络用户最早熟知的公共社交网络工具，成名于 1995 年的“水木清华”（其他高校如北京大学的“新一塌糊涂”、复旦大学的“日月光华”、南京大学的“南大小百合”等等），兴盛于“西祠胡同”“天涯社区”“强国论坛”等知名时政论坛。如果说 BBS 论坛是一种公共舆论场，那么博客则是

① 中国互联网络信息中心：《第 16 次中国互联网络发展状况调查统计报告》，http：//www. cnnic. org. cn/hlwfzyj/hlwxzbg/200906/P020120709345358978614. pdf。

② 中国互联网络信息中心：《第 31 次中国互联网络发展状况调查统计报告》，http：//www. cnnic. cn/gywm/xwzx/rdxw/rdxx/201302/W020130115444339760410. pdf。

个体扬声器。以2005年9月作为门户网站的新浪推出博客服务为标志，博客在中国网络用户中得到大规模快速运用并日益展现出其舆论影响力量。其中，对社会现象的关注成为博客用户的主要内容（见下图）。[①]

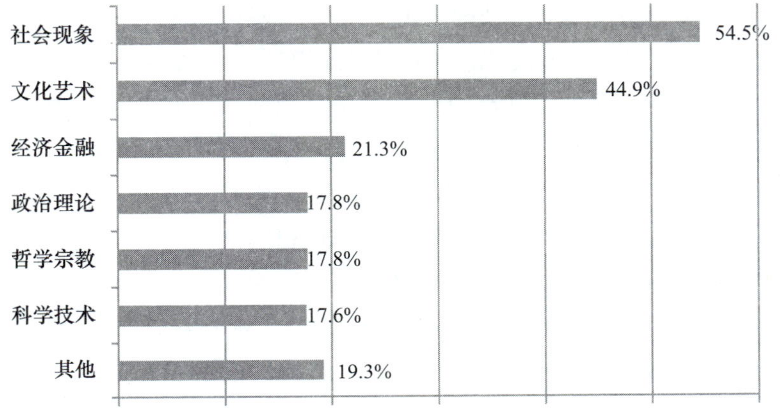

特别是2007年以来发生的“周正龙华南虎事件”、“香港艺人艳照门事件”、南方雪灾、汶川大地震、北京奥运圣火传送活动等等，这些突发和重大事件极大地刺激和推动了博客用户的规模增长和内容。与此同时，各大综合门户网站又从2009年相继推出新的社交网络工具——微博。作为博客发展的新形态，微博是一个基于用户关系的信息分享、传播以及获取的平台，因而具有更加强大的传播力和影响力，在网民之中迅速得到普及运用。截至2012年6月底，以BBS为主要代表的社交网站用户数达2.51亿，博客和个人空间用户数达3.53亿，微博用户数达2.74亿。[②]

正是鉴于以BBS、博客和微博等为代表的网络新媒体所展现出来的强大传播力和舆论影响力，中共中央给予了高度重视。2007年1月23日，胡锦涛在主持召开的中共十六届中央政治局第三十八次集体学习时明确提出了“掌握网上舆论主导权”[③] 的重大课题。他要求党和政府高度重视网上思想舆论阵地建设，“要主动占领网上思想舆论阵地，对热点问题要加

① 中国互联网络信息中心：《2008—2009博客市场及博客行为研究报告》，http：//www.cnnic.org.cn/hlwfzyj/hlwxzbg/200907/P020120709345312938499.pdf。

② 中国互联网络信息中心：《第30次中国互联网络发展状况调查统计报告》，http：//www.cnnic.cn/hlwfzyj/hlwxzbg/hlwtjbg/201207/P020120723477451202474.pdf。

③ 胡锦涛：《胡锦涛文选》第二卷，人民出版社2016年版，第561页。

强解疑释惑，对重大突发事件要及时准确发布权威信息，对敌对势力的恶意攻击要针锋相对地开展舆论斗争”①。2008年6月20日，胡锦涛又在人民网强国论坛与网民在线交流后的讲话中进一步强调：“互联网已成为思想文化信息的集散地和社会舆论的放大器。”② 2011年2月19日，胡锦涛在省部级主要领导干部社会管理及其创新专题研讨班上的讲话中首次提出“虚拟社会”的概念，强调“虚拟社会对现实社会的影响日益增强，特别是虚拟社会的舆论影响力和组织动员力越来越强，一些影响较大的公共事件都呈现网上网下遥相呼应、相互放大的趋势”③。

“虚拟社会”的提出是中共网络治理的一个重大转变。它既表明网络发展开始从生成虚拟空间场阈的新阶段进化到网络社会共生融合时期，又标志中共网络治理开始从最初的网络工具管控向社会管理体系演进，网络虚拟空间成为社会管理的重要组成。事实上，“虚拟社会”的提出主要基于两个显著性技术要素的出现：移动智能终端的发展和新一代社交网络工具微信的大规模应用。以2012年为分界线，得益于智能手机的发展，中国手机网民用户首次超越电脑终端用户。中国互联网络信息中心（CNNIC）发布的《第30次中国互联网络发展状况统计报告》显示，截至2012年6月底，中国网民数量达到5.38亿。其中最引人注目的是，手机网民规模达到3.88亿，首次超越台式电脑用户3.80亿，成为第一大上网终端。④ 这一变化具有根本性的转折意义。移动智能手机的普及和第三方应用的规模使用，最强有力地使人们摆脱了对上网所需固定场所的依赖，第一次真正实现了马歇尔·麦克卢汉“媒介即人的延伸”⑤ 的预言，迎来了实时沟通、瞬间交流，无时不在、无处不能的全网通时代。⑥ 网民智能手机上网目的及上网场景见下图。

---

① 胡锦涛：《胡锦涛文选》第二卷，人民出版社2016年版，第561页。

② 胡锦涛：《在人民日报社考察工作时的讲话》（2008年6月20日），http：//www. china. com. cn/policy/txt/2008－06/26/content_15891579. htm。

③ 胡锦涛：《胡锦涛文选》第三卷，人民出版社2016年版，第494页。

④ 中国互联网络信息中心：《第30次中国互联网络发展状况调查统计报告》，http：//www. cnnic. cn/hlwfzyj/hlwxzbg/hlwtjbg/201207/P020120723477451202474. pdf。

⑤ ［加拿大］马歇尔·麦克卢汉著，何道宽译：《理解媒介：论人的延伸》，译林出版社2011年版。

⑥ 中国互联网络信息中心：《2013—2014年中国移动互联网调查研究报告》，http：//www. cnnic. org. cn/hlwfzyj/hlwxzbg/201408/P020140826366265178976. pdf。

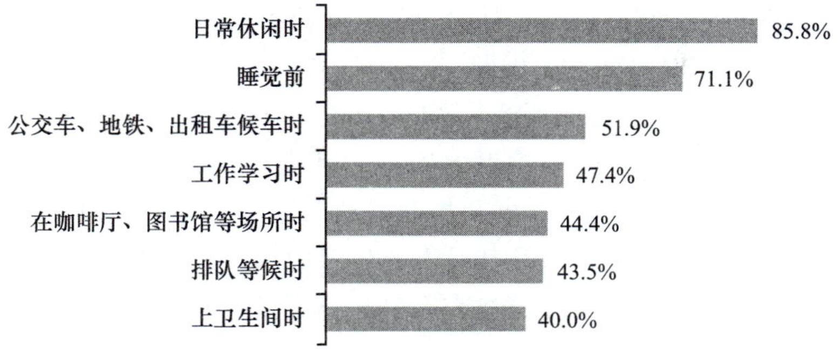

资料来源：网民智能手机上网场景（2012 年），http：//www.cnnic.cn/hlwfzyj/fxszl/fxswz/201212/t20121207_37364.htm。

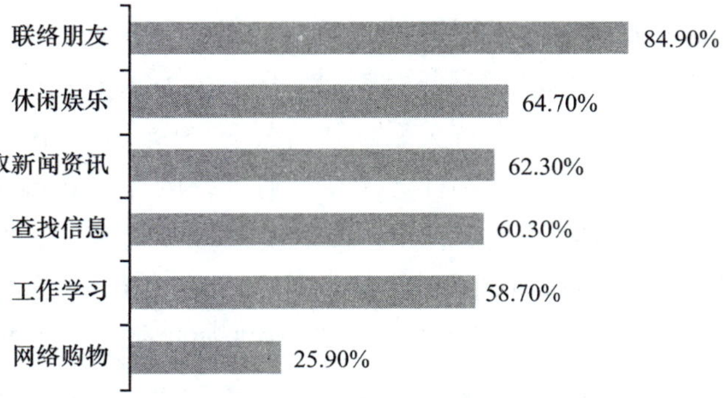

资料来源：网民智能手机上网目的（2012 年），http：//www.cnnic.cn/hlwfzyj/fxszl/fxswz/201212/t20121207_37364.htm。

智能手机价格的普遍下降和上网功能的不断拓展，使手机网民规模越来越庞大。据中国互联网信息中心统计，截至 2017 年 6 月，我国手机网民规模达 7.24 亿，网民使用手机上网的比例提升至 96.3%。[①] 手机成为继互联网之后引起中共高度重视的又一新媒体。胡锦涛在前述省部级主要领导干部社会管理及其创新专题研讨班上的讲话中不仅第一次提出了“虚拟社会”的概念，还第一次把手机与互联网一起作为社会管理的关注对象。“网上违法犯罪活动日益突出，现实社会违法犯罪向虚拟社

① 中国互联网络信息中心：《第 40 次中国互联网络发展状况调查统计报告》，http：//www.cnnic.org.cn/hlwfzyj/hlwxzbg/hlwtjbg/201708/P020170807351923262153.pdf。

会蔓延，利用互联网和手机等新兴媒体传播淫秽色情信息和进行赌博诈骗等违法犯罪活动猖獗，败坏社会风气，污染社会环境，影响未成年人健康成长。”[①] 2012 年 12 月 26 日，习近平在中央军委扩大会议上的讲话中第一次从国家安全角度阐释了手机、互联网的巨大社会影响。他说：“现在，现实世界安全和虚拟世界安全相互影响，敌对势力把互联网、手机等新兴媒体作为寻衅滋事和扩散升级社会矛盾的重要渠道。”[②] 当然，智能手机的规模性使用及其对人的生活的深入，还得益于第三方应用的推陈出新。2011 年微信的推出及其迅速普及运用，进一步深化和拓展了“媒介即人的延伸”的社会意义。微信与其说是一种即时通信工具，更不如说是一个社会新平台。它以社交关系链为核心，通过连接、协调、赋能的平台力量，将新技术、新应用、新模式深度植入工作、生活乃至社会治理之中。

中国信息通讯研究院的研究结果显示，截至 2016 年 12 月，全球微信和 WeChat 的合并月活跃账户数达到 8.89 亿。更为深远的意义还在于，微信构建了协同共享的数字经济关系。微信公众平台、企业微信等功能，极大地帮助用户、企业、政府和社会建立了数字化的沟通交流方式和网络化合作关系，截至 2016 年 12 月，企业微信接入 3100 万用户，微信“城市服务”覆盖中国大陆全部一二线城市及大部分三线城市，“为村”开放平台共有 2519 个村庄申请开通。[③] 然而，情况绝非如此简单。从 2012 年中国手机网民规模首次超越台式电脑用户规模后，像微信、微博和 QQ 一样，其他网络应用工具也越来越具有社交媒体属性。全球最大传播集团 WPP 旗下调研公司 KANTAR 发布的《2017 中国社交媒体影响报告》对各类网络应用工具社交媒体属性的调查如下图：[④]

---

① 胡锦涛：《胡锦涛文选》第三卷，人民出版社 2016 年版，第 494 页。

② 《习近平关于国防和军队建设重要论述选编》，解放军出版社 2014 年版，第 52 页。

③ 中国信息通信研究院：《微信经济社会影响力研究（2016 版）》，http：//www.199it.com/archives/452179.html。

④ KANTAR：《2017 中国社交媒体影响报告》，http：//www.199it.com/archives/600059.html。

无处不在的社交媒体

广义的社交媒体

不仅微信、微博、QQ以及陌陌等这些具有明显通讯社交功能的媒体属于社交媒体，论坛、视频、新闻甚至电商类型的媒体通过评论、弹幕等形式，从而也具有了社交功能。具有社交功能的媒体在广义上都可以称之为社交媒体。在这个意义上，我们把社交媒体分为以下几个大类

1. **微信**
2. **微博**
3. **交友类社交媒体**（如陌陌、世纪佳缘、珍爱网等）
4. **通讯社交类媒体**（如QQ、LINE、米聊、无秘等，不包括微信）
5. **论坛类社交媒体**（如百度贴吧、天涯、QQ空间、豆瓣、人人、Facebook等）
6. **生活类社交媒体**（如美团，去哪儿、携程、大众点评等）
7. **带有社交评论功能的新闻类媒体**（如今日头条，腾讯新闻，网易新闻等可评论的新闻APP）
8. **带有社交评论功能的电商类媒体**（如淘宝、京东、小红书等）
9. **带有社交评论功能的视频或直播平台**（如优酷、哔哩哔哩、斗鱼TV等）

各类网络应用工具对用户的影响效果如下图：

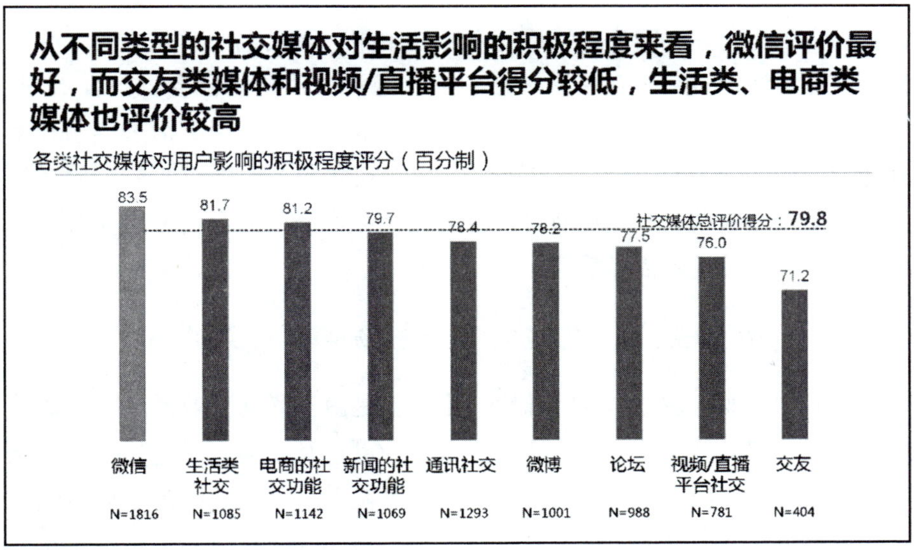

可以说，正是由于社交媒体属性已经成为各类网络应用工具和平台的内在要求，在数字经济蓬勃发展的强劲驱动下，虚拟空间与现实世界的物理障碍不断被突破，一个以互联网平台为链接的新社会正在迅速形成并日益对中国共产党的社会治理体系和能力提出新的挑战。基于互联网的上述发展状况，“网络社会”这一学术研究概念首次成为政治术语被官方认可并被载入中国共产党关键性政治文件之中。2014 年 10 月 23 日，中国共产

党第十八届中央委员会第四次全体会议通过的《中共中央关于全面推进依法治国若干重大问题的决定》中，明确提出要加强网络社会管理的法律法规。更具标志性意义的事件则是 2014 年 2 月 27 日成立了中共中央网络安全和信息化领导小组，中共中央总书记、国家主席、中央军委主席习近平亲自担任组长。这一中国最高规格的互联网协调管理机构的成立表明，经过从 1994 年到 2014 年这 20 年互联网的发展，网络和信息安全已经超越单纯的专业技术层面，成为牵涉和影响国家安全和社会稳定的重要力量，极有必要加强网络社会治理的顶层设计。正如习近平在领导小组成立第一次会议上指出的那样，网络安全和信息化是事关国家安全和国家发展、事关广大人民群众工作生活的重大战略问题，要从国际国内大势出发，总体布局，统筹各方，创新发展，努力把我国建设成为网络强国。2015 年 12 月 16 日，习近平在出席第二届世界互联网大会开幕式时的主旨演讲中，首次就共同构建全球网络空间命运共同体提出“四项原则”“五点主张”。[①] 它表明，中国共产党的网络社会治理不仅包括国内互联网治理，更是从全球视野提出了构建互联网治理体系的变革性主张；不仅包括对互联网空间治理，更加关注于对基于互联网平台的数字经济时代智慧社会的综合治理。可以说，网络社会治理已经成为中国共产党推进和实现国家治理体系和治理能力现代化的新的力量“生长点”。加强互联网企业党建实质上就是中国共产党把互联网企业放在网络社会治理综合格局下的全盘考虑和推进网络社会治理的关键政治抓手。

（二）网络空间：党建工作的新场域和新要求

互联网企业党建工作的特殊性，恰恰就是由互联网企业及其产品的社交媒体化和网络平台化这两大特征决定的，也是互联网企业党建工作区别于一般非公所有制企业党建的差异所在。事实上，不同的空间领域对党建工作的组织塑造有着不同程度的影响。现实物理空间是建基于机械化技术架构之上的一般非公所有制企业的唯一活动场所，这种物质化的空间场阈为党建工作提供了坚实而稳固的组织空间基础，同时也明确标识了党建工

---

① 四项原则：尊重网络主权、维护和平安全、促进开放合作、构建良好秩序。五点主张：加快全球网络基础设施建设，促进互联互通；打造网上文化交流共享平台，促进交流互鉴；推动网络经济创新发展，促进共同繁荣；保障网络安全，促进有序发展；构建互联网治理体系，促进公平正义。

作的组织空间界限。互联网企业及其党建工作之所以有别于一般非公所有制企业及其党建工作，就在于互联网技术独特的无限链接性能使互联网企业扩大活动空间——从物理空间到虚拟空间或者说从“厂房”到“网络”——成为可能。

当然，如前章所述，不同类型的互联网企业由于其产品内涵属性和业务指向的不同，其活动伸展空间的能力也各不相同。比如，尽管硬件生产型和技术服务型互联网企业经营着相关网络信息技术，但由于其服务对象主要是相关企业而不是普罗大众，因而与一般非公所有制企业一样，其活动空间主要由企业内部结构关系和外部企业间关系构成。从内部结构关系来看，企业内部的组织平台是这两种类型互联网企业活动空间的主要依托。比如市场调研、技术研发以及团队调配等都是依托于物理化的企业空间而存在。从外部企业间关系来看，企业的活动空间更多地体现为产品服务性质的市场配套关系，比如为相关企业提供技术性支撑服务等。企业间的行为空间相对比较清晰而确定。因此可以说，硬件生产型和技术服务型互联网企业的活动空间具有明确的物理边界。这一组织空间特征实质上意味着这两种类型互联网企业的党建工作组织场阈和一般非公所有制企业党建工作一样，主要是依托企业本身来开展相关党建工作的，因而构成党建工作的各要素（典型如人员和空间等）表现出高度稳定性的特征。

与之相比，公共服务型和精神服务型互联网企业的活动空间却大不相同，其组织空间结构也更加复杂多样。一方面，由于企业组织结构的通适性，这两种类型的互联网企业都具有同硬件生产型和技术服务型互联网企业一样的活动空间，都以企业内部的物理结构作为主要依托和组织平台，因而构成了公共服务型和精神服务型互联网企业空间活动的第一层基础。这也是党的基层组织生存和依托的物理基础。在这个层面上，党的组织建设是“人在哪里、党员在哪里、党的建设就推进到哪里”的政治逻辑的延伸和体现。但是在另一方面，由于公共服务型和精神服务型互联网企业无论从组织结构还是产品属性及市场指向来看，都具有极其深刻的社交媒体属性。正是这种社交媒体属性既赋予企业经营网络虚拟平台的能力，又赋予社会大众自我组织的能力。对互联网企业来说，企业的经营活动空间开始从物理空间向虚拟空间拓展。而对用户来说，在这个网络虚拟空间中，社会大众寻找到了一个有别于现实世界的组织新场阈，并在其间按照新的规则形成新的社会关系。更加关键的是，随着信息通讯技术和基础设施的迅速发展，线上与线下、虚拟与现实之间的界限愈来愈模糊，形成于网络虚拟空间的社会关系及其规则对现实社会的影响日益深刻。尤其是对经营网络虚拟平台的互联网企业来说，其经营活动在经历了从物理空间向虚拟空间的转变后，再在新的基础上开始实现虚拟空间与物理空间高度融合的发展趋势，其社会影响力也将越来越大。比如，阿里巴巴集团作为一家互联网龙头企业，借助于网络虚拟平台的迅猛发展和庞大流量掌控，其活动范围早已不再局限于网络虚拟空间领域，而是在事实上已经将其影响力扩展延伸到线下的现实社会之中。再比如新浪微博，活跃其上的用户早已超出了微博最初的微博文创作的界限，无论从微博创作内容还是用户行为，都已经和微信一样成为又一大型全民性的社交媒体平台。可以说，网络虚拟空间成为公共服务型和精神服务型互联网企业活动空间的第二层基础。这一虚拟的组织空间的存在和影响给党的组织建设带来了极大挑战。因为再也无法沿用党组织在第一层面的物理化组织手段来开展党建工作。因此，极有必要在公共服务型和精神服务型互联网企业中构建适应“企业—平台”新场阈的组织工作新体系。

（三）中央厨房：打造主流媒体网络平台高地

在互联网企业中建立党的基层组织是中国共产党加强对网络空间领域意识形态领导权的重要步骤之一。“要加强对互联网特别是新媒体平台的应用和管理，科学把握其特点和规律，理顺管理体制，引导网上舆论，有效防范和遏制有害信息传播，使互联网等新兴媒体成为做好意识形态工作新平台。”[①] 与此同时，更要顺应互联网发展大势，在基于“企业—平台”的组织工作新场阈中创新新闻传播体制，打造属于主流媒体的网络平台高地——“中央厨房”。

打造新闻“中央厨房”，是中国共产党强化网络意识形态领导权的关键环节。互联网的迅猛发展和普及，在增强人们的社会信息获取能力的同时，无论是信息的生产、供给，还是流通、获取，互联网时代的网络新媒体都对以纸质媒体为主体构建起来的传统信息管理体系造成了巨大冲击。据第 41 次中国互联网络发展状况统计数据显示，截至 2017 年 12 月，中国网络新闻用户规模为 6.47 亿。其中，手机网络新闻用户规模达到 6.20

---

① 胡锦涛：《胡锦涛文选》第二卷，人民出版社 2016 年版，第 530 页。

亿。[①] 这一数据表明人们获取新闻信息的渠道已然发生巨大变化。根据全球领先的移动互联网第三方数据挖掘和整合营销机构 iiMedia Research（艾媒咨询）权威发布的《2017 年中国新媒体行业全景报告》显示，53.9% 网民以手机、电脑等互联网媒介作为获取知识主要途径，电视、广播等传统媒体占比为 31.1%，报纸杂志类传统纸媒仅占一成左右（见下图）。[②]

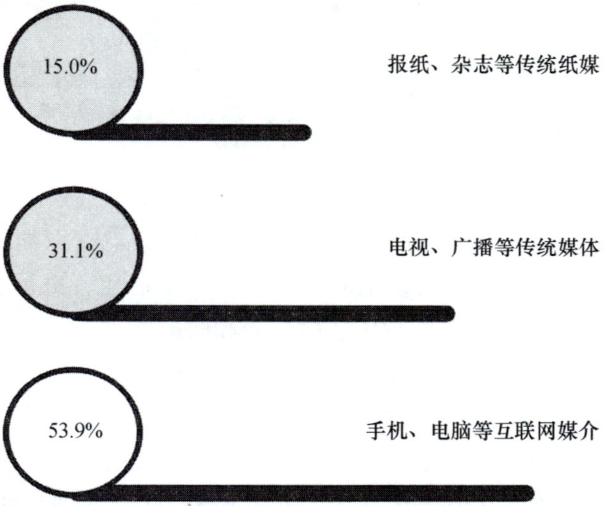

易观网于 2017 年 7 月 5 日发布的《中国移动阅读市场年度综合分析 2017》也显示，在整个中国阅读产业生态图谱中，移动阅读已经成为用户的主要阅读入口。互联网巨头如腾讯、阿里巴巴、百度等，传统数字阅读品牌如中文在线、阅文集团、掌阅科技、塔读文学等，电信运营商阅读基地如咪咕阅读、沃阅读、天翼阅读等，以及电商品牌如亚马逊、当当、京东、苏宁等都成为移动阅读的内容供给方。[③] 更为关键的是，移动阅读通过智能手机终端能够对各个年龄层次的人提供分众化的信息内容（见下图）。

① 《第 41 次中国互联网络发展状况统计报告（2018）》，http：//www.cnnic.net.cn/hlwfzyj/hlwxzbg/hlwtjbg/201801/P020180131509544165973.pdf。

② http：//www.100ec.cn/detail—6391330.html，阅读时间：2018 年 2 月 19 日 8：55 分。

③ 易观网：《中国移动阅读市场年度综合分析 2017》，http：//www.useit.com.cn/thread－15869－1－1.html。

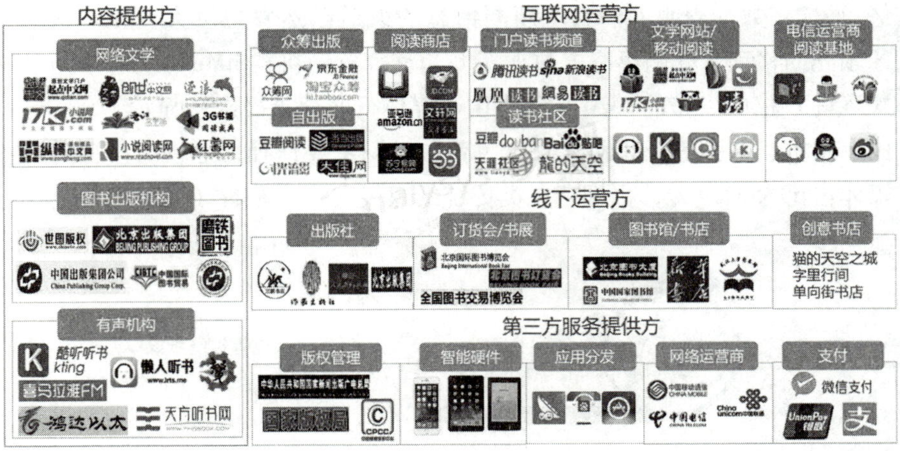

可以说，互联网时代带来的信息生产方式、信息获取能力和社会阅读习惯的深刻变化，都要求传统纸质媒体必须主动适应、勇于变革。特别是对中国共产党来说，意识形态从来都是党和政府高度重视的国之大事。出于对意识形态的领导权的掌握，要求中央各大媒体必须因时变革，积极促进传统媒体和新兴媒体的高度融合。2015 年 12 月 25 日，习近平在视察解放军报社时的讲话中指出，“我对互联网一直高度关注，特别关注传统媒体和新兴媒体融合发展问题。在全国宣传思想工作会议和中央全面深化改革领导小组第四次会议上，我突出强调了这个问题。推动传统媒体和新兴媒体融合发展，是占领信息传播制高点、扩大宣传思想文化阵地的必然要求。”[①] 他要求中央媒体要贯彻积极中央《关于推动传统媒体和新兴媒体融合发展的指导意见》（2014 年 9 月 9 日由中共中央办公厅、国务院办公厅联合印发），研究把握现代新闻传播规律和新兴媒体发展规律，强化互联网思维和一体化发展理念，推动各种媒介资源、生产要素有效整合，推动信息内容、技术运用、平台终端、人才队伍共享融通。打造新闻“中央厨房”的概念就是这样提出来的。

所谓“中央厨房”，是指通过传统媒体和新媒体的高度融合，形成“一次采集、多种生成、多元传播、全天滚动”的新闻生产机制和传播格局。新闻“中央厨房”的理论基础来自于美国道琼斯公司的“水波纹”理论，即一个重大的新闻事件发生之后，首先是道琼斯公司做出首轮的新闻

① 《习近平国防和军队建设重要论述选编（三）》，解放军出版社 2016 年版，第 87 页。

报道服务，注重的是新闻的“时效性”；紧接着是《华尔街日报》新闻网站继续跟进报道，并且滚动播报实时信息，要的是受众的“持续关注”；再后就是道琼斯和 GE 合资的 CNBC 电视台，用更丰富的内容信息和更生动活泼的介质来满足受众多元需求，以扩大“传播广度”；第四个参与到其中的是道琼斯广播电台，利用窜电波赢得最大范围的受众注意力；《华尔街日报》再来展开更为详细和丰富的报道，满足读者对于“新闻深度”的需求；然后是 Smart Money 等系列刊物进行深度报道。最后，所有的信息进入道琼斯和路透社合资的 Factiva 商业资讯数据库里，为收费用户提供检索服务，进一步放大新闻事件的“波纹圈”。[①] 在中共中央办公厅、国务院办公厅联合印发《关于推动传统媒体和新兴媒体融合发展的指导意见》后，中国各大报业集团先后开始了“中央厨房”的探索和建设。比如，浙江日报社于 2013 年底建立“中央大厨房”数字采编中心；广州报业于 2014 年年底成立中央编辑部；新华社于 2015 年 7 月启动“中央厨房”全媒体报道平台。在众多传媒集团探索“中央厨房”发展模式，打造主流媒体网络平台高地的过程中，人民日报社已然成为打造“中央厨房”的一面旗帜。根据中国社科院新媒体研究中心联合人民网舆情监测室共同发布的《2015 年传媒集团“两微一端”融合传媒排行榜》显示，人民日报社以融合传媒指数 98.7 的综合评分高居榜首。

据人民日报媒体技术股份有限公司总经理叶蓁蓁介绍，在“中央厨房”的顶层建设思路中，人民日报社始终把握三个关键词：打通、整合、提升。打通，就是要打通人民日报社内部的内容生产、运营管理和用户平台，促进媒体机构和用户的高度融合；整合，就是整合内部资源、行业资源和产业资源；提升就是通过媒体与各行各业的深度融合，以提升媒体的生产效率、社会效率和盈利能力。从 2014 年 10 月立项开始，经过三年调研、考察及不断摸索，构建了由空间平台、技术平台和业务平台构成的人民日报“中央厨房”体系。

在空间平台架构上，人民日报社新媒体大厦 10 层是“中央厨房”的空间平台，是融合指挥部和整合生产线，建筑总面积 3200 多平方米，2017 年 1 月建成并投入使用。整个空间平台由东南西北四个厅构成，南厅和北厅是自由组合、灵活办公的创意空间，东厅是技术中心和融媒体实验室，东、南、北三厅构成“中央厨房”的融合生产线。西厅是核心指挥区，是

① 刘晓萍：《国内新闻中央厨房模式探究》，浙江传媒学院 2017 年度硕士论文。

融合指挥部。

在业务运行架构上，“中央厨房”配有总编调度中心和采编联运平台。总编调动中心在统筹报道策划、整合新闻资源、调度采访力量、协调技术支持方面发挥核心作用。采编联运平台根本上级报道指令和总编调度中心布置的任务，实行采访、编辑、技术部门联席办公，随时会商，全天候值守、全领域覆盖、全链条打通、全流程协作。采编联运平台分设全媒体编辑中心、采访中心和技术中心。

在技术支撑架构上，共分为全媒体新闻平台数据中心和云服务基础架构层，以及用户资源云服务、操作层、数据展示层四个层面。技术中心根据前方采访需求及时调度采访设备，为前方记者提供技术支持、提出技术方面的建议，同时根据各编辑中心要求，做好多媒体呈现的个性化方案。各中心根据需要随时召开协调会、碰头会等，沟通情况、会商选题、交流观点、讨论问题，协调解决采编流程和前后方协作中遇到的问题。

通过“中央厨房”全媒体建设，人民日报社逐步形成了技术产品集群、合作伙伴集群、媒体资源集群、融媒体工作室集群、优质内容集群五大集群，初步构建起强而有力的新媒体传播体系。[①]

其他中央媒体在探索和建设“中央厨房”方面也走出了符合自身特点的路子。经济日报社“中央厨房”全媒体中心于2017年2月启动试运行。[②]

艾媒咨询权威发布的《2017年中国新媒体行业全景报告》显示，2016年中国各类传统媒体在移动端传播渠道占有情况中，报纸媒体融合传播度最高，百强报纸微信公众号开通率高达100%，93%转型APP，广播、电视类传统媒体转型APP占比相对较低。艾媒咨询分析师认为，未来1—2年将是传统媒体转型的黄金期。随着手机网民规模的扩大，用户需求趋于多样化，为了占据手机用户市场，移动端成为继微信公众号的下一个转型风口。[③] 总之，打造各大主流媒体“中央厨房”，是中国共产党顺应互联网信息传播新趋向，占领互联网平台高地，巩固意识形态领导权的积极应对，是在网络空间领域传播党的声音的主要阵地和战略依托。

---

① http：//www. 100ec. cn/detail—6391330. html.

② 《我国媒体融合步入深水区　各媒体“中央厨房”建设一览》，http：//www. xinhuanet. com/zgjx/2017 -08/11/c_136517090_5. htm。

③ http：//www. 100ec. cn/detail—6391330. html.

二、互联网企业党建工作路径之二：内容生产

如果说网络平台是互联网企业及其产品施展其强大社会影响力的信息渠道，那么内容生产则是互联网企业及其产品拥有强大社会影响力的流量保证。互联网时代企业内容生产最为重要的意义在于它打破了传统内容生产的制作和传播机制，赋予用户更多的信息自主权力，并通过网络平台传播个性化的价值体验。从这一意义上讲，互联网时代的内容生产与其说是信息内容创作的技术和渠道变革，不如说是网络社会普罗大众个体张扬的价值和情感嬗变。因此，开展互联网企业党建并实现对企业及其产品的政治引领，应该在理解和掌握互联网内容生产的机制、特点和规律基础之上，不断增强和提升主流媒体“中央厨房”的内容供给能力。

（一）互联网企业内容生产的机制原理：用户生成

用户生成内容（User Generated Content，简称 UGC）是互联网内容生产机制中的关键环节。所谓用户生成内容，泛指以任何形式在互联网上发表由用户创作的文字、图片、音频、视频等内容，是一种新兴的网络信息资源创作与组织模式。它的发布平台包括微博、博客、视频分享网站、维基、在线问答、SNS 等社会化媒体。① 从相当意义上讲，没有用户生成内容也就没有社会化媒体的高速规模性发展。

以新浪微博为例。作为一款全民性社交媒体平台，新浪微博迅猛发展的关键就在于充分发挥了用户生成内容机制的作用。在人即为媒体的时代，借助于移动智能手机终端的广泛普及，遍布各地而又从事不同职业的用户提供的信息成为微博持续发展的动力之源。事实上，自新浪微博开通以来，由于发布门槛低、互动性实效性强，用户生成的微博文、短视频、随手拍图片等信息通过微博的传播，不断制造引起社会普遍关注的热点话题。前面所提到的“赵薇事件”就是一个典型案例。如果没有用户在微博上发文提出异议，也许后续事件就不会发生。但是互联网对信息管理带来的一个重要影响就是使“痕迹管理”在成为可能的同时又为普通人提供了信息搜集的极大便利。于是，“赵薇事件”在被网友抽丝剥茧般地还原后

① 赵宇翔等：《用户生成内容（UGC）概念解析及研究进展》，载于《中国图书馆学报》2012 年第 5 期。

完整地展现在全民面前，从而迅速成为社会热点话题并进而形成了社会的反感情绪。再比如，网络谣言借助各类社交媒体工具具有了更加快速蔓延的传播效力因而成为互联网治理的重要内容。新浪微博由于用户生成内容的低监管，往往成为谣言传播的主要平台工具。尽管存在诸多亟待解决的问题，但是同其他社交媒体工具一样，新浪微博的用户生成内容依然是其发展的关键和根本。而对新浪微博来说，不断完善的平台则进一步演变成为满足用户生成内容需求的多元化社会生态环境。新浪微博数据中心发布的《2017 微博用户发展报告》显示，微博目前已覆盖 55 个领域，2017 年 Q3（第三季度）单月阅读量过百亿领域达 25 个。与此同时，图文类博文仍然是微博用户最主要的发布形式，但包含链接、视频、音乐类博文的占比则实现全面提升。微博的内容形态更加丰富多元，用户体验进一步提升。①

以主打短视频的“梨视频”为例。作为一个资讯短视频平台，2016 年 11 月 3 日正式上线的梨视频主要为年轻一代提供适合移动终端观看和分享的短视频产品，涵盖商业、社会、科技、娱乐、生活方式等领域。梨视频的资讯以不同的版块呈现。例如“微辣 Video”以趣味性为长，“冷面”是新闻人物回访类视频，“风声视频”瞄准社会问题，“老板联播”则是关注大佬动向。还有关注海外的如“时差视频”“digger”，以及文娱类的如“文娱小队长”“眼镜儿视频”。大部分视频时长在 30 秒到 3 分钟之间，偶有的一些纪录片也多在 10 分钟的篇幅内。

在视频类社交媒体竞争激烈的情况下，正是通过有意识地强调用户生成内容的价值，梨视频在上线后迅速获得发展。所有梨视频 APP 的用户，都可以通过“报料”成为拍客。在注册成为拍客后，用户自己就可以申请梨视频号，成为有栏目制作能力的自媒体。通过分布全球的拍客，梨视频实现了它的自我告白：“我们身处一个浩瀚无垠的世界，你永远不知道世界的另一端正发生着什么。所以我们欢迎你使用梨视频 APP，用简单有趣的短视频了解此时此刻。”

（二）主流媒体的互联网内容生产服务：供给能力

打造主流媒体“中央厨房”是中国共产党加强互联网内容建设、提高互联网内容供给能力的战略举措。就目前来看，众多主流媒体在聚焦互联

---

① http：//www. useit. com. cn/thread – 17562 – 1 – 1. html.

网内容供给能力上做出了积极而有益的探索。比如《人民日报》、《环球时报》、《参考消息》、共青团中央、中央电视台、新华社、人民网等众多媒体和中央机构的微信公众号和官方微博相继上线，以及 APP 的适时开通，使主流声音在互联网空间有了可以依托的组织阵地。

尤其是在一些社会热点问题上的及时发声和正确引导，都显示了主流声音的严谨性和权威性。同时，一些重要栏目的推出也获得了网民的认可。比如，《人民日报》APP 的“直播”栏目就在 2018 年春节期间通过向网友征集短视频来展现各地的发展变化。这一做法迅速得到网友们的热烈支持。再比如共青团中央的“青听”节目也获得了网友们的赞赏，节目中的一些佳句也被网络广泛传播。

总体来说，主流媒体通过借鉴和模仿社交媒体平台而在互联网空间发展起来，第一次使党和政府的声音在互联网空间得到大规模传播，迈出了党和政府互联网治理的第一步。下图为艾媒咨询权威发布的《2017 年中国新媒体行业全景报告》对主流媒体微信公众号影响力调查结果。[①]

排名	微信公众号 ID	微信公众号名称	艾媒指数
1	rmrbwx	人民日报	96. 4
2	cctvnewscenter	央视新闻	86. 0
3	people_rmw	人民网	73. 1
4	zhanhao668	占豪	69. 9
5	guanchacn	观察者网	61. 6
6	dskbdskb	都市快报	59. 5
7	yehang82898289	新闻夜航	59. 4
8	ckxxwx	参考消息	58. 9
9	hqsbwx	环球时报	57. 5
10	qianjiangwanbao	钱江晚报	57. 1
11	fgzadmin	冯站长之家	57. 0
12	xinhuashefabu1	新华社	56. 8
13	xinwenzaocan	新闻早餐	56. 4
14	bandaochenbaowx	半岛晨报	54. 2

① http：//www. 100ec. cn/detail—6391330. html.

续表

排名	微信公众号 ID	微信公众号名称	艾媒指数
15	nanfangzhoumo	南方周末	53.2
16	xbf_23186688	新北方	53.1
17	ctdsbgfwx	楚天都市报	51.8
18	nddaily	南方都市报	51.5
19	ifeng－news	凤凰网	50.8
20	shxwcb	新闻晨报	50.4

数据来源：Social iiMedia（艾媒新媒体监测系统）截至2016年12月底，艾媒新媒体监测系统采用自主研发技术已经实现对130万个微信公众号覆盖监测。

但是我们也要看到，与其他社交媒体平台的内容生成和供给能力相比，主流媒体的互联网内容供给能力还有很大的发展空间。其中，制约主流媒体互联网内容供给能力的最大因素就是用户生成内容机制的欠缺。尽管主流媒体在一定程度上采用了社交媒体平台的类似做法，但是后台控制的高标准和自身定位的“高大上”都使用户生成内容机制存在无法克服的困难。事实上，打造“中央厨房”的作法在更大程度上讲是有利于主流媒体资源的内部整合和机制融通，但是就其对互联网生态环境的适应而言，却仍然摆脱不了“互联网＋”外衣下遮掩的纸质媒体心态。尽管主流媒体力图用语言表达的“接地气”来展示网络亲和力，但是由于在内容来源的大众化、内容资讯的广泛性和内容焦点的平民性等方面的不足，这种亲和力往往因为缺乏生活感而有失厚重并略显单薄。以《人民日报》的“直播”节目与梨视频的“直播”节目相比即可见一般。

除了资讯内容制约外，另外一个制约主流媒体互联网内容供给能力的重要因素就是平台欠缺。目前来看，主流媒体的通常做法就是入驻微信和微博两大社交媒体平台。但是由于平台政策及用户行为习惯发生改变，特别是随着各类进驻平台不断增加，微信公众号、今日头条号等平台内容同质化现象严重，新媒体战斗力与影响力不断上升，主流媒体对于微博、微信平台的承载力和控制力明显降低。①

因此，在互联网平台泛社交媒体化的时代，要真正使“中央厨房”烹饪出适合用户品味的互联网内容产品，主流媒体还需要不断努力，才能在

① http：//www.100ec.cn/detail—6391330.html.

竞争激烈残酷的互联网市场上立足脚跟。

三、互联网企业党建工作路径之三：治理体系

从所有制属性上讲，互联网企业属于非公所有制企业。但这并不能因此就推导出互联网企业党建等同于非公所有制企业党建。事实上，中共中央组织部提出“互联网企业党建”的举动本身就已说明，负责党的建设的组织部门在实际工作中已经深切体会到互联网企业党建是有别于一般非公所有制企业党建的，绝不能简单地照搬照抄一般非公所有制企业党建的工作模式，必须寻找和探索一条适应互联网企业自身特点的党建新路子。也就是说，互联网企业具有的不同于一般非公所有制企业的特点内涵，才是决定互联网企业党建工作特殊性的关键因素。也正是因为这一点，互联网企业党建作为中国共产党网络社会治理的重要环节，从一开始就要求树立从技术到机制到环境的体系化建设思路。

（一）治理技术：互联网企业党建的技术支撑

互联网作为改变人类生活的社会性技术，其变革性内涵及力量已经强而有力地展现出来，并对现有党建工作模式提出了严峻而迫切的组织技术挑战。现有党建工作模式是以机械化技术作为组织架构的，其内含的自上而下、垂直控制的技术逻辑构建了党建工作的层级管理体系。以城市企业党建层级管理为例，按照从低往高的排列顺序如下：最末端的企业党组织（党小组、党支部、联合支部等）、较低层级的街道党工委（或园区党、工委）、中间层级的区委及其组织部门，最后是高层级的市委及其组织部门。按照从高往低的排列顺序，各个层级的组织职责如下：市委及其组织部门负责城市企业党建的统筹规划、宏观指导和督促检查；区委及其组织部门履行第一责任，负责组织实施和督查指导；街镇党（工）委履行直接责任，负责统筹推进、抓好落实；企业党组织发挥战斗堡垒作用，履行对党员进行组织教育和管理的具体责任。总体而言，企业党建层级管理体系的组织结构，就是机械化技术自上而下的技术逻辑的组织展现。当然，这种层级管理体系的有效性还在于企业组织结构与社会整体结构的高度吻合。由于一般非公所有制企业的社会影响力有限，因此无论是在整个社会治理体系的布局上，还是在整个党建工作层级管理体系中，企业及企业党建工作仅仅只是一个被动管理的组织末端而已。

但是，以互联网技术架构起来的互联网企业，不仅打造了开放自由的网络虚拟平台，还借助于信息基础设施的改造提升而有力推进了现实社会结构的信息质变，一个基于信息网络技术的社会雏形正在迅速生成和发展，互联网企业因此拥有了超越一般非公所有制企业的社会关系塑造和组织动员能力。正是这种社会能力使互联网企业已经无法再被视为只是社会治理体系和党建工作格局中的组织末端。事实上，越来越具有技术和组织影响力的互联网企业，与其说它是一种新类型的企业组织，更不如说它是一种有别于现实物理世界的超级网络平台。据《第 41 次中国互联网络发展状况统计报告》数据显示，截至 2017 年 12 月，中国手机网民规模达 7.53 亿，通过台式电脑和笔记本电脑接入互联网的比例分别为 53.0% 和 35.8%。其中，手机上网率为 97.5%，平板电脑上网使用率为 27.1%。[①]另一方面，随着大数据、云计算、移动物联网等信息技术的飞速发展，以及在人工智能、虚拟现实、区块链等前沿技术的推动下，网络虚拟空间与现实物理空间的融合已经越来越成为社会发展的未来趋势。可以说，正是互联网企业的上述空间内涵和平台特质，导致现有党建工作的层级管理体系出现了诸多不适乃至错位的问题。既无法扩展企业党组织的政治容纳空间，从而导致互联网企业及其产品不可能受到企业内部的制约；又无法改变互联网影响下党员群众对信息获取权的自我控制和运用，从而导致作为党组织权威来源的政治教化行为的效度降低。

因此，要破除上述互联网企业党建工作的现状和困难，必须着眼于互联网行业的整体发展和社会结构网络化、智能化的发展趋势，改变一般非公所有制企业中党建工作专注于政治规训的组织管理手段，研发适应信息网络社会和互联网企业特征的党建工作新技术，探索建立能够实现政治引领有效途径的政治与技术并重的互联网企业党建工作组织技术新体制。具体来说，就是要建立能够有效支撑互联网企业产品链全程化动态管理的互联网技术体系。如前所述，互联网企业既是企业发展的新类型，又是新技术开发应用的集中领域。技术和产品的自我变革性，对建立以产品为中心的互联网企业党建工作提出了极其严峻的技术要求和挑战。与一般非公所有制企业注重人的管理的党建工作模式不同，以产品为中心的互联网企业党建工作，要求党委职能部门必须建立动态化的产品管理体系。这一要求

---

① 《第 41 次中国互联网络发展状况统计报告（2018）》，http://www.cnnic.net.cn/hlwfzyj/hlwxzbg/hlwtjbg/201801/P020180131509544165973.pdf。

仅仅依靠传统的组织人力摸排是不可能完成的，必须充分运用大数据技术搜集相关互联网产品流转的全过程信息，通过数据库的建立和累积，分析研究互联网产品与用户之间的生成关系，选择和确定合适的党建工作环节和切入点，真正使党的政治优势和组织优势在网络新场阈中转换成为权威优势和力量优势。具体来说，建立互联网企业党建工作技术保障机制，可以采取两种途径：一是依托和共享网信部门的监管资源，通过互联网企业党建工作领导机制的统筹规划，协调社会工作党委和网信部门的工作分工，共同建立和推进互联网企业的内外治理体系。二是根据社会工作党委开展互联网企业党建的政治要求，结合单位部门的具体工作特点，建立互联网企业党建工作信息管理系统，为开展互联网企业党建提供决策咨询、数据分析、功能平台的技术支撑。

（二）治理机制：互联网企业党建的组织支撑

建立以互联网企业产品为中心的党建工作新模式，实行对企业产品链的全程化动态管理，需要将党的政治优势转换成为权威优势，将党的组织优势转换成为工作优势，在治理机制方面为互联网企业党建工作提供强而有力的保障。具体来说，就是要建立和适应互联网企业产品链全程化动态管理的组织领导机制和工作机制。根据公共服务类和精神服务类互联网企业党建确立的政治引领工作目标的要求，必须建立健全、统一、有力的党建工作领导机制。由于互联网行业细分服务领域和互联网企业类型众多，互联网产品日新月异且其社交属性日益强大，基于互联网技术和平台的社交网络体系日渐繁密且影响广泛，因而提出和开展互联网企业党建并非只是一种简单的类型企业党建。事实上，互联网企业党建是执政党网络社会治理格局中的重要环节和关键节点，是党和政府职能部门进行治理和监管的重要抓手和工作切入点，是党和政府在采取强制性监管措施之外的另外一种中国特色的政治治理方式。因此，针对互联网行业和互联网企业的实际情况，必须从顶层设计上对开展和推进互联网企业党建做全盘统筹和战略规划，根据提升对互联网企业政治引领能力这一根本目标，建立起责任主体明晰的组织领导机制。从各地开展互联网企业党建的实际工作角度来看，社会工作党委是互联网企业党建的责任主体，全面负责本行政区域范围内的互联网企业党建工作。同时，由于互联网行业和互联网企业涉及领域比较多，为了保证党建工作有力、有效，建立与相关行政执法部门（网信、工商、税务、民政、市场监管）的沟通协调机制实属必要。在具体的工作推进机制中，可以与网信部门建立起密切的信息沟通和工作联动机制，保证互联网企业哪里存在问题，党建工作就跟进到哪里。

（三）治理队伍：互联网企业党建的人才支撑

从人才支撑方面来讲，必须建立一支熟悉互联网行业发展态势，了解互联网企业发展规律，掌握互联网产品细化服务内在机理，既具备相关党建工作的理论修养，又能够熟练运用互联网技术的专业人才队伍。必须看到，互联网企业党建之所以被视为区别于一般非公所有制企业的新兴领域类型党建，一个非常鲜明的特点就是互联网企业是利用互联网技术管理和运营产品的高技术企业。互联网技术蕴含深刻的社会变革动能，是构建信息网络社会的支撑性社会技术。正是互联网技术的这一社会特质，赋予了建基于此之上的互联网企业的相关社会属性，并引导其在市场和资本的驱动下，不断进行技术和产品的自我革新。《第 41 次中国互联网络发展状况统计报告》显示的互联网企业发展趋势中，即时通信类互联网企业着力于流量入口潜力挖掘、内容服务连接能力和商业模式成熟度培养三个方面；搜索引擎类互联网企业继续保持移动化趋势，人工智能开始被推介运用；网络新闻类互联网企业呈现出资讯聚合平台化、跨界竞争激烈化和技术核心化的趋势；社交媒体类互联网企业呈现内部聚焦优质内容生产，外部积极与多产业拼接融合的发展态势。整体而言，互联网行业的跨界性、移动性、融合性和社会性等特点日益显著。在这样的行业发展大趋势下，开展互联网企业党建亟需培养懂理论有技术的专业人才队伍。

第六章

互联网企业党建实践：探索、创新与展望*

自中共中央组织部明确提出“互联网企业党建”的概念，并把加强互联网企业党建作为2017年度党建工作重点内容后，全国各地根据实际情况开始积极探索开展互联网企业党建工作的新方法。2017年1月18日，中共中央政治局委员、中共中央组织部长赵乐际在全国组织部长会议上明确把“互联网企业党建”列为年度重点工作。7月18日，赵乐际在全国城市基层党建会议上又强调，要加强对互联网企业的党建工作研究。中共上海市委也在随后的《关于全面加强城市基层党建工作的意见》中指出，面对互联网企业的影响日益广泛，要发挥党建工作优势以确保其健康发展。8月28日，中共上海市委组织部召开互联网企业党建工作座谈会。12月20日，全国党建研究会在杭州召开互联网企业党建理论研讨会，进一步探讨互联网企业党建工作的理论和实践问题。从中央到各省市大力推进互联网企业党建的举措可以看出，建立和加强互联网企业党建，既是引导、规范和增强互联网企业社会责任感的关键举措，又是中国共产党健全网络社会治理体系，提高网络社会治理水平和能力的关键环节。可以说，互联网企业党建已经成为新时代党建新兴领域的重要内容。

一、北京：中共首都互联网协会委员会推进互联网企业党建的实践

北京作为我国互联网发展的高地，注册网站多达61万家，集中了新浪、搜狐、网易、第一视频、凤凰网、中华网、雅虎中国等全国90%以上的重点网站，其中，95%为非公有制企业。处在思想交锋的最前沿，是舆论传播的主阵地。由于互联网行业以非公有制企业为主，从业人员年纪轻、学历高、思维活跃、流动性强，对党建工作的认识不到位，党建工作基础较为薄弱，加强互联网行业党建具有极端重要性和紧迫性。面对这种

---

* 在课题研究过程中，笔者选取了几篇来自不同媒体已发表的文章。因出版时间所限，未能联系上的著者或出版者可尽早与笔者联系，笔者将按国家有关规定酬谢！

状况，2012 年 11 月，北京市成立了全国首个互联网协会党委，书记由市网信办党组书记、主任兼任，对行业党建工作实行归口管理，积极探索互联网行业党建新模式，形成了具有广泛影响的党建品牌。

（一）首都互联网协会党委开展互联网企业党建实践做法

首都互联网协会前身为北京市于 2004 年成立的“北京网络媒体协会”，2012 年更名为“首都互联网协会”。为适应新形势下非公企业党建工作要求，进一步强化互联网行业党建引领，2012 年 11 月 5 日，北京市网信办、首都互联网协会成立了首都互联网协会党委，指导协会会员单位开展党建工作，扩大首都互联网企业党的工作覆盖，促进互联网行业的健康发展，形成了比较稳定的互联网企业党建工作模式。[①]

第一，强化政治引领，坚持正确导向。首都互联网协会党委和企业党组织旗帜鲜明讲政治，把发挥舆论阵地作用、引领和传播正能量、助力打造清朗网络空间作为首要政治任务，保障党管媒体原则落地生效。一是提高政治站位，服务宣传工作大局。聚焦国家和首都发展大事要事，广泛宣传党的理论创新成果和国家发展成就。百度党委把庆祝建党 95 周年、长征胜利 80 周年、“一带一路”峰会等重大事件宣传作为重点工作，全力配合中央和市委整体宣传部署，发挥党委跨业务平台作用和党员示范带动作用，协调百度全线产品投入宣传，覆盖 7 亿网民。二是增强政治意识，正确引导舆论方向。企业党组织和党员不断强化主体意识，在大是大非面前敢于发声、主动作为，引领互联网传播正能量、弘扬主旋律。微博党委牵头成立“舆情研判小组”，建立“发现—研判—处置”舆情信息工作机制，有效净化网络舆论环境。搜狐党委在敏感时期成立危机应对小组，成功封堵不良网络大会。三是落实政治责任，有效维护网络安全。发挥党组织统筹协调作用，整合业务部门力量，党员在关键岗位把关和带头，保障网络信息安全。京东集团党委牵头成立数据安全管控项目小组，组建 200 名党员参与的 12 支数据安全团队，定期开展信息安全检查和专项整治清理，截至 2017 年 5 月，共清除 34419 件违规商品，屏蔽政治敏感评论 500 余条。

第二，理顺管理体制，抓实“两个覆盖”。针对互联网企业规模大小不同、分散广泛和流动党员多等情况，建立健全“抓行业、行业抓”工作

---

① 资料来源：首都互联网协会党委，https：//mp. weixin. qq. com/s/A5bFzmP33B_gN51nlOIUkQ。

机制，抓住互联网行业管理部门，发挥行业系统业务指导与属地党建全面覆盖的双向优势。一是强化行业主责。按照北京市委组织部关于“建立行业党委，实行归口管理，整合党建资源，加强业务指导，把党建工作融入行业管理服务”的工作思路，协会党委严格落实党建工作责任，形成了“市委组织部牵头抓总、市委宣传部联系协调、市网信办直接指导、首都互联网协会党委具体组织”的党建工作管理体系。二是激活行业和属地两个积极性。既强调行业部门“行业监管服务 + 党建责任”，又强调属地抓小微企业“孵化帮扶服务 + 党建责任”，推进行业引领与属地兜底协调并进。新浪党委组织在职党员到社区报到，鼓励参与社区志愿服务。爱奇艺党委积极参加所在街道区域化党建，参与党组织共建服务群众活动。三是抓住行业龙头企业。重点抓好新闻门户、网络社交、电子商务等受众范围广、社会影响大的企业党建，通过龙头带动、重点引领，以典型经验和成熟模式激活互联网企业“两个覆盖”。截至 2017 年 6 月底，已有百度、新浪、搜狐、今日头条等 33 家互联网公司党组织关系隶属于协会党委，在册党员 5912 人，基本实现规模大、知名度高的互联网领军企业党的组织和工作覆盖。

第三，立足行业特点，创新活动载体。协会党委积极指导企业党组织“因企制宜”，明确自身功能定位，注重以人为本，发挥技术优势，创新党建活动，使党建工作始终围绕企业中心，服务企业和社会发展。一是党建工作和业务工作双发展。制定《关于推动党务业务“双进入、双促进”的实施办法》，重点在关键岗位和业务人才中发展党员，把党员培养成骨干、把骨干发展成党员，激励党员为企业服好务、带好路、把好关。千龙网党委与网站管理层定期召开联席会议，推动党建与业务“同向共促”。第一视频党委将政治素质与业务表现挂钩，使入党成为业务骨干“求上进、争优秀”的最重要标准。二是线下和线上活动双推进。规范党组织生活，使党组织和党员线下活动看得见、发挥作用看得见。微博党委实行“一袋一表”（党员档案袋、党性年度考核表），规范党员教育管理。搜狐党委对在册党员、流动党员进行分类管理，2016 年共组织支部党员大会 16 次。同时，利用网络资源，研发党员教育管理技术系统，建立网上“党员之家”。搜狗党委建立党员邮件群、微信群，组织党员学习，将组织生活开到网上。百度党委开发智慧党建平台，覆盖党务管理和党员服务全场景。三是团队建设和社会责任双提升。党组织把党建活动与团队建设、服务基层、践行公益紧密结合。近年来，协会党委指导网站党组织开展 200 余场各类党建活动，有力地凝聚了党员群众。新浪党委组织开展“党建与奥运同行”“走进国旗护卫队”“我和我的祖国”等主题党日活动。京东党委领导企业电商扶贫工作，打造以党员为主的扶贫团队，扶贫范围涉及全国832个贫困县，超过15万贫困人口。

第四，抓住“关键少数”，建强工作队伍。从互联网企业多为非公有制企业实际出发，在党组织书记选拔培养、与出资人沟通协调等方面，强化领军人物作用，激活互联网党建的内生动力。一是选优配强党组织书记。明确要求企业党组织书记从总裁和高管中产生，暂不具备条件的由其他党员先行担任副书记，待条件成熟后再从高管中选任书记。奇虎360总裁、第一视频集团董事局主席、搜房网首席执行官、天天在线首席执行官、铁血网总裁等网站出资人担任党组织书记；百度、搜狐、网易、京东等企业党委书记由副总裁担任。二是派好党建工作指导员。从2014年5月起，由北京市老干部局推荐，陆续选聘17名退休干部（处级为主）担任党建指导员，分为7个工作组深入33家属地网站党组织，指导企业健全组织、完善制度、举办活动，取得显著工作成效。三是团结凝聚企业出资人。北京市委常委为互联网企业出资人作党课报告，建立定期召开座谈会、走访企业制度，在政策制定、资金投放等方面给予支持，使出资人认识到“党建和企业发展紧密相关”。推荐符合条件的出资人作为“两代表一委员”人选，引导出资人把党组织当成“自己人”、把党建工作看作是“自己的事”，实现共商共治。

经过5年多努力，北京互联网企业党建工作取得了显著成效。一是网络生态环境更加清朗。互联网党组织主动作为，引导网站强化政治意识，承担政治责任，使正能量、主旋律占领网络阵地。网站党员在新闻采编、内容审核等关键岗位上发挥先锋模范作用，以高度的政治责任感，做好网络舆论引导，促进了互联网空间的有序发展。二是党建引领企业发展的作用不断凸显。互联网企业党组织在企业发展中的政治功能有效发挥，组织带领党员创先争优，发挥先锋模范作用，促进了企业的健康发展，受到企业管理者和广大员工的欢迎。互联网企业对党建工作的态度由“要我建”逐步变成了“我要建”，真正做到了“以有为赢得有位”。三是互联网行业党建模式形成品牌。近年来，首都互联网协会党委通过抓基础、建队伍、促融合、创活动，有效团结凝聚了属地互联网从业人员，扩大了党组织的影响力，行业党建模式受到互联网企业和其他非公有制行业的认可。截至2017年6月，协会党委下辖百度、新浪等35家网站党组织，在册党员

6000 余人，指导 200 家规模以上互联网企业成立党组织，实现了在京全国百强互联网企业全部建立党组织这一目标。

（二）京东集团党委："党建是企业发展的'红色引擎'"

2018 年 1 月，北京首次评选百家履行社会责任的非公有制企业，首都互联网协会党委重点联系的京东集团党组织荣获"党建引领社会责任突出贡献奖"。近年来，京东集团凭借其出色的党建工作，先后获得北京市思想政治工作优秀单位、北京市非公有制经济组织党建示范单位、新区先进基层党组织等多项荣誉称号，超过 100 名党员获得了国家级、省市级荣誉。京东集团 1998 年成立于中关村至今，有超过 12 万名员工，年交易额 9000 多亿元，业务覆盖电商、金融、物流等，是中国电商行业领军企业之一。2011 年京东集团党委成立，现下设 5 个二级党委、162 个基层党支部，共有党员 11492 名。7 年来，京东一手抓业务，一手抓党建，坚持把企业经营活动与党的奋斗目标相结合，凝聚"京东力量"，刷新"京东纪录"，用汗水壮大强壮肌体，用激情刷出金色榜单。[①]

1. 凭"党建＋互联网"凝聚党员力量

服务管理上万名党员，并不是一件很容易的事。互联网企业人员流动性强，不少人认为党组织关系转接的手续较为繁琐，不愿意主动转接党组织关系。京东集团党委成立之初，万余名党员中仅两千多名党员的党组织关系转到了集团党委，这是互联网企业党建面临的最普遍问题，也是京东集团党建面临的最现实问题。京东集团党委书记、副总裁龙宝正举例说：一名外地党员转入集团党委，该党员需要从原党支部、上一级党委、所去地党委组织部等开具 4 个证明或介绍信，"这一圈下来，从原党支部到新党支部，得走 4 步"。

线下的问题，不妨线上解决。京东集团党委从成立之初就着力引入互联网技术来解决工作瓶颈。现在，该转入党员只要到基层党支部开个证明信，甚至用手机拍个照片，直接传到集团党支部，就能实现原党支部与现党支部的无缝对接。"通过创新党员管理工作办法，充分调动在册、非在册党员积极性。"在京东看来，既然互联网技术与时俱进，党建就要用好这个依托。于是，京东开发上线了京东党建 APP：党员有独立账号，可以通过电脑端和手机端完成在线学习、党费缴纳等多项事务。打开"京东党

---

① 首都互联网协会党委，https：//mp. weixin. qq. com/s/wZAo8QpoH84rJ9M3S2mimA。

建”一栏，系统显示：王琳1月份应缴纳党费50元。点击“缴纳”按钮，链接直接跳转到京东支付平台，扣除电子钱包余额。整个党费缴纳过程仅需10秒钟。大数据、云计算、人工智能……京东党委紧跟新技术新应用，不断创新党组织活动方式和活动载体：对在册党员和非在册党员分别设立党支部和“网络党支部”，让原本不露身份的“口袋党员”由隐变显；创新党员教育方式，让互联网元素无缝渗透党建工作，打造京东特色的党建活动品牌。通过大数据对每个支部的活动开展情况以及入党积极分子参与活动情况进行“画像”，让年度绩效考核“有理有据”。

2. 用“党建+电商”助力脱贫攻坚

2017年7月，京东集团扶贫频道上线启动仪式在京东总部举行。这是国内首个电商扶贫频道！这意味着京东打造贫困地区产品网络的销售直通车开通，将以此以起点，全力帮扶全国贫困县脱贫增收。2015年11月，党中央国务院出台《打赢脱贫攻坚战的决定》，全面部署国家扶贫战略，提出到2020年实现全面脱贫致富的愿景。2016年1月，京东集团与国务院扶贫领导小组办公室签订《电商精准扶贫战略合作协议》。2016年5月，“互联网+精准扶贫高峰论坛”在人民大会堂举行，邀请国内10多家大型企业共商农村电商发展大计，实现“产业兴国、实业报国”的企业愿景。

京东集团执行副总裁兼首席公共事务官蓝烨说，党建带动电商精准扶贫方式，主要以建档立卡贫困户为重点，充分发挥各级党组织先锋模范作用，通过京东电商平台与本地电商企业合作，本地品牌授权方与基层合作社的融合，形成“党组织+电商+品牌授权方+合作社+贫困户”的合力。从产业扶贫到用工扶贫、从创业扶贫到金融扶贫，京东集团已在企业和市场层面构建了全新的精准扶贫平台和渠道，形成了政府、市场、社会互促共进、协同发力的大扶贫格局，构建了“人人皆愿为、人人皆可为、人人皆能为”的社会帮扶网络。未来，依托京东电商平台优势，京东在电商精准扶贫中将全力做好这三件事：帮助农产品走出去，帮助贫困户掌握技能，帮助贫困地区建立产业和创出品牌。蓝烨表示，京东还将积极探索数据扶贫、捐赠扶贫、公益扶贫、党建扶贫等领域，不断创新手段，敢想、敢做、敢尝试，将企业资源、业务能力与脱贫攻坚融为一体，全面参与国家扶贫战略，以电子商务助力中国百年小康梦。自2016年1月与国务院扶贫办签署电商精准扶贫战略合作协议以来，京东在832个国家级贫困县发展合作商6000余家，上线贫困地区商品136个品类300万种，实现销售额200亿元，累计帮扶10万户贫困家庭建档立卡，帮助超过20万贫困群体增收2000—3000元。目前，京东集团农村电商工作已经覆盖近全国三分之一的农村地区，预计2018年完成全国农村的全面覆盖工作。

3. 借“党建+业务”促进快速发展

翻箱子、核条码、扫描……2018年1月11日上午8点，北京大兴区采育镇大件仓门口扫码台来了一位新的扫码员——京东集团党委书记、副总裁龙宝正。这是京东集团党建的“规定动作”——办公室员工一年至少两次下基层去做“一线志愿工作”。龙宝正说，作为党员，尤其要发挥带头作用。每年的“618”“双11”是电商经营工作的“重头戏”。京东集团党委瞄准这一商家必争之时，组织万名党员“杀”入促销一线。包括京东集团党委书记等高管在内的万名党员深入仓储、配送、客服、售后等基层部门，开展支援活动。党员生力军的加入，为缓解井喷式的配送压力发挥了重要作用。京东8万名一线基层队伍中近6%是党员，他们在一线也发挥着重要作用。隆冬时节，寒风凛冽。位于大兴区的北京石油化工大学康庄校区京东派送站点内，刚从京东南城分拣中心运到的千余件货品，把配送站堆得满满当当，来自河南信阳的李龙军正在和同事分拣大大小小1500件快件。李龙军是配送站站长，也是配送站党小组组长。站点9名员工中有3名党员，隶属于京东华北配送党支部。踏进70平方米的站点，一块“党建示范配送站”牌子第一时间映入眼帘。李龙军说，党小组每周要花半个小时，利用“京东党员之家”微信公众号学习时政新闻，提高自身素质，“其他同事希望能通过学习争取早日入党”。

数据显示，“京东党员之家”周阅读量达4000余人次，“党团在线”专题网页日均访问量近300次。京东集团党委旗下这样的党建示范配送站，在华北区域还有20个。龙宝正说，通过“京东党员之家”、深化党员先锋工程项目等学习形式，京东集团党委不仅希望能发挥党员的先锋模范作用，不断提升客户体验，对外树立京东良好的社会形象，也希望能够发动基层群众积极性，吸纳更多有进步、有觉悟的员工能够加入到党组织。

京东集团1998年于中关村成立至今，有超过12万名员工。2011年京东集团党委成立，当时党员数量仅有107名，党支部8个。最新数据显示，现下设5个二级党委、162个基层党支部，共有党员11492名，占集团员工总数近10%。

在龙宝正看来，京东的飞速发展，得益于党和政府的重视，得益于改革开放的良好环境。党建是促进企业健康发展的力量。

龙宝正认为，党建工作只有与业务工作相结合，才有生命力；只有结合企业特色，推出更多符合企业实际、党员乐于接受的活动品牌；只有与企业实际相结合的党建工作，才会更有活力，才能更加持久。

“党建是企业发展的‘红色引擎’。”党建是京东集团企业文化建设的高地，也是京东集团事业腾飞的牵引和灵魂。7 年来，在首都互联网协会党委的领导下，京东集团党委充分发挥在企业发展中的政治引领作用和在企业员工中的政治核心作用，打造体现京东特色的党建活动品牌。

（三）新浪微博党委：将党员员工打造成微博的“红色卫士”

新浪微博作为新媒体舆论的前沿阵地，聚集了政府部门、机构、企业以及来自社会各界的专业人士，用户数量覆盖全国网民总数的三分之一，月度活跃用户 3.61 亿，日均活跃用户 1.59 亿，是国内最大的网络舆论场和社交网络平台之一。2015 年 12 月，微博党委成立后，在首都互联网协会党委指导下，确定了“对内强党性、对外正导向、扩大同心圆、共建好平台”的工作定位，提出微博的每个业务板块都要建立党支部，每个关键岗位都要有党员把关，做到“块块有支部，岗岗有党员”，将党员员工打造成了微博的“红色卫士”。[①]

2017 年 5 月，为进一步加强党委在微博内容管理、传播正能量、守护舆论阵地方面的统领作用，党委经与公司管理层商议，牵头组织四大运营部门的总经理和具体业务负责人成立了“党委舆情研判小组”，小组 9 名成员中有 5 名党员（其中有 3 名党委委员，1 名党支部书记）、3 名入党积极分子。“党委舆情研判小组”抓住舆情发现、舆情研判、舆情处置中的关键环节研判舆情，守土把关、严防死守，为党的十九大召开营造了良好网络舆论氛围。共产党员、微博副总裁、总编辑曹增辉评价说，微博党委卓有成效的工作极大促进了公司业务的发展，为广大网民营造了一个健康有序的网络空间。2017 年 7 月 3 日 14 点左右，一名党员员工坐国际航班回国，遇到一队身着统一服装的外国儿童。他发现这些儿童衣服背上绘着一张中国地图，但地图上没有台湾，且因为配色原因，非常明显。这名员工意识到，这个团队在走访国内期间，一旦因为这个问题形成舆情，将造

---

① 新浪网，http：//news. sina. com. cn/c/nd/2017 – 11 – 03/doc – ifynnnsc4821911. shtml。

成恶劣影响。他马上给公司舆情部门报备此事，使公司做好了舆情处置预案。王祥说："让党员对日常信息具有敏锐的政治判断力，这就是党员教育活动的成效。"9月26日，经首都互联网协会党委批准，微博党委天津分公司党支部成立大会召开。新任党支部书记王伟表示，微博天津分公司有14名党员，338名员工，肩负着内容审核、安全监控等维护网络信息安全的重要责任，党支部将积极发挥政治引领和政治核心作用，团结带领广大党员、员工为微博健康发展贡献力量。

与此同时，通过建立"一袋一表"规范管理规则，严格了对党员党性的考核定量。由于企业人事档案都在人才市场，党员获得的优秀党务工作者、优秀党员等荣誉很难进入人事档案。党员日常学习情况、参加组织生活情况、交纳党费情况、年度考核结果等也较难存档。为了解决这些难题，2016年5月微博党委为每名党员设立了一个专属"党员档案袋"和一张"党性考核表"，以保存、记录该名党员获得的各项荣誉表彰材料及参加组织活动的情况及相应计分和年度总分。由此，"一袋一表"成为了党员教育管理规范化的载体。

2017年1月，微博党委召开党委扩大会，确定了党员和支部的考核评优标准。将党性考核表情况作为考核评优的重要依据，评选出微博党委的6名优秀支部书记、8名优秀党务工作者及39名优秀党员。当大家发现一位工作业绩出色的业务领导没有被评为优秀党员时，纷纷向王祥询问原因。王祥解释说："业绩优秀，说明他的贡献大。但是，参加组织活动、发挥党员作用方面的考核分数不达标，就不能被评为优秀党员。"总之，微博党委坚守组织建设阵地，通过开展多种形式的主题活动，创新党员教育管理手段，提高了党员的党性意识，将党员员工打造成了微博的"红色卫士"，夯实了党组织在非公企业发挥政治引领作用的根基。

二、上海："互联网企业党建工作创新基地"的设立及其积极实践

上海作为互联网企业聚集重地，向来重视企业的党建工作。据上海市经信委统计数据显示，截至2016年，上海软件和信息服务业实现营业收入6904.35亿元，同比增长14.1%，从业人员超过68万，超亿元企业达到

554 家。[1] 2017 年，上海有 18 家互联网企业进入 2017 年全国“互联网百强企业”，占到近五分之一。随之而来的就是互联网企业党建工作的重要性日益凸显。尤其是在 2016 年 4 月中央召开“网络安全和信息化工作座谈会”后，经中共上海市委同意，中共上海市社会工作委员会、上海市互联网信息办公室于 2016 年 11 月 25 日在张江园区举行上海市互联网企业党建工作创新基地挂牌仪式，授予浦东新区张江高新园区、杨浦区创智天地园区“上海市互联网企业党建工作创新基地”称号，以推进互联网企业党建工作的实践和探索。[2]

（一）制定上海互联网企业党建工作指导意见

为深入开展互联网企业党建工作，中共上海市委组织部、中共上海市社会工作委员会和上海市互联网信息办公室制定了互联网企业党建工作指导意见，为全市以新闻信息、网络社交、网络出版、网络游戏、电子商务、互联网金融等为重点的互联网企业党建工作提供了顶层设计。

第一，明确互联网企业党建工作领导体制和工作机制。具体体现在两个方面：一是健全领导体制。将互联网企业党建工作纳入城市基层党建整体格局，健全条块结合、资源共享、齐抓共管的领导体制。在市委统一领导下，市委组织部、市社工委、市网信办以及相关部门建立互联网企业党建工作协调小组，研究、推进整体工作。市委组织部牵头抓总，市社工委加强非公互联网企业党建工作的指导、协调、研究和督查，各区、大口党委和有关部门负责做好所属互联网企业党建工作。二是完善工作机制。完善行业管理、区域兜底的工作机制。市委相关工作党委和有关部门党组织结合行业职能，加强对本系统、本行业互联网企业党建工作的调研、指导和服务。各类互联网企业行业协会党组织要将党的建设融入行业自律、行业自治过程，强化指导职能，在加强会员单位的党建工作中发挥重要作用。各区、街镇可依托区域化党建平台，通过建立互联网企业党建专委会等途径，合力推进互联网企业党建工作。

第二，加强互联网企业党的组织覆盖和工作覆盖。具体来说体现在三个方面：一是加大党组织组建力度。按照 3 名以上正式党员单独建立党组

---

① 张俊：《企业带着责任感，产品充满正能量》，载于《解放日报》2017 年 8 月 29 日。

② http：//mp. weixin. qq. com/s/2w0471GS4Ybu9MDnYkgeRQ.

织、正式党员不足3人的建立联合党组织，职工50人以上企业有党员、100人以上企业建组织的要求，坚持“突出重点、因企制宜、分类指导、有序推进”的原则，加大党组织组建力度，尤其要在全国百强和本市规模大、有影响的互联网龙头企业中实现组织全覆盖。二是优化党组织设置。探索“支部+”模式，创新组织设置，可以依托园区、楼宇、创客空间、孵化器等，建立区域性党组织；可以依托行业协会建立枢纽型党组织，覆盖会员企业；也可以探索产业链共建等方式组建党组织，把党的组织嵌入经济发展最活跃的“经络”上。具备条件的企业要结合业务实际，把基层党组织延伸到事业部、工作单元、项目团队；注重在内容管理、网络安全、技术研发等重要部门，单独设立党支部或党小组；企业组织结构、业务模块、党员人数变化时，要及时调整、规范组织设置。三是实现工作全覆盖。通过落实党群工作者的党建指导和联络功能，加强工会、共青团组织建设等措施，实现党的路线方针政策有人宣传，出资人、职工有人联系，发展党员有人关心，群众活动有人组织，职工合法权益有人维护。对没有党员的互联网企业，要明确负责工作覆盖的责任党组织。对新成立的互联网企业，要及时掌握企业情况和党员、职工、出资人情况，坚持党组织和企业同步培育，在企业初创时就植入红色基因，并把党建工作贯穿企业整个成长链；积极协调有关职能部门，推动党的政策、政府服务、先进文化进企业。注重发挥工会等群团组织依法依规先行进入的优势，做好党建带群建工作。

第三，充分发挥互联网企业党组织和党员作用。具体要求如下：一是壮大互联网企业党员队伍。加大在互联网企业发展党员的力度，发展党员计划适当向互联网企业倾斜，优先在没有党员或党员较少的企业中发展党员，在企业管理层发展党员，在内容编辑、技术研发、网络监管等关键岗位发展党员，努力把业务骨干培养成党员，把党员培养成业务骨干。探索推行党员身份网上认证、组织关系网上转接，实现党员组织关系管理信息化便捷化。二是加强党员教育管理。发挥互联网企业技术优势和创新优势，把单向培训教育与双向互动结合起来，把线下教育动员与线上线下交流结合起来，把“键对键”与“面对面”结合起来，注重通过网络阐述党的大政方针、讲述红色故事、宣传先进典型，增强党员教育的感染力、凝聚力。线上侧重日常教育，以网上党支部、党员QQ群、微信群、网上党校、党建微博等为重要载体，在虚拟活动平台上开展互动交流活动；线下侧重党组织基本生活制度的落实，落实“三会一课”制度，推进“两学一做”学习教育的常态化制度化，融入日常、抓在经常。按照“有主题、有讨论、有共识”的要求，创新党的组织生活方式，提升组织生活实效。结合业务特点开展主题党日活动，认真落实党费收缴、按期换届等基本制度，定期向上级党组织报告工作。三是因企制宜强化党组织功能。充分运用互联网传播功能，在企业客户、网站会员、移动客户端用户等群体中加强党的路线方针政策、社会主义核心价值观的宣传、教育和引导。新闻信息类企业党组织要主动参与引导网络舆论、应对网络舆情、反映社情民意等工作；网络社交类企业党组织要做好防范打击造谣传谣、网络诈骗等方面有关工作；网络出版、网络游戏类企业党组织要督促企业关爱青少年身心健康，提供积极健康向上的网络文化产品；电子商务类企业党组织要引导企业依法诚信经营、杜绝假冒伪劣，营造健康有序、安全放心的网络消费环境；互联网金融类企业党组织要引导监督企业守法经营、诚信自律，强化风险防控。四是拓展党组织发挥作用途径。加强对新兴精神生产群体的教育引领，密切与以网络意见领袖、网络主播、音视频内容生产者、网络作家、微信公众号运营者等为代表的新兴精神生产群体的沟通联系。关心、支持互联网出资人创新创业，加强对出资人的教育和培养；建立企业党组织与管理层双向互动机制，推行党组织书记参加或列席企业管理层重要会议制度、党组织与企业管理层沟通协商恳谈制度。普遍建立企业支部网站和党建微信公众平台，广开党员职工建言献策的渠道，服务企业发展、宣传企业成果。党员要带头遵守网络法律法规，主动宣传党的方针政策，抵制网上的错误言论。探索建立一支有热情、有思想、有能力的网络宣传志愿者队伍，正面宣传党的路线方针政策，传播正能量。

第四，加强互联网企业党建工作支撑保障。对开展党建工作的责任主体、人才队伍和场地经费等进行了原则规定。一是强化责任落实。各级党委（党组）要从巩固党的执政地位出发，高度重视互联网企业党建工作，严格落实党建工作责任，加强统筹协调，确保各项工作有序开展。要将互联网企业党建工作情况纳入基层党建工作责任制检查和书记述职评议考核的重要内容。各级网信办、新闻办及市场监管、税务等部门要负担起业务监管和党建指导双重责任。各街镇党（工）委要全面落实党建工作兜底管理责任。要尊重基层首创精神，注重培育和发现典型，加大互联网企业党建工作的宣传力度。对于有一定规模和知名度的优质互联网企业，要建立直接联系服务的长效机制，加强服务和党建指导力度。充分发挥创新基地的示范作用，总结推广成熟的经验做法，带动本市互联网企业党建工作整体提升。二是加强党务骨干队伍建设。按照政治素质好、热爱党的工作、善做群众工作、知网懂网的要求，选优配强党组织书记。党组织书记一般从企业高层管理人员中选配，企业没有合适人选的，可通过协商委派、公开招选等方式产生人选，经党内选举程序任职。规模较大、党员人数较多或企业主要负责人担任党组织书记的，应配备专职副书记。适应加强互联网企业党建工作需要，建设一支专兼结合、素质优良、数量充足的党务工作者队伍。规模大、党员人数多的互联网企业，应设置专门的党务工作部门，配强专职党务工作力量。加强教育培训，依托各级各类培训机构，重点加强党的基本理论、法律法规、党务知识、网络安全和信息化等方面的教育培训，确保每名党组织书记每年至少参加 1 次集中培训。鼓励引导企业将党务工作纳入绩效考核内容。探索开展党组织书记述职评议考核，根据工作实绩给予适当工作津贴，符合条件的可享受人才工作政策待遇。注重推荐优秀党组织书记作为各级党代会代表、人大代表、政协委员和各类先进人物人选。三是加强阵地经费保障。各级党建服务中心、园区楼宇党建工作指导站要加大对互联网企业党建工作的指导和服务，加强网络服务平台建设和党员活动阵地建设。加大留存党费对互联网企业党建工作的支持力度，为互联网企业党建工作提供必要的经费支持。加强信息化建设，每个互联网企业基层支部，都要建立一个党员群众乐于参与、充满正能量的网络互动平台。

（一）创智天地园区互联网企业党建工作实践

根据中央、上海市委、杨浦区委关于互联网治理和互联网企业党建的相关指示精神，五角场街道对创智天地园区互联网企业党建工作进行了积极探索。其党建工作的具体做法如下：

第一，以需求为导向，加强内部整合，发挥乘数效应，形成互联网企业党建工作的保障体系。

2015 年以来，五角场街道党工委认真贯彻市委“1 +6”文件精神，不断增强统揽全局、协调各方的能力，坚持问题导向，通过青年中心和创智坊派出组排摸创智天地非公有制经济，找准互联网企业及其党员员工的内生、外生需求，对症下药，把创智天地互联网企业的稳健持续发展和员工的获得感、荣耀感和幸福感作为党建工作出发点和落脚点，整合街道两种有生力量，持续推进工作机构扁平化。一方面整合街道机关党群力量。加强社区党建服务中心标准化建设，整合社会组织服务中心和志愿服务中心功能，以群团改革为契机，统筹调配街道机关党群工作力量，设立服务、项目、协调、考评四个运行组，形成一支由专职党群工作者、工会工作指导员、商协会工作人员等组成的互联网企业党建群建工作者队伍，健全前台一口受理、后台分类指导等工作流程，着力形成党群一体化的工作机制，共同打造开放式、集约化、共享性的互联网企业服务平台。另一方面整合区域社会力量。街道新一届社区委员会下设创新创业、社区文化、社区宜居、社区公益等四个专业委员会，直接与现有的街道与社区单位共建的创业联盟、文化联盟、为老联盟、公益联盟等工作平台对接，“两栖化”开展精准议事和专题协商，开辟新的民主协商空间，增强互联网企业与区域单位在城市管理、社区建设、社会文明等方面的共识，解放和增强互联网企业党建活力，发挥各类社会力量特别是社会组织有序参与社区治理的重要作用，募集成立社区公益基金会，通过政府购买服务、吸引公益资源等方式，推动互联网企业党建服务项目化运作、品牌化建设、精细化管理，开发和培育了一系列内容丰富、形式新颖、广受欢迎的党建服务项目。如引入首届全国最美家庭、南京政治学院上海校区心理学教授王金丽及其工作室——金丽心灵驿站，通过互动式授课、参与式体验、面对面疏导等方式，为园区白领创客宣传心理健康知识，提供贴心的心理服务。

第二，以区域化党建为平台，加强外部整合，抓好组织覆盖，形成互联网企业党建工作的责任体系。

“创承汇”党建群建工作平台充分整合区域化党建资源，尤其是五角场街道党工委丰富的党务经验和完善的党建项目，区科技党工委涉创政策的规划、指导和协调能力，区科创集团党委的咨询、顾问、沟通等社会资本和信息化优势，共同抓好“两个覆盖”专项工作，通过单独组建、区域联建、园区统建、龙头带建、行业共建等，特别是针对互联网企业党员流动性大的特点，以组建联合支部等方式，积极提高组织覆盖面。2016 年以来，已依托街道社区党委和互联网创业企业孵化器，先后成立了杨浦区通信技术联合会联合党支部、五角场街道互联网企业联合党支部、腾讯众创空间联合党支部，覆盖企业 114 家，拉动覆盖增长率达 335%。并且，正在积极推进成立海外人才基地联合党支部、云基地联合党支部等党组织。通过在众创空间、创业苗圃和孵化器等平台建立联合支部，努力将党建工作覆盖到初创企业，实现企业成长与组织建设同步推进。

在区域化党建联盟街道分会基础上，先行试点构建“两委三会四议”社区民主协商机制，对关乎党员群众切身利益的重大事项和决策，建立了

"党建引领、多元参与"的提议、商议、审议、评议机制链，围绕互联网企业党建，形成创业社区、青年社区、公益社区等专项规划及年度实事项目。如杨浦科技创业中心谢吉华代表、"INNOSPACE +"张延军代表等提出了很多建设性意见。"两委三会四议"不仅解决了"谁来议""议什么""怎么议"的问题，也通过"三考核、三测评、三满意""履行社会责任报告""一把手工程"等，解决了互联网企业党建过程中区域化权责不够对等均衡、环节不够衔接配套、运行不够顺畅有序等问题。

第三，以互联网理念，加强点面结合，夯实工作覆盖，形成互联网企业党建工作的服务体系。

一是积极导入互联网融合互通理念。延伸社区党建服务中心工作"手臂"，在上海市互联网企业党建工作创新基地打造创智坊、创智天地党建基层服务站，腾讯众创空间、创智天地、海外高层次人才创新创业基地、"INNOSPACE +"、云计算创新基地、党建孵化器和各个企业党建服务点等线下平台，织密"一核双站五线多点"的互联网企业党建工作覆盖网，以及建立互联网企业党建微信群、微信公众号等线上平台，推动互联网企业党建充分融入区域化党建格局，在线上和线下平台实现组织融合、工作融合、阵地融合和主体融合。二是积极导入互联网双向互动理念。针对企业在项目孵化、员工培养、资源链接等方面内生需求，为企业精心编制创业地图、创新创业服务手册、公益项目清单、党建服务清单等服务项目，量身定制五角场创业大赛、党员义工服务、支部公益活动，以及创业指导、项目路演、技能培育等活动项目，有效加强与企业和员工的双向互动，努力实现对互联网企业党组织和党员群众的就地服务、就地培育、就地成长、就地公益。三是积极导入互联网民主参与理念。在党建引领下，引导互联网企业主动参与社区委员会、社区党员代表会议、区域化党建联盟等区域化平台，围绕建设文化社区、宜居社区、睦邻家园等议题，与互联网企业共商共议，促进互联网企业深度融入社区共治、不断强化发展共识。

第四，以互联网技术，提升服务能级，激发党建活力，形成互联网企业党建工作的创新体系。

街道通过"创业五角场""缘聚五角场""魅力五角场""公益五角场"等微信公众号，持续推动"指尖党建"，充分发挥其在互联网党建工作中的麦克风、连声筒、共振器、减压阀和推进舱等多重作用，以丰富的线上线下活动、鲜活的网络语言和多样的交互式体验，增加互联网企业党建黏度，形成互联网企业的"熟人社区"。一是"创业五角场"微信平台提供就地服务。积极为互联网企业构建整合创业资源、互动创业信息，借力溢出效应，实现合作双赢的创业社区，同时依托“创新屋”“创客角”等服务阵地，提供党务咨询、行政咨询、维权服务等。二是“缘聚五角场”微信平台提供就地培育。“乐活”“乐聚”“乐爱”“乐学”“乐创”五大服务板块共23家俱乐部，为互联网企业员工营造感兴趣、可归属、有活力、能回馈的青年社区。如颜值管理、演讲训练营等俱乐部，提升白领创客综合素质；劳动竞赛、劳动比武、技能提升，提升职工岗位技能；桌游俱乐部、运动俱乐部、DIY 俱乐部、舞蹈俱乐部、睦邻农园等，以活动促进融入，以参与促进融合。三是“魅力五角场”微信平台提供就地成长。积极为互联网企业构建了解社区整体发展、享受社区公共服务、参与社区共治格局、反映企业自身需求的线上平台，助力党群组织成长，发动党组织和党员创先争优，发动园区企业工会争创星级工会。集中力量打造行业党建龙头，吸引优秀群众向党组织靠拢，培树先进典型，助力个人成长。四是“公益五角场”微信平台提供就地公益。传播社区公益文化，深化利益共识，不断创设适合互联网企业党员群众的“随手公益”项目，进一步固化公益服务，降低公益门槛。在互联网企业中倡导志愿精神、培育公益人才、营造公益环境，积极构建开放包容、互信认同、出入相友、守望相助的公益社区。同时，以“互联网企业党建群”“8 +2 + X 创业联盟群”“五角场公益社区群”“魅力五角场文化联盟群”等各类专业微信群和在线社区党校、在线红色阅读、在线活动参与等党建客户端功能模块为依托，积极打造开放性、服务型的线上互动交流平台，画出互联网企业党建最大同心圆。

应该说，通过“创承汇”平台的服务和引导，创智天地互联网企业党建工作取得了初步成效。具体工作效果如下。

一是企业党员亮身份的意愿不断增强。互联网企业通过以党建墙、党员先锋岗、党员志愿服务区等形式展示党员风采、引领企业文化，使企业员工、特别是党员员工的信念和精神得以进一步彰显。比如，“冰冻娱乐”是搜狐畅游全资子公司，由一群游戏业界资深精英人士创办，拥有来自全球各地的研发人才，具备国际领先的研发水平和技术平台。随着企业对党建服务认可度的不断提高，它的党组织发展实现了从无到有，从弱到强，企业党员积极参加商圈党员义工服务等公益行动。在党建工作的影响下，企业形成了坦诚务实、团结精进的企业核心价值观。

二是企业建立党组织的意愿不断增强。园区 148 家互联网企业在五角场街道党工委、区科技党工委和区科创集团党委指导下，开展了企业党支部建设工作。“狄邦教育”等企业也在参加联合支部的基础上，进一步提出了建设独立党支部的希望。比如，腾讯众创空间旗舰示范基地（杨浦）是上海最为热门的创业生态聚集地之一。目前拥有开放及独立工位近500个，面积为4800平方米，空间内部设施齐全、宽敞明亮、时尚简约，能让创业者们在轻松舒适的环境下开展工作。入驻的团队成长性好，总融资金额近4亿，企业总估值近20亿。为了更好地服务创新创业，引导党员亮身份、晒承诺、做先锋，增强企业员工的归属感、责任感和使命感，腾讯众创空间于2017年初提出建立党组织的申请，2017年4月，腾讯众创空间（杨浦）联合党支部正式成立，党支部书记、运营经理迟少惠说：创业者就像候鸟一样，什么地方适合他们，他们就去向何方，党组织的建立就是要为“候鸟们”营造舒心的家，我们腾讯会把党组织打造成为指引企业发展方向的英明导师，培育企业精英的红色摇篮，统一员工意志、凝聚员工力量的精神领袖，攻克技术难关、战胜艰难险阻的前沿阵地，真正把骨干培养成党员，把党员培养成骨干。

三是党组织在企业中的威信和凝聚力不断增强。通过党建引领下的各项服务举措，使互联网企业与外部资源的链接更加紧密，企业的品牌和关注度得到了有效提升，企业及其员工的成长平台更加丰富，企业和员工对党组织的建设更加信赖和支持。比如，五角场创业大赛整合五角场街道党工委、区科技党工委、区科创集团党委服务力量，为惠租车提供创新专利申请、项目专业指导、路演彩排服务，辅助惠租车在五角场创业大赛上一举夺魁。一年不到的时间，企业瞄准海外租车这一热点协同创新，首创“驾照全球通”，服务现已覆盖近180个国家，并拥有5万多家门店，成为该领域的领跑者，让企业和消费者感受到了“党建工作也是生产力”。

四是企业在党组织的带领下，提高了企业核心竞争力和市场占有率。通过互联网企业党组织发挥战斗堡垒作用，带领决策团队和技术团队攻坚克难，充分整合产品设计、材料采购、订单处理、生产制造、仓储物流、批发经营、终端租售等产业链，不断提升上下游垂直整合的能力，深度融合催生分享经济，推动智慧城区建设。比如，挚达科技是一家服务于绿色出行产业的智能硬件和互联网企业，他们从充电桩做起，现从事电动汽车共享硬件的开发和利用。2010年，成立之初便进驻创智天地，从3名员工发展到如今的300人，产值从30万到达3个亿。在不到7年的时间里，通过智能充电产品的研发和制造，结合全国最大的超过100个城市的充电桩落地服务平台，以及充电共享和新能源汽车试乘试驾等模式创新，帮助5万多用户率先使用上新能源汽车。企业党员数不断增加，2017年他们还建立了独立党支部，并且在老总公开党员身份后，马上就有7名员工递交了入党申请书。

五是企业对社区发展的回馈更加主动。企业家代表发挥智识优势和认知盈余，积极为五角场街道的公益社区建设规划、老年宜居社区建设规划、创业五角场行动计划、民生实事项目等工作出谋划策；企业党员主动参与公益市集、党员义工服务等志愿活动；上游企业积极发挥“头雁优势”，为创业者、社区群众提供创业宣传、科普教育等服务，更好地履行了企业的社会责任。比如，在五角场公益社区的引领下，上海淘璞电子商务有限公司党支部依托自身优势，搭建“互联网+党建”平台，积极发动商圈企业开展公益活动。淘璞邀请知名专家进行免费义诊，对儿童牙齿、身体发育调理等方面进行爱心帮助，又通过创意互动、萌娃公益集市等，让孩子们在参与公益义卖和亲子游戏中懂得社会责任，传递公益理念，实现公益梦想。淘璞率先在五角场街道社区公益基金会内建立了一个公益专项资金，用于救助特殊儿童。

当前，由于互联网企业及其党员群体的特殊性，这一党建工作目前存在着如下问题：部分互联网企业党组织成立不久，还未来得及进行“两学一做”学习教育，思想上的“总开关”亟待拧紧，“四个意识”亟待提高；互联网企业党建工作的外部支撑机制和内部自律机制尚未充实；互联网企业党建精细化之路还需探索、党建品牌打造还不够鲜明、党建信息化还需进一步提升；不同所有制的互联网企业对党建工作的支持力度不一，对互联网企业党建工作支持和保障比较薄弱。因此，为了深入推动互联网企业党建工作，履行街道城市基层党建中负有党建工作兜底的管理责任，五角场街道提出如下四点对策建议。

第一，加强思想建设，进一步推进“两学一做”学习教育常态化、制度化。强化分层分类，在“学”上深化拓展，在“做”上聚力用劲，在“改”上精准发力。对从事不同业务和不同规模的互联网企业及党组织，鼓励创新方式方法。针对独立建制的党组织，因企制宜、因岗制宜，将开展“两学一做”同党员立足岗位、建功立业、履职尽责、发挥作用结合起来。引导党员利用自己的业务所长促进企业发展和服务社区群众。针对联合类党组织，要通过“双向交叉任职”机制实现“双向带动、双向促进”，利用社区党建服务中心、党建基层服务站等党建工作阵地，运用网上支部、微信群等新媒体，灵活便利地开展学习教育。针对组织关系不在园区但工作在园区的外地流动党员，要同流出地党组织加强协调配合，按照流入地为主的原则，把流动党员编入相应的流动支部，就近参加学习教育，并做好反馈工作。针对由于出差出国等原因不能参加集中学习的党员，要建立“补课”制度，有效化解工作和学习的矛盾。

第二，加强组织建设，进一步科学定位，积极筹划建立区域性的互联网行业协会。普遍而言，企业重视与主管部门和行业协会的沟通，了解政策、技术、专利、项目申报等方面信息。行业主管部门和行业协会也注重与企业沟通，规范和促进企业的健康发展。因此，抓好互联网企业党建工作，要重视行业主管部门及互联网行业协会的作用，尤其是行业协会的健康成长，发挥其在促进产业升级、提供公共服务、规范市场秩序、创新社会治理、积极参政议政、开展对外交流等方面的积极作用。行业主管部门党委和街道党工委要更好地适应互联网企业的“节拍”，采取互动化建构、责任区锚定、文化性引领和多声部共振等，进一步探索适应互联网行业特点的党建工作模式，开展行业自律、诚信经营等综合评选或创建活动，推动协会党员创先争优、晋位升级，争当文明经营、依法纳税的“领头羊”，发挥先锋模范作用。同时发挥行业协会党组织“摊大饼”和“打楔子”的作用，把党的活动延伸到每家会员单位，增强行业党建工作凝聚力和影响力，引领互联网企业持续强化政治素质、业务能力，做网络安全的捍卫者，网络强区的主力军。

第三，加强能力建设，进一步探索精细化的互联网企业党建。一是将党建品牌创建和点面推进覆盖相结合。深化“双报到、双报告”，组织实施创建活动，通过重点培育培树，打造若干党建品牌，深入实施互联网企业党组织年度党建重点工作项目化管理考评机制，形成试点先行、逐步推开、提升整体的态势。二是将党员模范与企业文化相结合。在互联网企业中大力倡导“和合文化”，让党组织和党员人格引领企业文化，在党员创客中选树符合企业发展理念和目标的先进典型，以榜样的力量引导党员创客践行企业文化精神，营造同发展、共命运的良好氛围，真正让党建承载企业文化灵魂。三是将党建工作与群团活动相结合。坚持党对群团组织的领导，提高党、工、青、妇四位一体的协同性，充分发挥群团组织动员群众、教育引导群众、联系服务群众、维护群众合法权益等优势，充分激发蕴藏在互联网企业员工中的巨大创造力。四是将党建分类指导与信息化相结合。坚持“分类指导、规范内容、全员参与、注重实效”原则，变“单一党建”为“复数党建”，线上线下指导不同类型互联网企业党组织制定各具特色、符合实际的活动方案和党建责任制清单，为党组织配备制度汇编、文件解读等在线指导和在线党课，落实“三进三听三问”（进社区、进校区、进园区，听党课、听职工、听业主，问差距、问举措、问良策），努力实现互联网企业党建和区域化党建的良性互动、互促共赢。

第四，加强保障能力，进一步加强对互联网企业党建工作的支持力度。继续扩大五角场街道创智天地互联网企业党建工作的辐射面，统筹调配和建设互联网企业区域性党建群建活动站点，安排落实互联网企业党建专项工作经费，努力为互联网企业党建工作创造良好的外部条件。着力提升社区党建服务中心运行机制和服务功能，重点推进标准化、信息化和精细化建设，并将政策咨询、信息发布、创业培训、活动报名和组织关系接转等功能模块化。通过注重内部选配、探索协商委派、开展公开选聘等渠道，选优配强“拓展型”党组织书记，提升党建指导员能力水平。加强对党员干部、党务工作者的教育培训，建立有效的竞争机制和激励机制，加快培养建设一支热心党建工作、理解企业运营、熟悉网络技术、善于驾驭新媒体的青年党务工作者队伍，努力缩小与网络群体沟通的代际落差。继续挖掘、开发、集成党建微信公众平台的功能和小程序，广泛建立党组织书记和党员的 QQ 群、微信群，完善党员智能化管理系统，推进党建工作信息平台建设。

（三）张江高新园区互联网企业党建工作实践

作为推进上海具有全球影响力科创中心的核心承载区，张江聚集了“众人网络”“PPTV 网络电视”“喜马拉雅”“河马动画”等 700 多家互联网企业。在中共浦东区区委组织部的具体指导下，张江园区综合党委积极开展园区互联网企业党建工作实践，初步形成了较有特点的做法。①

第一，在龙头企业建立党组织。针对互联网企业经营主体分散、工作环境网络化、企业管理去行政化的特点，按照“业务主管部门负责、街镇（园区）兜底”的工作思路，抓住关键的点、线、面，加强组织覆盖。一是以互联网企业为“点”建组织。在孵化器、产业链中的龙头企业建立党

---

① 《互联网企业党建，探索这些新路径》，载于《解放日报》2018 年 1 月 25 日，https：//www. sogou. com/link？ url = 6IqLFeTuIygp5vPWg6RhTKh5tWesy8jO2tIiO37fXL8Bar_4QnGvOvY3apgM6H2BiP9AaA54 – K279RPeoBnUGwZFJ5UQUXQ3。

组织，覆盖产业链上下游互联网企业。如沪江网党委实行“两个同步”，在项目孵化时，党的工作同步开展；在项目孵化成功时，党的组织同步建立。随着沪江规模的快速发展，党员从 17 名增加到 423 多名，党组织建制也从支部升格到党总支、党委。二是以互联网党建专业协会为“线”建组织。园区成立了互联网企业党建协会，形成“行业综合党委—行业党总支—行业类社会组织党支部”三级管理体系。三是以区域为“面”建组织，一方面，在互联网企业集聚的小园区、孵化器、创客园区等统一组建区域性和科研楼宇党组织。另一方面，打破空间局限，创新设立网络党组织。如蚂蚁创客空间党组织，在充分调动各家孵化型创客公司网络技术工程师党员积极性的基础上，建立了网络党建社区，通过联建共建加强交流互动，促进创新创业。

第二，“党课随身听”受欢迎。综合党委发挥互联网技术优势，围绕企业发展和员工发展开展党的工作。一是线上与线下活动双推进，广泛运用微信、微博、微党课开展线上活动。党建工作与企业经营业务双发展。一方面，引领职工群众，紧紧抓住人才这个关系企业发展的核心要素，重点在内容编辑、技术研发、网络监管等关键岗位发展党员，把业务骨干培养成党员，把党员培养成业务骨干。开辟网上党校，定期召开网上组织生活和微党课，2017 年 2 月“喜马拉雅”开设由市党建服务中心、人民网上海频道共同推出的“党课随身听”栏目，成为百万级收听平台。另一方面，服务企业发展，成立创客联盟，以创客联盟发展中心和党建工作指导站为实体，通过中国 · 新加坡创新论坛、精益创业 · 智赢未来等活动，指导初创型互联网企业创新创业。在微信公众号开设“你呼我应”功能，加强与基层党组织、党员的联系沟通。二是行业发展与社会责任双提升。依托互联网企业在技术上的优势，强化行业自律、履行社会责任。如著名在线阅读平台阅文集团，旗下拥有签约网络作家 2 万多名，党支部落实党组织生活，弘扬社会主义核心价值观，促进签约作家行业规范，扩大党在签约作家群中的影响力和凝聚力。

第三，强化领军人物作用。从互联网企业多为创业型企业的实际出发，在党组织书记的培养选拔、与出资人的沟通协调等方面，强化领军人物作用，激活抓好互联网企业党建的内生动力。一是引领企业出资人。加大从企业总裁和高管中产生党组织书记的力度，配备专职党务工作者担任副书记开展工作；加大优秀出资人培养力度，推荐符合条件的出资人作为各级党代会代表、人大代表人选。沪江网党委书记、联合创始人于杰当选市十一届党代会代表。二是抓好队伍建设。建立由200多名支部书记组成的党建网络版主联谊会，制定《网络党建版主联谊会章程》，培养骨干队伍。组建党员志愿者服务队，重点加强对电子商务的业务培训和辅导，培育诚信经营典型，影响和带动广大互联网企业共同提高诚信度。三是注重典型引路。每年召开互联网党建推进会，交流“支部网站”建设经验，表彰“双十佳”网络党支部和党员网络党建“排头兵”，以典型示范引领。

（四）B站党支部：用90后喜爱的方式讲党建“那些事儿”

哔哩哔哩（bilibili，简称“B站”）的独立党支部自2017年成立以来，党建服务站在B站里成为了白领年轻人的热门空间，党建活动以每周一次的频率在这里开展。在互联网企业集聚的上海杨浦五角场地区，“两新”组织的党建也可以很“二次元”。[①]

1. 动漫大楼里的党建服务站

在杨浦创智天地国正中心，有一幢蓝色幕墙的“哔哩哔哩”大楼，走进大堂便如同进入了一个动漫展现场。接待台前“坐”着B站的吉祥物bili姐妹——22娘与33娘，服务员穿着COSPLAY（角色扮演）的服装。一左一右两个大屏幕正在播放日本动漫，中间的员工通道做成一个蓝色的B站“电视机”形状。“电视机”内有各种弹幕：“哔哩哔哩（O（∩_∩）O）干杯~”“看到2233娘我就圆润地滚进来了”“别开腔，自己人”“非战斗人员迅速撤离”……每天早上，B站的员工走进“电视机”，穿过各种弹幕去上班。

在这样一幢处处充斥着“二次元”文化的大楼里，B站拿出了3楼的一整个楼面建成党建服务站。明亮的落地窗前分散摆放着白桌子和蓝椅子，年轻人在这里交流碰撞，或安静享受独处时光。不想正襟危坐，可以在休憩区的懒人沙发上躺躺，B站的吉祥猫biubiu也在这里有了一个看得见风景的新家。健身房里，年轻人在面朝窗口的跑步机上锻炼。可承载200多人的会议室专门承办各种与党建相关的活动，每周定期举行。

在十九大开幕当天上午，“哔哩哔哩”组织公司202名党员在这里收看了十九大开幕式。下午，“哔哩哔哩”的首个党组织举行了成立大会。B站共有1830名员工，其中202名党员的党组织关系分散在全国各地，很多党员纷纷要求把组织关系转过来。在具有仪式感的成立大会上，30名党员

---

① https：//mp. weixin. qq. com/s/IAlT791rmo9C0QG0vZGBmg.

代表面对党旗重温入党宣誓。就在党组织成立一周以后，“哔哩哔哩”便召集了全上海32家视频网站来B站办了一个十九大报告学习会。来自爱奇艺、优酷等80多名互联网行业从业员来到B站的创新空间谈十九大报告的感悟体会，畅所欲言。

2. 用90后喜爱的方式讲党建的“那些事儿”

原以为看B站的90后不关心党建？“哔哩哔哩”最近投资了一部国产原创的动画片《那年那兔那些事儿》，讲的是党和国家的历史，在年轻人中圈粉无数。

动画片借助“二次元”的隐喻，用一种很燃的方式讲述了一群兔子（共产党人）从“种花家”（中华民族）一穷二白（1840年鸦片战争之后，割地赔款、丧权辱国）的时候站起来，抵御外敌，光复河山，最后蹬了鹰酱（美国）一脸血（赢得抗美援朝战争），还养殖出了自己的大蘑菇蛋（“两弹一星”工程等科技成果），最后发展成为蓝星最强五国之一（成为联合国常任理事国）。

每一集10分钟左右，采用片段式的记叙手法，历史照片穿插其中，每个故事就是一段革命战争史。整部片子从故事内容到弹幕都是满屏的正能量，有年轻人看完后激动地留言：“愿来生再为种花家！”

B站的员工大部分都是90后，他们看了以后都觉得很感动。“年轻人对二次元文化的归属感非常强，拒绝太过于商业化的东西，而党建工作也要用年轻人喜爱的形式来呈现。”“哔哩哔哩”战略部研究经理钱叠峰是个85后，在新成立的党组织中担任副书记的他总是在思考如何从好的内容里寻找力量，让B站的党建活动吸引更多年轻人参加，把年轻人身上的正能量挖掘出来。

《那年那兔那些事儿》的成功让B站看到了原来党建也可以与年轻人的家国情怀结合起来，而一部原创中国动画能在年轻人中收到这么好的传播效果，也让企业年轻党员们开始思考未来借助B站平台推广中国原创动漫的可能性。2017年，B站新成立了“国创”专区，支持国产原创动画作品在该平台上展示，上线后流量突破4.4亿，播放已经超过日本动画。B站还与相关高校的动画学院合作，让动画学院的毕业生在该平台上展示，还有动漫制作幕后花絮的访谈，展现了中国动漫行业的全貌。在国创专区的建设中发挥着重要作用的党员表示：“党建工作在B站不单是服务，也是企业承担社会责任的平台。”

三、浙江：《关于加强互联网业党建工作的指导意见》及其实践探索

以阿里巴巴为龙头的互联网企业是浙江经济发展的重要支柱。据统计，2016 年浙江省信息经济核心产业收入达到 11602 亿元，同比增长 16.3%。信息经济核心产业实现增加值 3910.9 亿元，占全省 GDP 的比重达 8.4%，对全省 GDP 的贡献率达到 15.9%。[①] 对于互联网企业的管理，浙江一直在不断创新监管制度。2015 年 9 月 29 日，由浙江省人民政府金融工作办公室指导的浙江互联网金融联盟正式成立。这是政府引导行业自律规范发展的创新尝试。同时，为了推进互联网企业党建工作，浙江省委组织部、省委“两新”工委、省委宣传部、省委网信办于 2017 年 10 月 16 日联合印发《关于加强互联网业党建工作的指导意见》，成为浙江省互联网企业健康发展的又一规范文件。在这一文件的指导下，浙江互联网企业党建工作迅速开展起来，并形成了自己的特色。

（一）规范文件：《关于加强互联网业党建工作的指导意见》

作为浙江省互联网企业党建工作的指导性文件，是在对互联网业对社会产生深刻变化的洞识下形成的。近年来，随着“大众创业、万众创新”战略的深入实施，新技术、新手段特别是移动互联网的广泛运用，工业化和信息化的深度融合，以新闻门户网站、网络社交媒体、大型商贸交易平台、电子商务、软件技术服务、网络安全、网络游戏、互联网金融、网商群体为主的非公有制互联网企业和互联网行业协会、商会等社会组织大量涌现和迅猛发展，对经济社会发展、主流文化传播、意识形态斗争等各方面产生了深刻影响。浙江互联网产业发展基础好，互联网领域“两新”组织数量相对较多，情况也相对更为复杂，抓好这一领域党建工作，对于推动互联网行业健康发展、助推经济转型升级，对于营造清朗的网络空间、维护意识形态安全和政治安全，对于推动基层党建工作全面进步、全面过硬，巩固党的执政基础、扩大党的群众基础都具有重大意义。[②]

---

① http：//zjnews. zjol. com. cn/system/2016/04/26/021126755. shtml.

② http：//mp. weixin. qq. com/s/lvBe5t0fCDX6 – jL – vEXzPg.

第一，坚持灵活有效，抓实“两个覆盖”工作。针对互联网领域“两新”组织数量大、分布广、变动快的实际，按照全面摸底、突出重点、灵活多样、动态有效的要求抓好组织和工作覆盖。主要采取了三个方面的具体措施：一是开展互联网“两新”组织全面排查摸底的工作，并建立定期排摸机制，实时了解面上的动态信息。二是以互联网“两新”组织较为集中的特色小镇、产业园区、商务楼宇、众创空间等领域为重点，全面推进党的组织和工作覆盖。在互联网“两新”组织注册时及时掌握党建工作情况、制定党建工作规划、确定专人跟踪指导。对尚未建立党组织的，通过单独组建、区域联动、行为联建、龙头领建等多种方式，实现应建尽建。规模和影响力较大的互联网“两新”组织要单独组建党组织。三是对没有党员的互联网“两新”组织，通过选派党建工作指导员、建立群团组织、成立党建联盟等方式，做好党员职工招聘、联系职工群众、教育培训等工作，实现党的工作覆盖，为建立党组织创造条件。

第二，突出思想引领，强化党组织政治功能。针对互联网“两新”组织思想活跃、文化多元、影响面广的实际，围绕党章赋予党组织的基本任务，认真履行党组织基本职责，充分发挥党组织政治核心和政治引领作用，牢牢把握互联网行业和企业正确发展方向。主要采取了四个方面的具体措施：一是利用互联网“两新”组织信息传播优势，认真宣传执行好党的路线方针政策，教育引导职工群众坚决拥护党的领导。二是适应互联网舆论发展新形势，着力培养一批具有行业特色的“红色意见领袖”和网络文化传播志愿者，加强正面引导，切实增加党在互联网领域的影响力。三是围绕“最多跑一次”改革、“拆治归”（即“五水共治、三改一拆、浙商回归”）转型升级系列组合拳等中心工作，深入开展“看齐创优当先锋、勇担重任做表率”等行动，凝聚力量，推动发展，引导互联网“两新”组织在经济发展、民生服务、社会治理等方面贡献更大力量。四是深化推进“三联三会”、“双向进入、交叉任职”、党组织与管理层双向互动和共同学习等制度，强化对互联网“两新”组织创始人、出资人的教育引导和服务，支持他们依法依章行使职权、开展工作，引导他们与党同心同德、干事创业，确保企业正确发展方向。

第三，紧扣行业特点，从严规范党组织运行。针对互联网“两新”组织结构松散、去中心化、开放程度高的特点，以“两学一做”常态化、制度化为重要抓手，以遵守党章党规为基本要求，树立党的一切工作到支部的鲜明导向，坚持“四个从严”，进一步提升党组织规范化水平。主要采取四个方面的具体措施：一是从严加强日常管理，坚持和运用好基本制度，指导党支部围绕重点任务制定年度工作计划、如实记录工作情况、定期报上级党组织备案，建立党支部工作经常性督查指导机制。二是从严抓好组织生活，认真落实“三会一课”、民主生活会等制度，确保组织生活定期按照开展，并坚持严肃活泼原则，贴近党员、贴近实际，召开组织生活会，突出锻炼党性、加强批评和自我批评，防止党组织生活庸俗化和娱乐化，切实增强政治性、原则性、战斗性。三是从严规范党员发展工作，始终把政治标准放在首位，加大在出资人、管理层以及内容编辑审核、网络安全、技术研发等重要岗位的党员发展力度。针对互联网领域党员职工流动性高的实际，探索建立积极分子、考察对象接续培养和管理考核机制，把好党员发展质量关。四是从严加强党员教育管理，定期进行排摸分析，对组织关系长期在外的党员，要尽快督促接转组织关系；加强流动党员管理，及时处理离职和“失联”党员组织关系。深化党员党性作风“五查五看”，严格落实党员管理“十条红线”，严肃处置不合格党员。

第四，利用信息技术，增加党组织生活实效。针对互联网“两新”组织信息化水平高、党员职工工作生活高度依赖网络的特点，把“键对键”和“面对面”结合起来，在坚持落实党内基本制度基础上，发挥互联网技术优势创新党建工作方式方法，实现党组织和党员教育管理的网上、网下深度融合。主要采取三个方面的具体措施：一是积极推行党员智能卡、IC卡，普遍建立党建公众号、APP、终端、QQ群等，向党组织和党员发布信息，提供服务，推动组织关系接转、学费收缴管理等工作联网上线，积极利用远程教育和各类网络平台，创设微党课、在线学堂等。利用微直播系统实时传播分享资料课件等，把学习和活动延展到网上，提升党员教育时效性和便利性。二是探索网上开展党组织活动的有效形式，构建全天候、全覆盖的组织生活制度，努力提高组织生活参与度。推行先锋指数考评和党员考核积分制，开展党员网上自主互评，通过量化统计，科学考核、动态排名等形式，强化党员的自我教育、自我管理。三是广泛开展党员“微心愿”“公益集市”等活动，通过投票选题、线上认领、线下开展、多方参与等方式，组织党员开展爱心帮扶、环境美化等志愿服务活动。

第五，注重分类指导，提升党建工作针对性。针对互联网领域行业复杂、类型多样的情况，结合当前互联网业发展的热点难点，明确各类互联网“两新”组织党建工作重点任务，因地因企制宜推动党组织和党员作用发挥。主要采取六个方面的具体措施：一是新闻信息、社交媒体类“两新”党组织要强化意识形态阵地建设，坚持做好把关定向，加强互联网思想理论引导，积极开设党建专栏或党建公众号，做好网络意见领袖教育培养工作，旗帜鲜明地与网上错误思想观点、不良现象、违法行为做斗争，唱响主旋律、弘扬正能量。二是大型平台类“两新”党组织要进一步参与组织经营决策，把脉企业发展、文化建设等重大事项。充分发挥龙头的带动示范作用，结合自身实际推动党建工作创新。引导商户和用户遵守法律法规、社会公约和企业规定，履行好服务社会、企业和群众的职能。三是电子商务、网商群体等“两新”党组织要推动党员从业人员在网上亮明身份、强化党员意识，全面开展党员诚信经营承诺、党员示范网店创建等活动，引导党员经营户带头规范经营、诚信守法、奉献社会。四是互联网金融、创新业务类“两新”党组织应强化监督监管职能，定期组织开展法律讲座、案例分析等学习培训，引导企业加强法律意识，合法合规运营，做好风险防范，切实保障客户财产安全。五是技术和社会服务、网络安全类“两新”党组织要积极组织党员开展技术攻关、创新攻关等活动，组织开展技术培训，帮助做好人才工作，服务职工成长成才，提升本企业本单位参与竞争的实力。六是网络游戏、网络出版类“两新”党组织应从关心青少年健康成长、营造社会良好风尚出发，在产品策划、开发、推广、运营等各个环节强化党建引领，引导和监督企业规范从事开发经营，丰富群众文化生活。

第六，构建支撑体系，夯实党建工作基础。针对互联网领域较为特殊、党建工作基础薄弱的实际，各地应进一步统筹力量、整合资源，探索建立适应互联网领域和行业特点的工作架构，为互联网企业党建工作提供全方位的支撑。主要采取五个方面的具体措施：一是建立健全动态管理体系。加强互联网企业党建大数据管理，加快建立完善党员信息化管理系统，将互联网“两新”党组织情况、党员信息等内容纳入智能化管理，实现即时查询、定期维护、定量分析，打造广泛覆盖、互联互通的党建工作信息平台。二是建立健全党务人才体系。通过内部选拔、组织选派、公开推选等方式，选优配强一支政治素质好、热爱党的工作、知网懂网用网的党组织书记队伍。加大从与互联网关系较为紧密的部门、单位选派党建工作指导员的力度。三是建立健全教育培训体系。抓好对党务工作者的常规培训，定期开展互联网领域党建专题培训，为重点互联网“两新”党组织书记开通干部网络学堂并明确学时要求，兼顾抓好党建业务、意识形态、网络宣传和经营管理培训。四是建立健全跟踪指导体系。指定专人联系指导一批重点互联网“两新”党组织，定期开展科研走访和工作帮扶，着力做好党组织典型培育和晋位升级。持续整顿提升软弱落后的互联网“两新”党组织。五是建立健全经费保障体系。借鉴运用互联网集聚、共享、众筹等理念，积极推广“党建公积金”“党建基金”等做法，推动各方加大投入，构建“财政支持+党费返还+社会捐赠+企业出资”的党建经费保障体系，建立网上网下结合的区域性党群活动中心，为互联网企业党建工作提供支持保障。

第七，加强组织领导，确保党建工作落到实处。互联网“两新”组织是新领域新业态，各级组织部门、“两新”工委要充分发挥牵头抓总的作用，强化与委员单位的沟通联系和协调规划，充分发挥相关职能部门作用，形成“以条为主、属地配合、双重管理、齐抓共管”的工作格局。主要采取三个方面的具体措施：一是在互联网“两新”组织集聚的地域、领域和行业探索建立互联网“两新”组织党（工）委、网商党委等，或依托特色小镇和各类园区党（工）委，理顺互联网领域党建工作的体制机制，推动建立党建工作“三清单一报表”，进一步推行划片包干、目标责任制考核制度，建立跟踪管理、督查指导、成效评估、成果展示等机制。二是宣传、网信、工商、文化、新闻出版和金融监管等涉网职能部门，要把党建与业务工作相融合，在履行职能、开展工作和执法过程中，主动了解、跟进和指导互联网“两新”组织党建工作，对党组织软弱涣散、党建工作执行不到位的要及时向各级两新工委或有关基层党委反馈。在各类评优评先中要把党建工作作为重要内容。三是强化舆论宣传，充分发挥互联网领域的资源和优势宣传党建工作。围绕互联网领域新情况新问题，加强互联网企业党建的理论研究和创新，不断为互联网企业党建工作营造良好环境和氛围。

（二）阿里巴巴集团党委：弘扬“红船精神”，做伟大企业

阿里巴巴（中国）有限公司始建于1999年，现为中国最大的电子商务企业，拥有阿里巴巴网络技术、淘宝网、支付宝、阿里云和雅虎中国等多家子公司。阿里巴巴自创业伊始就重视党建工作。2000年成立党支部，2008年公司党支部升格为集团党委，现有阿里巴巴集团和蚂蚁金服集团两个并行的党委，拥有近200个支部、7000余名党员，每年新增党员近600名。在阿里巴巴，95%的党员是“80后”，他们年轻轻、学历高、观念新、思想活、收入高。马云说，员工的口袋满了，脑袋不能空了，我们要做好

年轻人的党建工作，探索出一条新时代高科技企业的基层党建之路。按照这一思路，集团党委提出“共担阿里使命，勇当阿里先锋”的口号，号召党员围绕使命愿景，模范实践“六脉神剑”（客户第一、团队合作、拥抱变化、诚信、激情、敬业）核心价值观和内生于企业商业模式的社会责任观，在党建工作中坚持“自主、个性，开放、透明，责任、分享”，积极探索开放式党组织设置方式，着力激发党组织和党员队伍内生动力。[①]

一是突出“自主、个性”创新组织设置。在依托原有行政架构建立的B2B党委、淘宝党委、支付宝党委、阿里云党总支和集团直属党总支的基础上，以管理、研发、营销等工作团队为基本单元，根据党员的岗位性质、工作范围、兴趣爱好、个性需求等方面的差异，结合党员意愿“自主组合”党支部和党小组，并进行“个性化命名”，从而形成多层次、开放式的“核心＋堡垒”工作格局。具体实施过程中，首先将这个构思在网上进行发布，引起党员特别是年轻党员的浓厚兴趣和积极响应，其中“自主组合”和“个性化命名”工作都是在内网平台，以互动方式在党员间自发开展。通过发布“征集帖”和自由组合、命名，先后组建起了90多个“个性化”特色党支部、党小组。

二是紧扣“开放、透明”激发组织活力。探索建立开放式、透明化的竞争机制。除党务工作外，党组织举办的各类活动面向全公司开放，党员和入党积极分子“自主选择”参加。当某一支部长期不开展活动或活动“不受欢迎”时，党员还可以要求将组织关系转到活动开展得好、他所“喜欢”的党支部。集团党委依据各党组织开展活动次数、参加人数，综合评定各党组织的“活力指数”，对活力不强的党组织及时责令整改提高。同时，公开党建工作和党员信息，全方位接受党内外监督。党员以“签名＋党徽”的形式在公司党建系统和Aliway（阿里味）内网中亮明身份并公布岗位、职务、表现等信息。党建信息系统面向所有员工开放，集团管理人员和每名员工都能访问系统查看党组织活动开展和党员作用发挥等情况，并在各类推优、育才工作时，作为重要依据。

三是聚焦“责任、分享”发挥党员作用。集团党委号召全体党员“共担阿里使命，勇当阿里先锋”，带领青年积极“勤练内功”“拥抱变化”。

---

① 中国非公企业党建网，https：//www. sogou. com/link？url = DSOYnZeCC_rENe-5nsCy6F2QJ6AJM – tu10PvMnxyp1qqZUmS2d4oD93DD_pd3ot2SGyDj8-WMmsLaNgEitwL1-NwQ. . . ；https：//mp. weixin. qq. com/s/pTLRKdJ7_YT4pa2Y1NUzJA。

制定实施职业发展规划，以“马云上党课、卫哲讲党史、吴菊萍作十八大系列宣讲”和开展各类业务能力培训等形式“勤练内功”，引领党员青年立足岗位争优秀、服务群众做表率、热心公益当先锋。每年以召开“圆桌会议”的形式，组织党员建言献策，促进企业民主管理，提高组织的凝聚力。号召党员勇于“拥抱变化”“团结合作”，主动帮助其他员工提高业务能力，积极参与跨团队、跨部门工作，主动与同事分享自己的经验和心得，以实际行动影响身边人。鼓励党员更多地“服务社会”，参与社会公益事业，展现先进性。党委牵头组建的“乐橙志愿派”“蒲公英派”“幸福抱团派”“学院派”等爱心小组，启动“爱心集装箱”活动，推出17个公益项目，党员带头参加开展灾害救助、扶助弱势群体、支持教育事业、普及环保意识、培育和谐电子商务生态系统、营造健康向上的网络文化等六项社会公益行动。每年在占全集团员工20%的“优秀”考核等次中，党员占到60%以上，成为企业优秀员工的中坚力量。

四、广东探索非公互联网企业党建工作实践经验

互联网企业是广东经济发展的支柱性力量。据统计，2016年互联网行业总产值超过3000亿元人民币。其中，广州和深圳两地的非公互联网企业最为集中，占全省的90%以上。为广州创造近1000亿元总产值，为深圳创造近2000亿元总产值。工业和信息化部发布的2017年度中国互联网企业100强前10名中，腾讯和网易名列其中。另外，广东非公互联网企业超过5000家，从业人员近50万人。其中，广州非公互联网企业约2000多家，从业人员超过20万人；深圳非公互联网企业2000多家，从业人员超过20万人。[①]

（一）建立“信息化+标准化”互联网企业党建模式

广东高度重视非公互联网企业的党建工作。目前已组建党组织的非公互联网企业1799家，已有非公互联网企业党组织351个，建立网络党组织229个，党员人数17579名，党的工作覆盖率达到100%。广东在积极实践中已经形成了富有自身特色的非公互联网企业党建工作经验。

---

① https：//mp. weixin. qq. com/s/v7DZe4R2jJQTlh9tx31TaA.

第一，抓谋划部署，推动互联网企业发展和党建工作齐头并进。早在2013年就对广东全省非公互联网企业党建工作情况开展了专题调研，当年12月召开全省非公互联网企业党建工作推进会，总结和交流全省非公互联网企业党建工作情况。2014年，广东省正式出台《关于加强广东省非公有制互联网企业党的建设工作的意见（试行）》，强调要强化作用发挥，抓住重点领域和重点地区，坚持分类指导，夯实党建工作基础。2017年，全省组织开展互联网企业党建工作专题调研，总结加强互联网企业党建工作的好做法、好经验，积极推行“信息化+标准化”党建工作模式，探索总结一条具有广东特色、在全国有影响的加强互联网企业党建工作的新路径。

第二，抓组织设置创新，推动非公互联网企业“两个覆盖”。针对互联网企业的不同类别，广东省区分不同情况，按新闻信息、电子商务、互联网金融、社交媒体、网络游戏行业的分类，由相应的主管单位、部门、协会、商会党组织建立基层党组织，因企制宜，积极稳妥推进非公互联网企业党组织的组建工作。将推进“两个覆盖”作为“两学一做”学习教育的重要任务，各地市和相关委员单位均已建立“两新”组织“两个覆盖”工作台账，明确推进“两个覆盖”的任务措施，进度安排和责任人。截至2016年12月底，全省非公互联网企业党组织做到应建尽建，工作覆盖率达到100%。

第三，抓带头人队伍和骨干力量建设，打造互联网企业党建的高素质人才队伍。一是建设专业型领导班子，党组织书记从企业熟悉党务工作、专业技术熟练的党员，特别是党员出资人、高管中选拔；二是培养专业型党建指导员队伍，从互联网企业业务指导部门、行业协会党组织、党建工作较好的非公有制企业党组织中选派热心党群工作、熟悉互联网行业情况的人担任党建指导员；三是通过网络党校等载体，加强对“两支队伍”的培训，重点加强党务知识和信息专业知识培训，提升“两支队伍”的能力素质。

第四，抓“组织生活标准化”，加强互联网企业党员教育管理。根据互联网企业党组织和党员的特点、需求，制定“三会一课”等组织生活指引，细化程序、步骤和流程，推动组织生活会、民主评议党员等制度落实。依托分区域建设的党群服务中心（站），统筹安排入驻的互联网企业党组织的活动，列出计划表，为基层党组织开展“三会一课”、党员学习培训、党员志愿活动提供服务。鼓励在标准化基础上设置特色组织生活内容，搭建党员发挥作用平台，开展党员亮身份、亮职责、亮承诺活动，推广党员示范岗、党员责任区、党员突击队等做法，让广大党员平常看得出来，关键时刻站得出来。

第五，抓机构保障，夯实互联网企业党建工作基础。一是建立非公互联网企业党建工作直接联系制度。省“两新”组织党工委直接联系3家以上大中型非公互联网企业党组织；广州、深圳等非公互联网企业较为集中的地区，市、区两级“两新”组织党工委分别联系2家以上非公有制互联网企业党组织，定期走访、了解情况、指导开展党建工作。二是建立经费保障机制。明确省财政按每名在职党员每年300元的标准补贴活动经费，按每人每月2000元的标准为全职党组织书记发放津贴等，实现非公党建保障方式的重大突破。在互联网企业聚集地区，按照区域科学规划建设党群服务中心，统一形象设计和标示指引。

（二）腾讯公司党委："党建引领　红心互联"

腾讯公司成立于1998年11月，员工3万多名，是目前中国最大的互联网综合服务提供商之一和用户最多的互联网企业之一。在中央、省、市和南山区委的关心支持下，公司于2011年由原党总支升格成立党委，下属党总支12个、党支部106个，党员5593人。2012年，被评为广东省“南粤先锋”先进基层党组织。2013年，被确定为省、市、区三级“两新”组织党建工作示范点。公司党委成立以来，坚持念好“强、优、好、实、新”五字决，发挥好政治核心和政治引领“两个作用”，着力打造“学习型、服务型、创新型”的“两新”党组织。[①]

第一，突出一个“强”字，抓班子带队伍。一是科学构建公司党组织管理架构。按照有利于组织开展活动、有利于党员教育管理和有利于完善组织体系的原则，顺应公司业务发展和组织架构变革，适时对党组织架构进行升级调整，根据党员人数和地区分布情况，依托产品线、事业部等灵活组建党组织，合理确定隶属关系，逐步完善“党委—总支—支部”三级组织架构。目前，党委共有委员11名，均为高层管理人员或主要业务部门主管，党委书记由公司高级副总裁郭凯天担任，党委班子和支委会也按照章程规定及时换届。二是扎实推进党务工作队伍建设。党委成立后，先后共举办了15期“党务干部培训班”，轮训北京、上海、成都、广州、深圳等12个党总支的专、兼职党务干部，培养了一批党性强、作风正、素质

---

① 新华网，http：//www.xinhuanet.com/2016－07/02/c_129107778.htm。

优、业务精的党组织书记和党务工作人员，为党建工作持续、健康发展打下了坚实的基础。三是切实加强党员教育管理。以中组部试点为契机，探索建立党员组织关系与人事关系联动机制，理顺党员组织关系，通过严格组织生活制度加强党员日常教育管理，增强党员党性意识和纪律观念。建立党员教育培训长效机制，每年组织大规模党员教育培训活动不少于6场次，在内容上主动向中央看齐、紧贴最新大政方针，涵盖习总书记系列讲话、四个全面战略布局、十八届五中全会精神、十九大精神等，在形式上通过“实体课堂+网络在线实播”覆盖北、上、广、深等各地分公司的八大事业群核心党务团队和普通党员。党委还将发展党员与公司招才引智有机结合，坚持党员优先，择优“双培双推”，每年接收大学生党员近千名。

第二，突出一个“好”字，促业务践责任。一是坚守正确网络舆论导向。党委始终坚持先进文化的前进方向，通过QQ、腾讯网、微信等中国领先的网络平台，坚定传递党和政府声音、唱响“爱国、敬业、和谐”网上主弦律。为企业产品注入丰富的精神文明内涵，积极宣扬社会主义核心价值观，积极维护国家信息安全，坚决抵制违法违规信息传播（数据显示，腾讯全产品平台信息健康度超99.60%，微信等关键产品平台信息健康度超99.88%），实现经济发展和精神文明建设双丰收。二是不断提升群众网络生活品质。在党委带领下，公司着力打造中国最大最好的网络社区，满足群众网络生活需求。2016年四季度，QQ活跃账户数达8.53亿，同比增长5%，微信和WeChat合并月活跃账户数6.97亿，同比增长39%；2015年营业收入1028.63亿元，同比增长30%，净利润291.08亿元，同比增长22%，目前公司市值已突破15000亿港元。三是以“互联网+”助推经济社会发展。在党委影响下，公司积极推动国家“互联网+”战略有效落地，为国家富强、社会平等和公民自由做出应有贡献，积极与各地政府部门建立合作，运用移动互联、大数据等信息技术手段，协助政府优化城市管理和公共服务，助推新常态下政府转型发展。

第三，突出一个“优”字，争先锋作示范。一是充分发挥党组织党员“两个作用”。积极落实南山区委“书记项目”，探索构建“核心凝聚，多维引领”党建工作机制，推动党组织和党员发挥“两个作用”。目前，党员遍布公司八大事业群，占员工总数的19.8%，平均年龄27.2岁，超过50%拥有硕士以上学位，50%为技术开发人员，是公司的核心业务骨干。广大党员带头学习提高、带头服务群众，带头科研攻关，加快推动企业科学发展，努力使腾讯成为推动我国文化产业发展的领头羊、排头兵，5年来共获得上级党委和公司各类荣誉860多人次。二是以党建服务推动民族互联网产业实现“中国梦”。公司党员充分发挥模范带头作用，开发出微信等代表性产品，充分体现了科技创新在推动经济发展中的重要作用。目前，公司申请专利超过16580件，授权专利超过2810件，居世界互联网业排名第二。三是紧密围绕公益服务深入开展党员志愿者服务活动。党委一直注重践行社会责任，并把“成为最受尊敬的互联网企业”作为愿景。公司2007年成立公益慈善基金会，成为中国第一家互联网非公募基金会，每年将利润一定比例捐赠给基金会，截至目前，腾讯公司以及员工累积捐赠近12亿元，用于持续开展扶贫救灾、教育发展、公益发展等项目。同时，腾讯创建的网络公益，推动亿万网友参与，让人人可公益的理念深入人心，截至目前，腾讯公益网通过网民捐款总额超过7.5亿元。多年来，在党委带动下，广大党员和志愿者团队把践行社会责任和核心价值观作为主要指导方向，每年累计开展活动超过200场，累计志愿者服务时长超过10万小时。

第四，突出一个“实”字，强保障增活力。一是管理层高度重视党建工作。马化腾虽然不是党员，但一直非常重视、支持公司党建工作。公司其他高管也高度重视党建工作，认为党建是推动企业发展的宝贵资源，并将党建作为引领企业科学发展、增强企业凝聚力、保持企业先进性的头等大事全力支持且积极参与，为党建工作提供充足人财物保障。二是加强党建工作人、财、物保障。公司专门成立党委办公室并配备3名专职党务干部，负责党委日常运作，组建由360多名兼职党务干部组成的党务干部队伍，实现党建工作力量全覆盖。每年拨付党建工作专项经费100余万元，高标准建设腾讯党员活动中心，专用党员活动场地面积达6000余平方米，包括党委发展足迹、党员活动展示区等六大党建内容，配备党员干部现代远程教育系统，成为党员职工综合活动服务平台。三是以创新推进党建工作规范化、制度化。建立完善《党委运作机制》《党费使用管理制度》和《党务工作操作指引手册》等一系列党务工作制度，推动党建工作制度化、规范化、长效化，强化党委领导的核心作用，引领和推动公司业务发展。

第五，突出一个“新”字，树品牌广宣传。一是开辟党建专题网站构建党员网上精神家园。开通“腾讯党员之家”网站，为党员学习党建知识、参加组织生活提供“菜单式服务”，成为企业发展的忠实顾问、党务干部的亲密助手、党员职工的知心朋友、积极分子的热忱向导。二是积极创新宣传手段抢占理想信念高地。党委办公室编印专题党刊——《腾翔》，精心制作党建专题片《心·路》，进一步激发党员和职工群众爱党爱国爱企的热情。开设党委微信公众账号，真正实现了信息实时化，极大地方便了广大党员，成为党委连接5000多名党员的精神纽带。三是建设党建展厅树立党建工作品牌。党委协调公司拨专款和专用场地筹建党建展厅，并调拨出500平米用于支持"南山智慧党建"体验馆建设，自体验馆2015年9月建成以来，承办了中组部"全国流动党员培训示范班"实践课堂，此后，又接待了来自全国各地市120批次2600多人次的参观学习，获得了全国各地组织系统领导和学员们的一致认可和好评。

五、江苏探索非公互联网企业党建工作实践经验

截至2017年11月底，江苏网信领域企业共有1756家，是江苏省经济发展的重要动力，也是江苏省加强"两新"组织党建的重点领域。其中，有323家企业成立了党组织，在册党员有16257人。其中，35岁以下党员12030人，青年党员比例占74%，研究生及以上学历的党员共1154人，约占党员总数的7.1%。[①] 在开展互联网企业党建工作实践中，逐步形成了富有本省特色的党建工作经验。

（一）指导文件：《关于加强我省移动互联网管理工作的实施意见》

2017年10月11日，江苏省委办公厅、省政府办公厅联合印发《关于加强我省移动互联网管理工作的实施意见》（以下简称《意见》）。《意见》第13条专门对加强互联网企业党组织建设做出规定。《意见》指出：加强企业党组织建设。按照属地管理为主、属业管理为辅的原则，建立健全移动互联网信息服务业党组织领导体制和工作机制。扩大党的组织覆盖，符合条件的移动互联网络信息服务业单位，都要按党章规定单独或联合建立党组织。加强党建工作指导，推动移动互联网信息服务业单位党建工作指导员派驻全覆盖。注重骨干队伍培育，在信息内容编辑审核、网络安全技术研发等核心岗位优先配备、发展党员。严格党员教育管理，严肃党内政治生活。广泛开展党员先锋队、党员示范岗、党员责任区活动，积极发挥

① https://mp.weixin.qq.com/s/ipxqL9BAjgJJWFEVSADE5w.

党组织的政治核心和政治引领作用。在具体实践过程中，逐步形成了以下做法。

第一，探索形成一种组织建设模式。针对互联网企业聚集在开发区（工业园区）、商厦楼宇、专业市场等区域的实际，在园区创新组织设置，扩大组织覆盖和工作覆盖，通过整合区域资源“建组织”，依托项目群、产业链、流水线组，探索形成立体式、全方位的“园区党组织网络”的组织建设模式。

第二，突出抓好三支队伍建设。江苏省以激发内在活力为目标，着眼打造助推互联网企业党建又好又快发展的支持力量，不断健全完善党务工作者选、培、管、用机制，通过专业化管理，突出抓好互联网企业出资人、党组织书记、党建工作指导员“三支队伍”建设。通过系列举措着重鼓励党建工作难度大，但党员群众满意度高的党建队伍，形成了“一岗双责”党建工作模式，互联网企业党建工作的内容逐渐丰富、形式不断创新，活跃度和吸引力得到有效加强。

第三，持续开展两类党建活动。尊重互联网企业党员群众的主体地位，着眼党员群众个性需求开展系列党建活动，为企业党建注入新的生机与活力。一方面，深入开展党员服务活动。举办互联网企业“党组织形象展示年”，以“党组织挂红色标牌、党员挂红色标识，党组织亮承诺、党员亮业绩，服务科学发展、服务职工群众”为主要内容，在互联网企业叫响“双挂双亮双服务”口号。另一方面，打造特色党建文化活动矩阵。持续实施网络诚信日、网络文化季、“情暖江苏”网络公益行动等重点项目，壮大宣传声势，加强党员教育，丰富党员精神文化生活，将主旋律和正能量融入企业文化，实现党建工作与企业文化的良性互动。

第四，建立健全四种工作机制。一是规范协作机制，壮大党建“朋友圈”。常州市与中国进出口银行江苏分行探索属地党建共建机制，约定将园区互联网企业的党建水平作为获得资金支持的“准入门槛”以及评定企业信用等级的重要标准，为企业获得资金提供便利。二是建立交流共享机制，集合党建资源。南京市徐庄软件园积极借助“红旗飘飘”党建信息平台客户端搭建信息交流机制，发布党建信息和园区工作动态，组织党员进行“闪聚”式集体交流和讨论，设立园区、企业党员微信分享群，以图片、视频、文字等形式，及时分享党的理论知识、党风廉政规定等内容。三是搭建意见反馈机制，形成良性互动。引导和发动党员主动收集互联网企业利益诉求，通过组织渠道建议献策，为上级决策提供参考。加强行业的自我管理和规范，推动互联网企业之间错位经营，有序竞争，促使整个行业走上良性发展之路。四是探索工作评价机制，力求工作成效。在企业建立日常党建工作台账，将平时党建工作情况及时记录在账，工作成效纳入互联网企业年度争先创优指标体系中，定期组织开展民主评议党员活动，确保党建工作的成效。

（二）同程网络科技有限公司党委："党建与企业发展互联同程"

"同程"是一家基于互联网技术的多元化旅游企业集团。经过多年的拼搏努力，目前已经成为一家拥有12000名员工、年交易额600亿元的大型互联网企业，连续4年获"全国百强互联网企业"称号。公司于2008年建立党支部，2015年升格为党委，下设6个党支部，共460名党员。自党组织组建以来，同程网络科技股份有限公司党委不断深化改革，从"一正两副"特色书记制度到政委特色管理制度，同程的先锋党员们带头做好工作，明确目标、指引方向，架起公司和员工之间沟通的桥梁，成为公司文化的倡导者、贯彻者和诠释者，使公司组织凝聚力更强大。公司党委认为，在互联网时代，企业要做强做优做大，更需要发挥党建优势，引领企业发展。[①]

第一，互联网企业要想"形散神不散"，必须依靠党建工作的磁石效应。员工高度分散是互联网企业的典型特点，年纪轻、学历高、思维活，是互联网企业党员职工的共性特征。如何凝心聚力？同程党委必须依靠党组织发挥核心作用。

"线上平台"激发活力。借助信息化手段是做好互联网企业党建工作的必然选择。同程采取"线上线下相结合"的方式，通过微信端、企业QQ、内部OA系统、公司内网、远程视频会议等"五位一体"的线上党建平台，让公司党员可以随时随地"回家"。目前，线上党建平台关注用户达8000多人，2017年以来开展专题学习150余次，交流讨论500多次。周艳是公司派驻在东京负责地接业务的资深导游，由于长期忙于带团，很难固定参加党组织活动。自从公司党委建立线上党建平台后，她能利用业余时间在手机上学习，参加党的组织生活。上次回国接受表彰时，她感慨道："公司安排的网上学习和组织生活对于我们年轻人来说，真是太方便

① https：//mp. weixin. qq. com/s/UTqT5LVBZVSUNMMYbPFkcQ.

了，而且还可以通过学习和参加活动获得积分，年度按照积分参加评优，对我们是一种很大的激励。”

“政委制度”凝心聚力。同程创新设立“政委制度”，按照平均百人配一名专职政委的标准，选派政治素质高和业务技能强的同志在党委、党支部担任“政委”，专门负责抓党的建设和思想政治工作，这样“走心”的管理方式得到了年轻员工的认可。目前公司“政委”队伍已壮大到200人。2017年以来，开展党员谈心谈话874人次，协调解决党员职工反映问题343件。孙秋红是出境事业部的“政委”。2014年，部门中一位同事的父亲不幸罹患晚期癌症，由于是单亲家庭，父亲的照料全靠她一人。得知情况后，孙秋红马上联系苏州的医院，帮助把老人接到苏州治疗。由于担心同事一人无法应对，还悉心安排两位男同事帮忙晚间看护。一个多月后，老人不幸离世，孙秋红又及时帮助其申领公司补助金。小伙伴们的贴心陪伴和真诚关心，让这位孤身一人在苏州打拼的姑娘热泪盈眶、倍感温暖。事后，这位同事全身心地投入工作，回报公司的关爱，现在已成长为一名优秀的管理人员。

第二，互联网企业要打开创新发展的新“蓝海”，必须依靠党建工作激发活力。“创新”无疑是互联网企业最需要的时代精神。同程坚持把促进员工成长、激发员工创造活力作为党建工作的重要内容，汇聚起企业创新发展的强大动力。

“同程梦”圆“创业梦”。为了帮助员工成长，公司党委经过深入研究论证，决定打造同程众创空间，专门服务公司党员及员工创新创业。2017年5月4日，同程众创空间正式启动，建成2000余平方米的创业孵化基地，创投团队由同程创始人和外部天使团队组成，并与园区管委会合作设立创业投资基金，目前已孵化创新创业项目30多个，这家咖啡店也成为了同程大厦的标志项目。同程众创的蓬勃发展，既让越来越多的党员、员工实现创业梦想，也为公司发展打开了一片新的“蓝海”。

“同程大学”推动员工成长。为了给员工成才提供全方位的学习平台，2015年，公司党委在前期培训体系的基础上，正式成立同程大学。先后开设“同程夜大”“大咖来了”“腾龙计划”等10多个中高级培训项目，平均每天有36场培训、628人进入线下课堂、890人在线学习，同程大学成为党员员工成长成才的快速通道。截止目前，公司党委已培养园区金鸡湖“双百”人才2人、苏州市姑苏领军人才3人、江苏省高端服务业领军人才1人。

第三，互联网企业要想不断提升社会形象，必须依靠党建工作引领方向。公司拥有2亿多注册用户，每年服务超3亿人次，具有极大的行业和社会影响力。影响越大，责任越大。近年来，同程致力于创建系列爱心品牌，积极传递正能量，连续多年被评为全省文明办网先进单位。

强化核心把好方向。在公司运行架构中，党组织始终是一个核心，发挥着把方向、管大事的作用。同程按照党建工作要求，重视发挥好党组织的政治功能和服务功能。在公司业务方面，紧扣党建主题，专门推出红色主题景点旅游线路，充分发挥互联网企业在传播红色文化中的作用。如今，不仅中老年人热衷于瞻仰革命圣地，越来越多的年轻人也将红色景区安排到旅游行程中，接受革命传统教育。在维护职工利益方面，公司党委发起设立了总额500万元的“全国导游领队救助基金”，用于救助因公伤亡或身处困境的导游领队人员及其家属，这项爱心行动不仅得到了上级领导和业内人士的高度关注和赞扬，也进一步增强了党组织的凝聚力号召力。

履行责任树好形象。同程的发展离不开社会各方的支持。近年来，公司党委积极履行社会责任，用一个个爱心行动，反哺社会，践行企业责任。2013年四川雅安发生地震，同程向灾区援建了同程希望小学，惠及当地数百名学龄儿童；2014年，发起“1元玩景点，1元献爱心”大型公益活动，筹集50万元善款帮助灾区的贫困儿童；还为遭受地震灾害和贫困的孩子们专门设计“治愈系”旅游路线，让孩子们在大自然怀抱里打开心扉，拥抱美好生活。帮扶对象中有一位叫潘劲飞的孩子。8年前，他父亲因救一个落水大学生而英勇牺牲。刚成立不久的同程党支部得知此事后，全体党员一致决定资助年幼的潘劲飞完成学业，现在潘劲飞已是一名大学生，未来的路还很长，同程将不忘初心，继续与他同行。

总之，互联网企业党建是一个新兴领域，同程的探索还是初步的。如今，同程仍在认真贯彻落实上级党委决策部署，不断夯实基础，激发活力，全面提高党建实效，努力实现党建和企业的同程发展。

结束语

高度重视互联网企业党建，着力提升“两新”组织党建组织力

“两新”组织党建是党的基层组织建设的重要内容。“两新”组织党建组织力更是党的基层组织建设的重中之重。党建组织力作为一种能力体系，主要包括组织执行力、群众组织力和政治引领力。组织执行力是指贯彻执行中央指示精神的能力；群众组织力是指联系、团结和组织群众的能力；政治引领力是指影响、号召和引领群众的能力。党的十九大报告进一步明确对包括“两新”组织在内的基层党组织提出了新的能力要求：提升组织力，突出政治功能。这一能力要求对“两新”组织党建工作具有深远的指导意义。作为社会主义市场经济条件下发展起来的新经济组织和社会组织，“两新”组织既是中国共产党治国理政的新对象，又是中国共产党组织建设的新场阈。新对象表明非公所有制经济组织和社会组织的出现和迅猛发展，打破了长期以来以国有企事业单位和工青妇等群团组织为主体的传统治理格局，从而增强了中国共产党社会治理对象的多元性和复杂性；新场阈表明非公所有制经济组织和社会组织的壮大和影响剧增，已经在事实上形成了有别于体制内单位的组织新空间，从而增加了失去可依托行政资源的传统党建模式的工作难度和组织挑战。可以说，无论是作为治理新对象还是组织新场阈，都表明在社会群体结构和社会组织架构已然深刻变化的情况下，“两新”组织党建承载了中国共产党对非公领域经济和社会组织进行政治团结、组织凝聚和方向引领的政治使命。这一强烈的政治使命感，要求“两新”组织党建必须切实增强和提升组织力，真正使“两新”基层组织肩负起教育党员、管理党员、监督党员和组织群众、宣传群众、凝聚群众、服务群众的组织职责。

（一）新时代提升“两新”组织党建组织力的政治意义

与以往关于党的基层组织建设的论述相比，十九大报告最令人关注的地方就是明确提出了党的基层组织要以提升组织力为重点，突出政治功能这一新要求。这是党的基层组织必须始终遵循的政治要求。事实上，对任

何政治组织或集团来说，能否具有强大的组织力始终是衡量政治组织或集团是否拥有强大社会政治能力的主要标准，甚至可以说是唯一标准。恩格斯指出：“最好的计划，如果执行不力，优柔寡断，也会毫无价值。”① 就无产阶级政党而言，组织力实际上是无产阶级政党在政治宗旨、组织原则、运行机制、组织惩戒等方面的综合体现。全心全意为人民服务是中国共产党的根本宗旨。这一政治宗旨规定和赋予了党组织力的信仰内涵，使无论是各级组织还是党员个人都能够以高度政治自觉贯彻执行党的各项路线方针和政策。民主集中制是中国共产党的组织原则。这一组织原则规定了党的组织力在政治自觉基础上的组织性要求：党员个人服从党的组织，少数服从多数，下级组织服从上级组织，全党各个组织和全体党员服从党的全国代表大会和中央委员会。列宁指出：“共产党只有按照高度集中的方式组织起来，在党内实行近似军事纪律那样的铁的纪律，党的中央机关必须拥有广泛的权力、得到党员普遍信任的权威性机构，只有这样，党才能履行自己的职责。”② 在党的组织运行体系中，基层组织是党在社会基层组织的战斗堡垒，是党的全部工作和战斗力的基础。“基础不牢，地动山摇。”基层党组织贯彻中央指示精神的坚决程度、执行力度和工作强度，直接关系到党对一切工作领导的政治效果。因此，坚决、彻底的组织执行力就成为基层党组织的组织力的核心要素。《中国共产党章程》规定，党的纪律是党的各级组织和全体党员必须遵守的行为规则，是维护党的团结统一、完成党的任务的保证。党的纪律就是对党的各级组织和全体党员组织力的有效保证和强制约束。列宁指出：“如果我们党没有极严格的真正铁的纪律，……那么布尔什维克别说把政权保持两年半，就是两个半月也保持不住。”③

中国特色社会主义最本质的特征是中国共产党领导，中国特色社会主义制度的最大优势是中国共产党领导，党是最高政治领导力量。十九大报告提出党的基层组织要以提升组织力为重点，突出政治功能的组织工作重点，既是对国有企事业单位基层党组织的要求，更是对“两新”组织党的基层组织的要求。对非公所有制经济组织和社会组织来说，这一新要求具有更加深刻的政治意义。而要理解这一新要求的政治意义，必须从“坚持

① 《马克思恩格斯全集》第 17 卷，人民出版社 1963 年版，第 245 页。

② 《列宁全集》第 39 卷，人民出版社 1974 年版，第 202 页。

③ 同上书，第 3—4 页。

党对一切工作的领导”的政治高度来认识。十九大报告指出，“坚持党对一切工作的领导”就是：党政军民学，东西南北中，党是领导一切的。必须增强政治意识、大局意识、核心意识、看齐意识，自觉维护党中央权威和集中统一领导，自觉在思想上政治上行动上同党中央保持高度一致，完善坚持党的领导的体制机制，坚持稳中求进工作总基调，统筹推进“五位一体”总体布局，协调推进“四个全面”战略布局，提高党“把方向、谋大局、定政策、促改革”的能力和定力，确保党始终总揽全局、协调各方。作为新时代坚持和发展中国特色社会主义的十四条基本方略的首要方略，“坚持党对一切工作的领导”是核心、是灵魂，贯彻于各项工作的始终。提升“两新”组织党建组织力，就是贯彻落实“坚持党对一切工作的领导”这一政治原则的具体体现。可以说，十九大报告强调要提升“两新”组织党建组织力，是在中国特色社会主义进入新时代，党中央对“两新”组织及其党建工作的认识升华和政治部署。

坚持党对一切工作的领导，不仅意味着党的组织和工作要覆盖社会全领域，更要在社会治理体系中发挥主导性、决定性的作用。但是在现有的社会治理格局中，“两新”组织既不同于国有企事业单位，也不同于工青妇和行业协会（工商联、科协、侨联、残联、社联、文联、作协、红十字会）等群团组织。“两新”组织与这两大类型的单位和组织的最大不同就是，“两新”组织是社会主义市场经济条件下，经济成分和利益格局多样化，社会阶层和群体多元化的社会产物，具有典型的发展内生性、组织自治性、规则法治性和目标经济性的鲜明特点。发展内生性，主要是指“两新”社会组织实际上是我国经济体制改革深化、社会群体结构和社会组织架构深刻变化的内生产物。与工青妇群众组织相比，“两新”组织的出现是适应社会主义市场经济和社会管理体制变化的自然结果，不像工青妇群团组织那样是党为了更方便地联系各行各业群众所创设出来的政治性群众组织。因此，从组织生成的角度来讲，工青妇群团组织是政治外置性的，“两新”组织则是社会内生性的。这一组织发展的内生性特征决定了“两新”组织在自我治理上表现出高度的自治性。这就是“两新”组织的第二个鲜明特点：组织自治性。虽然工青妇群团组织和“两新”组织一样，需要遵照国家相关法律要求进行注册登记管理。但是，由于工青妇群团组织的政治外置性特征决定了这种类型的群团组织实际上就是党联系群众、团结群众和组织群众的政治助手。无论经费支持、人事任免还是组织管理，工青妇群团组织的内部治理结构都具有浓厚的行政色彩。与之相比，“两新”组织则表现出组织内部的高度自治性。作为在国家工商、民政等部门注册的法人代表，无论是资本来源、人事招聘还是组织管理，都严格按照市场化方式来进行自我管理，因而表现出高度的组织自治性。组织自治性的内在特征表明，“两新”组织的活动不可能像工青妇群团组织那样按照党的政治任务需要来开展相应组织活动。事实上，规范“两新”组织活动的主要是国家法律和相关行业法规。这就是“两新”组织的第三个鲜明特点：规则法治性。不过，法律法规只是划定厘清了“两新”组织的活动边界，推动乃至主导“两新”组织生存发展的关键性因素仍然是市场力量。无论是非公所有制企业还是社会组织，都必须在遵循市场法则的条件下努力寻求自身的发展之路。尽管“两新”组织的形式、内容和目标多种多样，但是追求经济性是“两新”组织的共同目标。即使如文体娱乐和公益慈善类型的社会组织，无论是维护组织内部的正常运转或是提供相应的社会服务，如果没有获得持续稳定的经济来源是无法保证社会组织的存活。赢者胜出，败者出局。市场竞争的激烈残酷决定了“两新”组织具有强烈的目标经济导向。这是“两新”组织的第四个鲜明特点。

上述四个特点决定了“两新”组织与党的政治关系明显有别于工青妇等群团组织。从政治角色的定位上讲，工青妇等群团组织是党联系群众、团结群众和组织群众的政治助手。“两新”组织的政治角色则是“群众”。这一角色定位决定了“两新”组织必然是党要联系和团结的社会对象。从社会角色的功能来讲，“两新”组织拥有着更为巨大的社会影响力。“两新”组织由于汇聚了相当数量的体制外群众，因而成为工青妇等群团组织之外的另一类型的经济和社会组织。也就是说，在行政化色彩浓厚的工青妇等群团组织之外，“两新”组织实际上为社会大众提供了可以凭借自身需要加入新组织的自由选择权。尽管这种自由选择权并不意味着绝对自由，但无疑在社会结构日益多元化和碎片化的当下，为从行政事业部门分离出来的社会大众提供了独立发展的机会。“两新”组织成为大量适应市场化生存方式的社会大众工作、生活和社会交往的主要居所。面对这种情况，以行政资源为主要依托的共青妇等群团组织根本无法满足社会大众的选择需求。这种情况的出现在事实上松动和销蚀了党和政府的传统治理格局和治理力量。于是，从外部加强对“两新”组织的法律规范管理和在“两新”组织内部设置党的组织，就成为中国共产党强化“两新”组织管理的两个重要途径。

十九大报告之所以把提升组织力作为包括“两新”组织在内的党的基

层组织的工作重点，事实上是中国特色社会主义进入新时代对党的基层组织建设提出的更高政治要求。在决胜全面建成小康社会、夺取新时代中国特色社会主义伟大胜利、实现中华民族伟大复兴的“中国梦”、实现人民美好生活愿望的历史关键时期，要求党的基层组织必须具备更加强大的组织力来完成中央赋予的政治使命和组织任务，要求党的基层组织和全体党员必须无条件地、不打折扣地服从中央的指示精神和统一部署，坚决彻底地成为贯彻落实中央政策规定，教育管理党员，组织动员群众，领导基层治理，推动改革发展的坚强战斗堡垒。

（二）新时代提升“两新”组织党建组织力的新要求

十九大报告提出“以提升组织力为重点，突出政治功能”，是对包括“两新”组织在内的党的基层组织在新时代党一定要有新气象、新作为的政治要求。就“两新”组织党建工作而言，这一要求既是对“两新”组织党建工作的回顾总结，更是对“两新”组织党建工作的全面提升。

从中国共产党推进“两新”组织党建工作的思路和实践来看，主要经历了四个发展阶段。第一阶段从20世纪90年代开始。这一时期中国共产党的工作思路和重心是在“两新”组织建立党的基层组织。20世纪90年代以来，随着社会主义市场经济体制的确立，大量私营企业和社会团体开始涌现。国家先后出台相关法律来规范对私营企业和社会团体的管理。1998年9月25日，国务院第八次常务会议通过《社会团体登记管理条例》和《民办非企业单位登记管理暂行条例》，以法律法规的形式对两种形式的组织成立予以制度性规范。1999年11月1日，中共中央办公厅、国务院办公厅下发《关于进一步加强民间组织管理工作的通知》，明确规定了对民间组织实行业务主管单位和登记管理机关双重负责的管理体制。在党和政府加强对“两新”规范和管理同时，按照中国共产党政党治理的逻辑，要求在“两新”组织建立党的基层组织的工作也同步展开。1998年2月，中共中央组织部与民政部共同发布《关于在社会团体中建立党组织有关问题的通知》，对社会团体建立党组织问题做了较详细的规定。2000年7月，中共中央组织部发布《关于加强社会团体党的建设工作的意见》。该意见规定，除在民政部门注册的社会团体、民办非企业单位和基金会之外，还包括社会中介组织和城乡社区社会组织。按照上述通知意见，“两新”组织的党建工作重点就是按照党章要求，普遍建立党的基层组织。

以2004年9月召开的中国共产党第十六届四中全会为标志，“两新”

组织党建工作开始进入第二阶段。这一时期在党和国家的政策引导下，“两新”组织的发展异常活跃。中共中央先后发出《中共中央关于构建社会主义和谐社会若干重大问题的决定》（2006 年 10 月 11 日中国共产党第十六届中央委员会第六次全体会议通过）和《中共中央关于制定国民经济和社会发展第十二个五年规划的建议》（2010 年 10 月 18 日中国共产党第十七届中央委员会第五次全体会议通过）都对社会组织的发展做了相应说明。2011 年 3 月 14 日，第十一届全国人民代表大会第四次会议批准的《中华人民共和国国民经济和社会发展第十二个五年规划纲要》进一步对加强社会组织建设提出了要求。从 2004 年到 2012 年的 8 年时间里，全国社会组织已达 49. 9 万个（其中，社会团体 27. 1 万个、基金会 3029 个、民办非企业单位 22. 5 万个），吸纳社会各类人员就业 613. 3 万人，形成固定资产 1425. 4 亿元。[①] 伴随着“两新”社会组织的蓬勃发展，中国共产党的基层组织建设也进入到快速发展时期。中共中央组织部发布的《2012 年中国共产党党内统计数据》显示，147. 5 万个非公有制企业建立党组织，占具备建立党组织条件的非公有制企业数的 99. 95% 。4. 03 万个社会团体建立党组织，占具备建立党组织条件的社会团体数的 99. 21% 。3. 95 万个民办非企业单位建立党组织，占具备建立党组织条件的民办非企业单位数的 99. 61% 。[②]

以 2012 年 10 月 24 日召开的中国共产党第十八次全国代表大会为标志，中国共产党在“两新”组织的党建工作进入以“夯实党执政的组织基础”为目标的第三阶段。这一目标要求，中国共产党在“两新”组织不仅要有党的基层组织设置的数量，更要有党的基层组织工作的质量。十八大报告明确要求要加大非公有制经济组织、社会组织党建工作力度，扩大党组织和党的工作覆盖面。据统计，从 2012 年底至 2016 年底，全国共有社会组织 70. 2 万个（其中，社会团体 33. 6 万个、基金会 5559 个，民办非企业单位 36. 1 万个），吸纳社会各类人员就业 763. 7 万人。[③] 为了推进党在社会组织的基层组织设置和工作覆盖，一系列法律法规和通知意见密集出

---

① 民政部：《2012 年社会服务发展统计公报》，http：//www. mca. gov. cn/article/sj/tjgb/201306/201306004747469. shtml。

② 中共中央组织部：《2012 年中国共产党党内统计数据》，http：//news. 12371. cn/2013/06/30/ARTI1372576793913322. shtml。

③ 民政部：《2016 年社会服务发展统计公报》，http：//www. mca. gov. cn/article/sj/tjgb/201708/20170800005382. shtml。

台。2015 年 9 月，中共中央办公厅印发《关于加强社会组织党的建设工作的意见（试行）》；2016 年 2 月，国务院颁布修订后的《社会团体登记管理条例》；2016 年 8 月，中共中央办公厅、国务院办公厅联合印发《关于改革社会组织管理制度促进社会组织健康有序发展的意见》等等。经过近 5 年的努力，“两新”组织的“双覆盖”工作取得了显著成绩。据中共中央组织部发布的《2016 年中国共产党党内统计数据》显示，185.5 万个非公有制企业已建立党组织，占非公有制企业总数的 67.9%；全国社会组织法人单位中已建立党组织的 28.9 万个，占社会组织法人单位总数的 58.9%。[①]

以 2017 年 10 月 18 日召开的中国共产党第十九次全国代表大会为标志，中国共产党在“两新”组织的党建工作进入“以提升组织力为重点，突出政治功能”为目标的第四阶段。这是推进新时代中国特色社会主义伟大事业和伟大工程的必然要求。党的十九大政治报告对包括“两新”组织在内的党的基层组织提出了更加明确、更加有力的组织目标：要以提升组织力为重点，突出政治功能，把企业、农村、机关、学校、科研院所、街道社区、社会组织等基层党组织建设成为宣传党的主张、贯彻党的决定、领导基层治理、团结动员群众、推动改革发展的坚强战斗堡垒。党支部要担负好直接教育党员、管理党员、监督党员和组织群众、宣传群众、凝聚群众、服务群众的职责，引导广大党员发挥先锋模范作用。也就是说，中国特色社会主义进入新时代，“两新”组织党建要以提升组织力为重点，要做大更要做强。具体而言，就是要在以下三个方面实现转变。

一是从重基础到强能力的转变。所谓重基础，主要是指在中国共产党在“两新”组织的党建工作主要以设置党的基层组织为重心。采取重基础的策略，既是中国共产党在“两新”组织开展党建工作的政治逻辑起点，也是“两新”组织党建工作开展的第一步。在社会结构多元化和党员职业发展多样化的情况下，“两新”组织已经成为党员的汇聚之所。按照《中国共产党章程》规定，凡是有正式党员三人以上的，都要建立党的基层组织。在“两新”组织中设置党的基层组织的首要目的，就是要把这些脱离了行政单位管辖的“体制外”党员重新纳入到党的组织体系之中，并通过教育、管理、监督和组织生活等方式，不断对这些党员进行再组织化

---

① 中共中央组织部：《2016 年中国共产党党内统计数据》，http：//news.12371.cn/2017/06/30/ARTI1498810325807955.shtml。

和再政治化，从而保证全党的团结、统一和有力。应该说，在“两新”组织中按照党章要求设置党的基层组织，为进一步开展“两新”组织党建工作奠定了组织基础。但是，如何把“两新”组织党建工作的组织基础进一步巩固提升为党执政的坚实政治基础，就成为重基础发展的第二步——推进对“两新”组织党的基层组织的工作覆盖。毕竟，“两新”组织既不同于国有企事业单位，也不同于工青妇等群团组织。其高度的自治性和经济性决定了“两新”组织党的基层组织活动受到极大限制。如何破解这种组织困境以激活“两新”组织党的基层组织的活力，就成为中国共产党推进工作覆盖的重中之重。5 年来，在中央的总体部署和各级党委的统揽下，以组织部门、社会工作委员会等相关职能部门为主导，在工商、民政、税务、网信、公安等行政执法部门的支持下，党在非公有制经济组织和社会组织中的组织设置和工作覆盖取得了显著成绩，基本形成了对“两新”组织党的基层组织工作覆盖的运行机制，初步建立了比较通畅的工作联络渠道和组织活动平台。在“两新”组织党的基层组织的引领下，“两新”组织的政治向心力日益增强。在“两新”组织和“两新”党的基层组织发展已然发生变化的形势下，党的十九大报告适时提出了以提升组织力为重点，突出政治功能的能力要求。其目的就是要通过提升“两新”组织党建组织力，既要强化党委和组织部门对“两新”组织基层党组织的工作指导能力，更要提高“两新”组织基层党组织的存在感、权威性和影响力，夯实和增强党领导一切政治原则在“两新”组织的政治基础。

二是从重管理到强功能的转变。所谓重管理，主要是就中国共产党在“两新”组织党建工作的内部指向性而言的，即“两新”组织的党建工作主要以内部党员的管理教育为主。这是“两新”组织党建工作开展组织设置阶段的主要内容。在“两新”组织开展党建工作，其最初目的就是为了把“两新”组织里面的流动党员重新组织起来。以社会组织为例，民政部社会组织管理局统计数据显示，截至 2016 年末，全国各级各类社会组织中党组织覆盖率达到 58.9%。[①] “两新”组织党的基层组织覆盖率的不断提高，表明对流动党员再组织化的覆盖率也在不断提高。但是我们也必须看到，由于“两新”组织的特殊性，党的基层组织管理工作实际上存在不少困难。有两个关键性问题尤其需要引起重视。第一个问题就是外在环境的

① http：//mp. weixin. qq. com/s/ZhttYlPgnNw2SKsFJEeNzQ.

制约。“两新”组织的内部自治性和经济逐利性决定和塑造了单位内部去政治化的小环境。这种小环境在两个方面发生作用：一方面，它对单位内部党员与非党员群众之间的人际关系会造成一定的心理影响。党员的政治身份实际上给单位员工这一共同身份带来分离。另一方面，这种小环境又使党的基层组织的管理活动往往面临无法正常开展的问题。像国有企事业单位和工青妇等群团组织那样习以为常的定时、定点、定人、定主题的组织活动，对“两新”组织党的基层组织来说就是一种奢望。如果说外在环境的制约可以采取各种方式加以克服的话，那么影响“两新”组织党的基层组织管理活动的第二个关键问题就是：部分“两新”组织党员政治意识的普遍淡化。在造成党员政治意识淡化的诸多因素中，经济性因素具有决定性。对这部分政治意识淡化的党员来说，党员的政治身份并不能在其职业发展、工作业绩和经济收入方面带来正向影响。对他们来说，自食其力、自我管理、自我发展已经在其进入“两新”组织时就成为个体遵循的社会信条。当然，缺乏严格的党员奖惩机制也是纵容这种政治意识淡化的重要原因。在上述多种因素的制约下，就目前党在“两新”组织党建工作的现状而言，基层党组织主要发挥联络渠道的作用。对上，基层党组织成为上级党组织传达党的路线方针政策的“传声筒”；对下，基层党组织成为联系单位党员的“牵线员”。无论是“传声筒”还是“牵线员”，都无法承担和履行中央赋予基层党组织教育、管理、党员和组织、宣传、凝聚、服务群众的政治职责。因此，整顿、充实和提高就成为新时代党要领导一切政治原则对“两新”组织党的基层组织管理功能的新要求。

三是从重一般到强关键的转变。所谓重一般，是就中国共产党开展党建工作的“两新”组织的类型来讲的。从“两新”组织发展来看，从事生产生活服务型的非公企业和社会组织是“两新”组织的主体，也是中国共产党开展党建工作的主要阵地。但是，以互联网为主要代表的信息网络技术的迅猛发展却造成了一大批新类型企业——互联网企业。尽管互联网企业类型众多，包括生产服务类（为互联网行业发展提供基础性设备、软件、程序以及其他技术服务类的相关企业）、企业服务类（为企业提供互联网行业技术、信息、通讯的服务类企业）、公共服务类（通过搭建互联网平台并为大众消费者提供各种便捷式服务的互联网企业）和内容生产类（依托互联网平台提供能够满足市场用户精神和心理需求的互联网企业）等四大类企业，但是最引人关注的却是公共服务类和内容生产类企业。其原因就在于，这两种类型的互联网企业具有通过互联网技术和平台生产能够对社会大众的心理、思想和行为产生深刻影响的产品内容的社会能力。这种社会影响能力已经远超一般非公所有制企业和社会组织，因而成为新时代党建工作的关键内容。2016 年是中国共产党对“两新”组织党建工作认识和思路调整的标志性年份。正是从这一年起，以内容生产和思想传播为特点的互联网型“两新”组织成为党建工作的新对象。2016 年 4 月 19 日，习近平总书记在网络安全和信息化工作座谈会上的讲话中明确提出增强互联网企业使命感、责任感的问题，“希望广大互联网企业增强坚持经济效益和社会效益统一，在自身发展的同时，饮水思源，回报社会，造福人民”①。2017 年 1 月 18 日，时任中共中央政治局委员、中共中央组织部长的赵乐际同志在全国组织部长会议上的讲话中进一步明确，要重视互联网企业党建工作，以新闻信息、电子商务、互联网金融、社交媒体、网络游戏等企业为重点，积极有序推进组织设置和工作覆盖，加强互联网企业党员教育管理，壮大互联网企业党员队伍。10 月 18 日，习近平总书记在党的十九大报告中强调，要加强互联网内容建设，建立网络综合治理体系，营造清朗的网络空间。可以说，从 2016 年网络安全和信息化工作座谈会到 2017 年党的十九大召开，加强互联网企业党建已经成为中国共产党在“两新”组织开展党建工作的新对象、新阵地，成为中国共产党社会有效治理的新环节、新关键。

（三）新时代提升“两新”组织党建组织力的四个着力点

党的十九大报告明确提出，新时代要毫不动摇地把党建设得更加坚强有力。“更加坚强有力”就是新时代“两新”组织党建的根本要求。“两新”组织党建是党的建设的重要领域和关键阵地。“两新”组织党建工作的坚强有力，直接关系到党在非公领域执政的政治基础巩固。因此，在“两新”组织党建工作中坚持党对一切工作领导的政治原则，就要以提升组织力重点，从政治目标、组织发展、作用机制、队伍建设、技术保障五个方面入手，着力突出“两新”组织党组织的政治功能，真正成为确保党的路线方针政策和决策部署贯彻落实的基础。

在政治目标方面，以政治引领为牵引，切实发挥“两新”组织党建的政治功能。从十八大到十九大，中国共产党对“两新”组织党的基层组织

① 习近平：《在网络安全和信息化工作座谈会上的讲话》，人民出版社 2016 年版，第 23 页。

的政治定位和角色功能均发生了明显变化。在十八大报告中，对包括“两新”组织党组织在内的基层党组织赋予了两个明确的政治定位和角色身份：一是充分发挥推动发展、服务群众、凝聚人心、促进和谐的作用；二是以服务群众、做群众工作为主要任务，加强基层服务型党组织建设。也就是说，包括“两新”组织党组织在内的基层党组织，要按照服务型党组织的要求，围绕服务群众、凝聚人心、促进和谐这一中心来开展工作。之所以把“服务”作为“两新”组织党组织建设和发展的政治导向，主要取决于党面临的形势任务的需要。这种严峻形势就是“两新”组织已经成为党员汇聚的主要阵地。截至2012年底，中国共产党党员总数达8512.7万名。按照党员职业分布情况来看，工人725万名，农牧渔民2534.8万名，党政机关工作人员715.7万名，企事业单位（含民办非企业单位）管理人员、专业技术人员2019.6万名，学生290.5万名，离退休人员1553.8万名，其他职业人员673.3万名。同时，中国共产党在具备建立党组织条件的非公有制企业中建立了147.5万个基层党组织，在具备建立党组织条件的社会团体中建立了4.03万个党组织，在具备建立党组织条件的民办非企业单位建立了3.95万个党组织，约占全国党组织的37%。[①] 把这些党员重新组织起来，这是十八大报告对党在“两新”组织党建工作提出的总要求，也是十八大报告用“创新基层党建工作，夯实党执政的组织基础”来描述基层组织的用意所在。按照党的十八大关于“两新”组织当前工作的指示精神，扩大党组织和党的工作覆盖面成为各级党委全力推进“两新”组织党建工作的中心任务。经过四年来的努力，截至2016年12月31日，中国共产党已在185.5万个非公有制企业建立党组织，在全国社会组织法人单位中已建立党组织的28.9万个。“两新”组织党的基层组织数量约占全国基层组织数量的47%。[②] 这一数据表明，“两新”组织党的基层组织已经占据了中国共产党组织基础的“半壁江山”。

正是在这一新的组织发展基础上，十九大报告明确提出了中国特色社会主义进入新时代要把党建设得更加坚强有力的政治要求。这一政治要求的基本思路就是，要把现有庞大数量的党的基层组织锻造成为坚持党是领

---

① 民政部：《2012年社会服务发展统计公报》，http：//www.mca.gov.cn/article/sj/tjgb/201306/201306004747469.shtml。

② 中共中央组织部：《2016年中国共产党党内统计数据》，http：//news.12371.cn/2017/06/30/ARTI1498810325807955.shtml。

导一切政治原则的组织执行终端，真正使分布于各个领域的党的基层组织成为确保党的路线方针政策和决策部署贯彻落实的基础。对“两新”组织党组织来说，这一要求实际上赋予了“两新”组织党组织更加深刻丰富的政治内涵，突显了“两新”组织党组织既是组织服务型党组织，更是政治引领型党组织的鲜明政治特征。在“两新”组织党建工作实践中，要求以建设政治引领型党组织为目标，在思想认识和工作方式上实现两个转变：从跟随保障式向主动引领式转变，从组织内向性向政治外溢性转变。从跟随保障式向主动引领式转变，就是要求“两新”组织党的基层组织在服务群众、服务企业的过程中，始终保持组织主导性和工作主动性。从组织内向性向政治外溢性转变，就是要求“两新”组织党的基层组织不仅要重视党员群众的内部教育管理，更要重视发挥党员群众的模范示范作用和组织活动的工作扩容以吸纳更多群众参与，从而不断释放基层党组织的政治效应。

在组织发展方面，创新党组织的活动方式，提升“两新”组织党建的组织能力。从组织服务型基层党组织向政治引领型基层党组织的转变，对党在“两新”组织的基层组织设置和活动方式提出了新的要求。在建设组织服务型基层党组织阶段，党在“两新”组织的主要工作是联系和联络党员。这一中心任务决定了党在“两新”组织的基层组织设置主要以“人”为导向。即党员在哪里，组织设置就要在哪里，组织工作就要跟进到哪里。在具体的党建工作实践中，党在“两新”组织的基层组织设置主要采取纵向行业党建、横向区域党建两种方式。纵向行业党建主要依托相关行业协会实现对类属“两新”组织的党建工作统领；横向区域党建主要依托“两新”企业活动场所如商圈、楼宇、园区等物理空间来统领所在区域的“两新”组织党建工作。应该说，行业党建和区域党建的工作推进，基本确立了党在“两新”组织领域纵横交错的组织格局，初步实现对“两新”组织党员群众的覆盖，为党在“两新”组织开展进一步的工作提供了组织依托。就目前的工作实践而言，这种以“人”和“空间”为主要内涵的党的基层组织设置方式，通过点、线、条、面的组织布局和组织架构，“两新”组织的党员群众被纳入到整个党员管理体系之中，基本满足了组织服务型基层党组织的工作需要。

但是，党的十九大对包括“两新”组织在内的党的基层组织提出了新的工作任务，进一步要求基层党组织要担负好直接教育党员、管理党员、监督党员，以及组织群众、宣传群众、凝聚群众、服务群众的职责。与十八大报告提出的要求相比，“两新”组织党的基层组织的工作内容更加充实、组织任务更加饱满、政治标准更加严格。这一新要求无疑对“两新”组织党组织的发展确定了新的组织目标：政治引领。简言之，如果说组织服务型党组织强调的是中国共产党在“两新”组织党建工作中的组织内向性；那么政治引领型党组织强调的则是中国共产党在“两新”组织党建工作中的政治外溢性。但就现实而言，要把政治引领真正落实到“两新”组织党建工作实处，基于条、线、块所构成的现有组织架构和活动方式，是无法有效承担起这一政治重任的。其根本原因在于还没有办法解决党的基层组织与“两新”组织的结构性关联问题，即党的基层组织在“两新”组织中的地位问题。事实上，党的基层组织在“两新”组织的存在更多地是满足执政党的政治建设需要而非“两新”组织发展的实际经济需求。这种供需双方的需求错位导致党的基层组织在“两新”组织的角色很模糊。一方面，它确实存在并在上级党组织的指导下开展活动；但另一方面，这种存在看起来更具有政治性和仪式感。党建工作的实践表明，要想把无行政资源依托的“两新”组织党的基层组织建设成为政治引领型的基层组织，靠政治感召和政治要求可以推动党的基层组织的设立，但却无法有效实现基层党组织对“两新”组织的政治影响。因此，根据十九大报告对“两新”组织党的基层组织能力的新要求，必须对内严格落实党的各项制度，强化“两新”组织党员的政治意识和自觉性；对外则必须积极探索联系群众的新方法，运用社交媒体工具增强和群众的沟通，提高对群众的政治辐射。

在作用机制方面，构建多种力量参与机制，形成“两新”组织党建的共建格局。要把组织服务型基层党组织转变成为政治引领型基层党组织，在夯实组织内部基础的同时，更需要在发挥政治引领作用机制的构建上，形成相关职能部门共同参与的党建新格局。2015 年 9 月中共中央办公厅印发的《关于加强社会组织党的建设工作的意见（试行）》明确指出，要建立健全社会组织党建工作机构，理顺管理体系，完善工作机制，落实党建责任，形成党委统一领导、组织部门牵头抓总、社会组织党建工作机构具体指导、有关部门齐抓共管的工作格局。尤其要求在县级以上地方党委要依托党委组织部门和民政部门建立社会组织党建工作机构。以上海为例，中共上海市委于 2003 年就探索建立了中共上海市社会工作委员会，作为市委的派出指导机构，全面负责上海“两新”组织党建工作的具体指导。2005 年中共上海市委又下发《关于进一步加强区域性大党建工作的若干意见》，明确要求在推进组织覆盖工作中，坚持以经营地属地化管理为主的原则，辅以属资、属条、属业等多种方法的同时，特别重视发挥与“两新”组织党建工作有密切关系的公安、税务、工商、社保、民政等行政执法部门的作用。到目前为止，上海“两新”组织党建工作由无专门机构管理发展成为拥有市—区—社区（街道、园区）三级工作网络，初步形成了“上级党组织联系服务企业机制”和“企业党组织与管理层沟通机制”两个常规工作机制。应该说，这一党建工作格局和作用机制在“两新”组织党建工作实践中被证明是行之有效的。据中共上海市社会工作委员会的统计，截至2017年上半年，上海市拥有正常运行的、实体性的社会组织约为47.5万家，其中已经实现了73%的组织覆盖率。

但是，随着“两新”组织新兴党建领域（如互联网企业党建）和新社会阶层群体（民营企业和外商投资企业管理技术人员、中介组织和社会组织从业人员、自由职业人员、新媒体从业人员等）的出现和兴起，单纯依靠党务工作部门是无法适应这种新变化对“两新”组织党建工作的新要求的。比如，互联网企业党建是党务工作部门（组织部、社工委）的份内之事，但是互联网企业的内在特点又使党建工作必须获取其他政府职能部门的支持。特别是对于从事互联网内容生产的“思想型”互联网企业来说，如果没有网信部门和新闻出版部门的工作支持，党务工作部门在互联网企业的组织成效就有可能流行形式。因此，加强互联网企业监管和开展互联网企业党建，实质上涉及党和政府多个相关职能部门。从行政监管方面来看，主要涉及国家互联网信息办公室、民政、统战、新闻出版广电、工商、税务、人力资源与社会保障等行政执法部门。其中，国家互联网信息办公室负对互联网企业负主要监管责任，通过制定相关法律法规、建立企业约谈机制开展监管工作。新闻出版广电部门主要负责网络文学等互联网企业的内容审查，通过制定《网络文学出版服务单位社会效益评估试行办法》等文件，规制相关互联网企业的内容生产行为。其他如民政、工商、税务、人力等行政执法部门则将互联网企业党建工作情况的注册登记、申报、年检年报等纳入企业综合评价体系之中，从而发挥了积极有效的行政辅助力量。不过就目前而言，这一工作机制尚存在着各自为政、力量分散的问题。因此，从十九大对“两新”组织党建工作提出的更高要求和“两新”组织的发展趋势来看，有必要建立健全与统战部门（新社会阶层局）、民政部门（社会组织管理局）、网信部门（网络社会工作局）、新闻出版广电部门（网络视听节目管理司）、公安部门（公共信息网络安全监察局）

等多部门的联席沟通机制。通过平台共建、信息共享、党建共管等方式，统筹协调，解决共同面对的重点难点问题。

在队伍建设方面，以党组织带头人为关键，培养“两新”组织党建的专业队伍。一支优秀的党务工作者队伍，是做好党建工作的重要依托。由于“两新”组织没有行政资源可以依托，从业人员思想活跃、价值多元，工作自由度比较高，开展党建工作尤为困难，发挥党组织书记的队伍领头羊作用就尤为重要。党组织书记队伍是“两新”组织党建工作能否取得成效的关键。与国有企事业单位相比，缺乏行政依托的“两新”组织的基层党组织书记必须具备更高的政治素养和组织能力。就目前“两新”组织基层党组织书记的构成看，主要有两个来源：第一个来源是基层党组织书记倾向于由所在单位人力资源部门或行政办公室的党员负责人来承担。这种选择往往是基于现实情况的实际考量做出的。人力资源部门负责单位员工的人事招聘、职业规划和发展等工作，对员工具有一定程度的约束性；行政办公室则与单位管理层有着直接联系，对一般员工具有相当的权威性。因而由这两个部门负责工作的党员担任本单位基层组织书记，能够为党的基层组织活动的正常开展提供基本的职务便利。但是这种选拔方式也会因为在某些单位没有党员负责上述部门而造成困难。这就需要“两新”组织基层党组织书记选拔任用的第二个来源。一般会根据单位党员的年龄、能力、主动性、影响力等各种因素的综合考虑，选出能够服众的基层党组织书记。基层党组织书记的能力素养就成为组织发展的关键。如果说在选拔任用时强调的是基层党组织书记的个人影响力，那么基层党组织书记的专业化党务能力则对组织建设和发展来说更具有长远意义。就目前“两新”组织基层党组织书记的党务能力素养来看，党务常识欠缺和组织程序不清的问题最为突出，因而也往往影响到组织的权威和管理的效果。因此，持续性地培养和提高基层党组织书记的专业化党务能力应该成为一项重要工作内容。

与此同时，要提高基层党组织在“两新”组织的影响力，还需要重视发挥其他两支队伍的积极作用。一是要发挥党员队伍的服务示范作用，鼓励和引导党员争优企业骨干、技术能手、管理中坚，通过党员的主动服务，发挥党员的先锋示范作用，影响群众、团结群众和引领群众。二是要发挥专职党群工作者队伍的指导监督作用。专职党群工作者熟悉党务工作，要切实发挥他们在“两新”组织党建中的联络员、信息员、指导员和监督员的角色和作用。

在技术保障方面，善用互联网和信息手段，增强“两新”组织党建的工作支撑。运用互联网和信息化手段加强党员的教育管理，是在党建信息化条件下进行组织工作创新的必然之路，是增强党对“两新”组织党员教育管理监督、提升党对群众政治引领功能的重要途径。比如，中共中央组织部开发运行的全国党员信息管理系统就极大地便利了党员组织关系的流转承接和各级组织对党员的管理监督。同时，在种类繁杂的“两新”组织中，善于运用互联网和信息化方式开展党建工作，更是建设政治引领型基层党组织的必然途径，比如互联网企业党建。互联网企业是最熟悉信息社会规则并能最市场化地运用信息社会规则的经济社会组织。忽视了互联网企业的这一最大特点，就会给互联网企业党建工作造成技术上不能容忍的组织缺陷。没有对互联网技术的深刻体认，没有对互联网企业运用互联网技术从事平台内容的市场化操作的洞彻和把握，更没有能够为党建工作者提供强大辅助分析和决策的技术支撑力量，互联网企业党建工作是根本无法有效地推进和深入下去的。因此，必须建立能够保障互联网企业党建工作有效推进的组织管理技术体系。具体来说，至少必须拥有两种类型的技术：一是基础性的大数据分析技术。通过对所属互联网企业及其主打项目产品的信息搜集、录入和分析，建立相关的数据库，以全面准确地掌握互联网企业及其主打项目产品的发展变化情况，为开展互联网企业党建提供基础性的技术支撑。二是应用性的党建工作管理技术。要保障党建工作的追踪机制、介入机制和内嵌机制能够发挥效用，必须采取多种方式多种渠道，努力开发相应的组织管理技术体系以为其提供有效支撑。总之，善于运用互联网和信息化手段，这是增强“两新”组织党建工作力度和效度的技术支撑。

附录一

互联网企业党建支撑性法律法规简编

1.1《中华人民共和国网络安全法》(2016年11月7日第十二届全国人民代表大会常务委员会第二十四次会议通过，2017年6月1日起施行)

中华人民共和国网络安全法

第一章　总　则

第一条　为了保障网络安全，维护网络空间主权和国家安全、社会公共利益，保护公民、法人和其他组织的合法权益，促进经济社会信息化健康发展，制定本法。

第二条　在中华人民共和国境内建设、运营、维护和使用网络，以及网络安全的监督管理，适用本法。

第三条　国家坚持网络安全与信息化发展并重，遵循积极利用、科学发展、依法管理、确保安全的方针，推进网络基础设施建设和互联互通，鼓励网络技术创新和应用，支持培养网络安全人才，建立健全网络安全保障体系，提高网络安全保护能力。

第四条　国家制定并不断完善网络安全战略，明确保障网络安全的基本要求和主要目标，提出重点领域的网络安全政策、工作任务和措施。

第五条　国家采取措施，监测、防御、处置来源于中华人民共和国境内外的网络安全风险和威胁，保护关键信息基础设施免受攻击、侵入、干扰和破坏，依法惩治网络违法犯罪活动，维护网络空间安全和秩序。

第六条　国家倡导诚实守信、健康文明的网络行为，推动传播社会主义核心价值观，采取措施提高全社会的网络安全意识和水平，形成全社会共同参与促进网络安全的良好环境。

第七条　国家积极开展网络空间治理、网络技术研发和标准制定、打击网络违法犯罪等方面的国际交流与合作，推动构建和平、安全、开放、合作的网络空间，建立多边、民主、透明的网络治理体系。

第八条　国家网信部门负责统筹协调网络安全工作和相关监督管理工作。国务院电信主管部门、公安部门和其他有关机关依照本法和有关法律、行政法规的规定，在各自职责范围内负责网络安全保护和监督管理工作。

县级以上地方人民政府有关部门的网络安全保护和监督管理职责，按照国家有关规定确定。

第九条　网络运营者开展经营和服务活动，必须遵守法律、行政法规，尊重社会公德，遵守商业道德，诚实信用，履行网络安全保护义务，接受政府和社会的监督，承担社会责任。

第十条　建设、运营网络或者通过网络提供服务，应当依照法律、行政法规的规定和国家标准的强制性要求，采取技术措施和其他必要措施，保障网络安全、稳定运行，有效应对网络安全事件，防范网络违法犯罪活动，维护网络数据的完整性、保密性和可用性。

第十一条　网络相关行业组织按照章程，加强行业自律，制定网络安全行为规范，指导会员加强网络安全保护，提高网络安全保护水平，促进行业健康发展。

第十二条　国家保护公民、法人和其他组织依法使用网络的权利，促进网络接入普及，提升网络服务水平，为社会提供安全、便利的网络服务，保障网络信息依法有序自由流动。

任何个人和组织使用网络应当遵守宪法法律，遵守公共秩序，尊重社会公德，不得危害网络安全，不得利用网络从事危害国家安全、荣誉和利益，煽动颠覆国家政权、推翻社会主义制度，煽动分裂国家、破坏国家统一，宣扬恐怖主义、极端主义，宣扬民族仇恨、民族歧视，传播暴力、淫秽色情信息，编造、传播虚假信息扰乱经济秩序和社会秩序，以及侵害他人名誉、隐私、知识产权和其他合法权益等活动。

第十三条　国家支持研究开发有利于未成年人健康成长的网络产品和服务，依法惩治利用网络从事危害未成年人身心健康的活动，为未成年人提供安全、健康的网络环境。

第十四条　任何个人和组织有权对危害网络安全的行为向网信、电信、公安等部门举报。收到举报的部门应当及时依法作出处理；不属于本部门职责的，应当及时移送有权处理的部门。

有关部门应当对举报人的相关信息予以保密，保护举报人的合法权益。

第二章　网络安全支持与促进

第十五条　国家建立和完善网络安全标准体系。国务院标准化行政主管部门和国务院其他有关部门根据各自的职责，组织制定并适时修订有关网络安全管理以及网络产品、服务和运行安全的国家标准、行业标准。

国家支持企业、研究机构、高等学校、网络相关行业组织参与网络安全国家标准、行业标准的制定。

第十六条　国务院和省、自治区、直辖市人民政府应当统筹规划，加大投入，扶持重点网络安全技术产业和项目，支持网络安全技术的研究开发和应用，推广安全可信的网络产品和服务，保护网络技术知识产权，支持企业、研究机构和高等学校等参与国家网络安全技术创新项目。

第十七条　国家推进网络安全社会化服务体系建设，鼓励有关企业、机构开展网络安全认证、检测和风险评估等安全服务。

第十八条　国家鼓励开发网络数据安全保护和利用技术，促进公共数据资源开放，推动技术创新和经济社会发展。

国家支持创新网络安全管理方式，运用网络新技术，提升网络安全保护水平。

第十九条　各级人民政府及其有关部门应当组织开展经常性的网络安全宣传教育，并指导、督促有关单位做好网络安全宣传教育工作。

大众传播媒介应当有针对性地面向社会进行网络安全宣传教育。

第二十条　国家支持企业和高等学校、职业学校等教育培训机构开展网络安全相关教育与培训，采取多种方式培养网络安全人才，促进网络安全人才交流。

第三章　网络运行安全

第一节　一般规定

第二十一条　国家实行网络安全等级保护制度。网络运营者应当按照网络安全等级保护制度的要求，履行下列安全保护义务，保障网络免受干扰、破坏或者未经授权的访问，防止网络数据泄露或者被窃取、篡改：

（一）制定内部安全管理制度和操作规程，确定网络安全负责人，落实网络安全保护责任；

（二）采取防范计算机病毒和网络攻击、网络侵入等危害网络安全行为的技术措施；

（三）采取监测、记录网络运行状态、网络安全事件的技术措施，并按照规定留存相关的网络日志不少于六个月；

（四）采取数据分类、重要数据备份和加密等措施；

（五）法律、行政法规规定的其他义务。

第二十二条　网络产品、服务应当符合相关国家标准的强制性要求。

网络产品、服务的提供者不得设置恶意程序；发现其网络产品、服务存在安全缺陷、漏洞等风险时，应当立即采取补救措施，按照规定及时告知用户并向有关主管部门报告。

网络产品、服务的提供者应当为其产品、服务持续提供安全维护；在规定或者当事人约定的期限内，不得终止提供安全维护。

网络产品、服务具有收集用户信息功能的，其提供者应当向用户明示并取得同意；涉及用户个人信息的，还应当遵守本法和有关法律、行政法规关于个人信息保护的规定。

第二十三条　网络关键设备和网络安全专用产品应当按照相关国家标准的强制性要求，由具备资格的机构安全认证合格或者安全检测符合要求后，方可销售或者提供。国家网信部门会同国务院有关部门制定、公布网络关键设备和网络安全专用产品目录，并推动安全认证和安全检测结果互认，避免重复认证、检测。

第二十四条　网络运营者为用户办理网络接入、域名注册服务，办理固定电话、移动电话等入网手续，或者为用户提供信息发布、即时通讯等服务，在与用户签订协议或者确认提供服务时，应当要求用户提供真实身份信息。用户不提供真实身份信息的，网络运营者不得为其提供相关服务。

国家实施网络可信身份战略，支持研究开发安全、方便的电子身份认证技术，推动不同电子身份认证之间的互认。

第二十五条　网络运营者应当制定网络安全事件应急预案，及时处置系统漏洞、计算机病毒、网络攻击、网络侵入等安全风险；在发生危害网络安全的事件时，立即启动应急预案，采取相应的补救措施，并按照规定向有关主管部门报告。

第二十六条　开展网络安全认证、检测、风险评估等活动，向社会发布系统漏洞、计算机病毒、网络攻击、网络侵入等网络安全信息，应当遵守国家有关规定。

第二十七条　任何个人和组织不得从事非法侵入他人网络、干扰他人网络正常功能、窃取网络数据等危害网络安全的活动；不得提供专门用于从事侵入网络、干扰网络正常功能及防护措施、窃取网络数据等危害网络安全活动的程序、工具；明知他人从事危害网络安全的活动的，不得为其提供技术支持、广告推广、支付结算等帮助。

第二十八条　网络运营者应当为公安机关、国家安全机关依法维护国家安全和侦查犯罪的活动提供技术支持和协助。

第二十九条　国家支持网络运营者之间在网络安全信息收集、分析、通报和应急处置等方面进行合作，提高网络运营者的安全保障能力。

有关行业组织建立健全本行业的网络安全保护规范和协作机制，加强对网络安全风险的分析评估，定期向会员进行风险警示，支持、协助会员应对网络安全风险。

第三十条　网信部门和有关部门在履行网络安全保护职责中获取的信息，只能用于维护网络安全的需要，不得用于其他用途。

第二节　关键信息基础设施的运行安全

第三十一条　国家对公共通信和信息服务、能源、交通、水利、金融、公共服务、电子政务等重要行业和领域，以及其他一旦遭到破坏、丧失功能或者数据泄露，可能严重危害国家安全、国计民生、公共利益的关键信息基础设施，在网络安全等级保护制度的基础上，实行重点保护。关键信息基础设施的具体范围和安全保护办法由国务院制定。

国家鼓励关键信息基础设施以外的网络运营者自愿参与关键信息基础设施保护体系。

第三十二条　按照国务院规定的职责分工，负责关键信息基础设施安全保护工作的部门分别编制并组织实施本行业、本领域的关键信息基础设施安全规划，指导和监督关键信息基础设施运行安全保护工作。

第三十三条　建设关键信息基础设施应当确保其具有支持业务稳定、持续运行的性能，并保证安全技术措施同步规划、同步建设、同步使用。

第三十四条　除本法第二十一条的规定外，关键信息基础设施的运营者还应当履行下列安全保护义务：

（一）设置专门安全管理机构和安全管理负责人，并对该负责人和关键岗位的人员进行安全背景审查；

（二）定期对从业人员进行网络安全教育、技术培训和技能考核；

（三）对重要系统和数据库进行容灾备份；

（四）制定网络安全事件应急预案，并定期进行演练；

（五）法律、行政法规规定的其他义务。

第三十五条　关键信息基础设施的运营者采购网络产品和服务，可能影响国家安全的，应当通过国家网信部门会同国务院有关部门组织的国家安全审查。

第三十六条　关键信息基础设施的运营者采购网络产品和服务，应当按照规定与提供者签订安全保密协议，明确安全和保密义务与责任。

第三十七条 关键信息基础设施的运营者在中华人民共和国境内运营中收集和产生的个人信息和重要数据应当在境内存储。因业务需要，确需向境外提供的，应当按照国家网信部门会同国务院有关部门制定的办法进行安全评估；法律、行政法规另有规定的，依照其规定。

第三十八条 关键信息基础设施的运营者应当自行或者委托网络安全服务机构对其网络的安全性和可能存在的风险每年至少进行一次检测评估，并将检测评估情况和改进措施报送相关负责关键信息基础设施安全保护工作的部门。

第三十九条 国家网信部门应当统筹协调有关部门对关键信息基础设施的安全保护采取下列措施：

（一）对关键信息基础设施的安全风险进行抽查检测，提出改进措施，必要时可以委托网络安全服务机构对网络存在的安全风险进行检测评估；

（二）定期组织关键信息基础设施的运营者进行网络安全应急演练，提高应对网络安全事件的水平和协同配合能力；

（三）促进有关部门、关键信息基础设施的运营者以及有关研究机构、网络安全服务机构等之间的网络安全信息共享；

（四）对网络安全事件的应急处置与网络功能的恢复等，提供技术支持和协助。

第四章 网络信息安全

第四十条 网络运营者应当对其收集的用户信息严格保密，并建立健全用户信息保护制度。

第四十一条 网络运营者收集、使用个人信息，应当遵循合法、正当、必要的原则，公开收集、使用规则，明示收集、使用信息的目的、方式和范围，并经被收集者同意。

网络运营者不得收集与其提供的服务无关的个人信息，不得违反法律、行政法规的规定和双方的约定收集、使用个人信息，并应当依照法律、行政法规的规定和与用户的约定，处理其保存的个人信息。

第四十二条 网络运营者不得泄露、篡改、毁损其收集的个人信息；未经被收集者同意，不得向他人提供个人信息。但是，经过处理无法识别特定个人且不能复原的除外。

网络运营者应当采取技术措施和其他必要措施，确保其收集的个人信息安全，防止信息泄露、毁损、丢失。在发生或者可能发生个人信息泄露、毁损、丢失的情况时，应当立即采取补救措施，按照规定及时告知用户并向有关主管部门报告。

第四十三条　个人发现网络运营者违反法律、行政法规的规定或者双方的约定收集、使用其个人信息的，有权要求网络运营者删除其个人信息；发现网络运营者收集、存储的其个人信息有错误的，有权要求网络运营者予以更正。网络运营者应当采取措施予以删除或者更正。

第四十四条　任何个人和组织不得窃取或者以其他非法方式获取个人信息，不得非法出售或者非法向他人提供个人信息。

第四十五条　依法负有网络安全监督管理职责的部门及其工作人员，必须对在履行职责中知悉的个人信息、隐私和商业秘密严格保密，不得泄露、出售或者非法向他人提供。

第四十六条　任何个人和组织应当对其使用网络的行为负责，不得设立用于实施诈骗，传授犯罪方法，制作或者销售违禁物品、管制物品等违法犯罪活动的网站、通讯群组，不得利用网络发布涉及实施诈骗，制作或者销售违禁物品、管制物品以及其他违法犯罪活动的信息。

第四十七条　网络运营者应当加强对其用户发布的信息的管理，发现法律、行政法规禁止发布或者传输的信息的，应当立即停止传输该信息，采取消除等处置措施，防止信息扩散，保存有关记录，并向有关主管部门报告。

第四十八条　任何个人和组织发送的电子信息、提供的应用软件，不得设置恶意程序，不得含有法律、行政法规禁止发布或者传输的信息。

电子信息发送服务提供者和应用软件下载服务提供者，应当履行安全管理义务，知道其用户有前款规定行为的，应当停止提供服务，采取消除等处置措施，保存有关记录，并向有关主管部门报告。

第四十九条　网络运营者应当建立网络信息安全投诉、举报制度，公布投诉、举报方式等信息，及时受理并处理有关网络信息安全的投诉和举报。

网络运营者对网信部门和有关部门依法实施的监督检查，应当予以配合。

第五十条　国家网信部门和有关部门依法履行网络信息安全监督管理职责，发现法律、行政法规禁止发布或者传输的信息的，应当要求网络运营者停止传输，采取消除等处置措施，保存有关记录；对来源于中华人民共和国境外的上述信息，应当通知有关机构采取技术措施和其他必要措施阻断传播。

第五章　监测预警与应急处置

第五十一条　国家建立网络安全监测预警和信息通报制度。国家网信部门应当统筹协调有关部门加强网络安全信息收集、分析和通报工作，按照规定统一发布网络安全监测预警信息。

第五十二条　负责关键信息基础设施安全保护工作的部门，应当建立健全本行业、本领域的网络安全监测预警和信息通报制度，并按照规定报送网络安全监测预警信息。

第五十三条　国家网信部门协调有关部门建立健全网络安全风险评估和应急工作机制，制定网络安全事件应急预案，并定期组织演练。

负责关键信息基础设施安全保护工作的部门应当制定本行业、本领域的网络安全事件应急预案，并定期组织演练。

网络安全事件应急预案应当按照事件发生后的危害程度、影响范围等因素对网络安全事件进行分级，并规定相应的应急处置措施。

第五十四条　网络安全事件发生的风险增大时，省级以上人民政府有关部门应当按照规定的权限和程序，并根据网络安全风险的特点和可能造成的危害，采取下列措施：

（一）要求有关部门、机构和人员及时收集、报告有关信息，加强对网络安全风险的监测；

（二）组织有关部门、机构和专业人员，对网络安全风险信息进行分析评估，预测事件发生的可能性、影响范围和危害程度；

（三）向社会发布网络安全风险预警，发布避免、减轻危害的措施。

第五十五条　发生网络安全事件，应当立即启动网络安全事件应急预案，对网络安全事件进行调查和评估，要求网络运营者采取技术措施和其他必要措施，消除安全隐患，防止危害扩大，并及时向社会发布与公众有关的警示信息。

第五十六条　省级以上人民政府有关部门在履行网络安全监督管理职责中，发现网络存在较大安全风险或者发生安全事件的，可以按照规定的权限和程序对该网络的运营者的法定代表人或者主要负责人进行约谈。网络运营者应当按照要求采取措施，进行整改，消除隐患。

第五十七条　因网络安全事件，发生突发事件或者生产安全事故的，应当依照《中华人民共和国突发事件应对法》《中华人民共和国安全生产法》等有关法律、行政法规的规定处置。

第五十八条　因维护国家安全和社会公共秩序，处置重大突发社会安全事件的需要，经国务院决定或者批准，可以在特定区域对网络通信采取限制等临时措施。

第六章　法律责任

第五十九条　网络运营者不履行本法第二十一条、第二十五条规定的网络安全保护义务的，由有关主管部门责令改正，给予警告；拒不改正或者导致危害网络安全等后果的，处一万元以上十万元以下罚款，对直接负责的主管人员处五千元以上五万元以下罚款。

关键信息基础设施的运营者不履行本法第三十三条、第三十四条、第三十六条、第三十八条规定的网络安全保护义务的，由有关主管部门责令改正，给予警告；拒不改正或者导致危害网络安全等后果的，处十万元以上一百万元以下罚款，对直接负责的主管人员处一万元以上十万元以下罚款。

第六十条　违反本法第二十二条第一款、第二款和第四十八条第一款规定，有下列行为之一的，由有关主管部门责令改正，给予警告；拒不改正或者导致危害网络安全等后果的，处五万元以上五十万元以下罚款，对直接负责的主管人员处一万元以上十万元以下罚款：

（一）设置恶意程序的；

（二）对其产品、服务存在的安全缺陷、漏洞等风险未立即采取补救措施，或者未按照规定及时告知用户并向有关主管部门报告的；

（三）擅自终止为其产品、服务提供安全维护的。

第六十一条　网络运营者违反本法第二十四条第一款规定，未要求用户提供真实身份信息，或者对不提供真实身份信息的用户提供相关服务的，由有关主管部门责令改正；拒不改正或者情节严重的，处五万元以上五十万元以下罚款，并可以由有关主管部门责令暂停相关业务、停业整顿、关闭网站、吊销相关业务许可证或者吊销营业执照，对直接负责的主管人员和其他直接责任人员处一万元以上十万元以下罚款。

第六十二条　违反本法第二十六条规定，开展网络安全认证、检测、风险评估等活动，或者向社会发布系统漏洞、计算机病毒、网络攻击、网络侵入等网络安全信息的，由有关主管部门责令改正，给予警告；拒不改正或者情节严重的，处一万元以上十万元以下罚款，并可以由有关主管部门责令暂停相关业务、停业整顿、关闭网站、吊销相关业务许可证或者吊销营业执照，对直接负责的主管人员和其他直接责任人员处五千元以上五万元以下罚款。

第六十三条　违反本法第二十七条规定，从事危害网络安全的活动，或者提供专门用于从事危害网络安全活动的程序、工具，或者为他人从事危害网络安全的活动提供技术支持、广告推广、支付结算等帮助，尚不构成犯罪的，由公安机关没收违法所得，处五日以下拘留，可以并处五万元以上五十万元以下罚款；情节较重的，处五日以上十五日以下拘留，可以并处十万元以上一百万元以下罚款。

单位有前款行为的，由公安机关没收违法所得，处十万元以上一百万元以下罚款，并对直接负责的主管人员和其他直接责任人员依照前款规定处罚。

违反本法第二十七条规定，受到治安管理处罚的人员，五年内不得从事网络安全管理和网络运营关键岗位的工作；受到刑事处罚的人员，终身不得从事网络安全管理和网络运营关键岗位的工作。

第六十四条　网络运营者、网络产品或者服务的提供者违反本法第二十二条第三款、第四十一条至第四十三条规定，侵害个人信息依法得到保护的权利的，由有关主管部门责令改正，可以根据情节单处或者并处警告、没收违法所得、处违法所得一倍以上十倍以下罚款，没有违法所得的，处一百万元以下罚款，对直接负责的主管人员和其他直接责任人员处一万元以上十万元以下罚款；情节严重的，并可以责令暂停相关业务、停业整顿、关闭网站、吊销相关业务许可证或者吊销营业执照。

违反本法第四十四条规定，窃取或者以其他非法方式获取、非法出售或者非法向他人提供个人信息，尚不构成犯罪的，由公安机关没收违法所得，并处违法所得一倍以上十倍以下罚款，没有违法所得的，处一百万元以下罚款。

第六十五条　关键信息基础设施的运营者违反本法第三十五条规定，使用未经安全审查或者安全审查未通过的网络产品或者服务的，由有关主管部门责令停止使用，处采购金额一倍以上十倍以下罚款；对直接负责的主管人员和其他直接责任人员处一万元以上十万元以下罚款。

第六十六条　关键信息基础设施的运营者违反本法第三十七条规定，在境外存储网络数据，或者向境外提供网络数据的，由有关主管部门责令改正，给予警告，没收违法所得，处五万元以上五十万元以下罚款，并可以责令暂停相关业务、停业整顿、关闭网站、吊销相关业务许可证或者吊销营业执照；对直接负责的主管人员和其他直接责任人员处一万元以上十万元以下罚款。

第六十七条　违反本法第四十六条规定，设立用于实施违法犯罪活动的网站、通讯群组，或者利用网络发布涉及实施违法犯罪活动的信息，尚不构成犯罪的，由公安机关处五日以下拘留，可以并处一万元以上十万元以下罚款；情节较重的，处五日以上十五日以下拘留，可以并处五万元以上五十万元以下罚款。关闭用于实施违法犯罪活动的网站、通讯群组。

单位有前款行为的，由公安机关处十万元以上五十万元以下罚款，并对直接负责的主管人员和其他直接责任人员依照前款规定处罚。

第六十八条　网络运营者违反本法第四十七条规定，对法律、行政法规禁止发布或者传输的信息未停止传输、采取消除等处置措施、保存有关记录的，由有关主管部门责令改正，给予警告，没收违法所得；拒不改正或者情节严重的，处十万元以上五十万元以下罚款，并可以责令暂停相关业务、停业整顿、关闭网站、吊销相关业务许可证或者吊销营业执照，对直接负责的主管人员和其他直接责任人员处一万元以上十万元以下罚款。

电子信息发送服务提供者、应用软件下载服务提供者，不履行本法第四十八条第二款规定的安全管理义务的，依照前款规定处罚。

第六十九条　网络运营者违反本法规定，有下列行为之一的，由有关主管部门责令改正；拒不改正或者情节严重的，处五万元以上五十万元以下罚款，对直接负责的主管人员和其他直接责任人员，处一万元以上十万元以下罚款：

（一）不按照有关部门的要求对法律、行政法规禁止发布或者传输的信息，采取停止传输、消除等处置措施的；

（二）拒绝、阻碍有关部门依法实施的监督检查的；

（三）拒不向公安机关、国家安全机关提供技术支持和协助的。

第七十条　发布或者传输本法第十二条第二款和其他法律、行政法规禁止发布或者传输的信息的，依照有关法律、行政法规的规定处罚。

第七十一条　有本法规定的违法行为的，依照有关法律、行政法规的规定记入信用档案，并予以公示。

第七十二条　国家机关政务网络的运营者不履行本法规定的网络安全保护义务的，由其上级机关或者有关机关责令改正；对直接负责的主管人员和其他直接责任人员依法给予处分。

第七十三条　网信部门和有关部门违反本法第三十条规定，将在履行网络安全保护职责中获取的信息用于其他用途的，对直接负责的主管人员和其他直接责任人员依法给予处分。

网信部门和有关部门的工作人员玩忽职守、滥用职权、徇私舞弊，尚不构成犯罪的，依法给予处分。

第七十四条 违反本法规定，给他人造成损害的，依法承担民事责任。

违反本法规定，构成违反治安管理行为的，依法给予治安管理处罚；构成犯罪的，依法追究刑事责任。

第七十五条 境外的机构、组织、个人从事攻击、侵入、干扰、破坏等危害中华人民共和国的关键信息基础设施的活动，造成严重后果的，依法追究法律责任；国务院公安部门和有关部门并可以决定对该机构、组织、个人采取冻结财产或者其他必要的制裁措施。

第七章 附 则

第七十六条 本法下列用语的含义：

（一）网络，是指由计算机或者其他信息终端及相关设备组成的按照一定的规则和程序对信息进行收集、存储、传输、交换、处理的系统；

（二）网络安全，是指通过采取必要措施，防范对网络的攻击、侵入、干扰、破坏和非法使用以及意外事故，使网络处于稳定可靠运行的状态，以及保障网络数据的完整性、保密性、可用性的能力；

（三）网络运营者，是指网络的所有者、管理者和网络服务提供者；

（四）网络数据，是指通过网络收集、存储、传输、处理和产生的各种电子数据；

（五）个人信息，是指以电子或者其他方式记录的能够单独或者与其他信息结合识别自然人个人身份的各种信息，包括但不限于自然人的姓名、出生日期、身份证件号码、个人生物识别信息、住址、电话号码等。

第七十七条 存储、处理涉及国家秘密信息的网络的运行安全保护，除应当遵守本法外，还应当遵守保密法律、行政法规的规定。

第七十八条 军事网络的安全保护，由中央军事委员会另行规定。

第七十九条 本法自2017年6月1日起施行。

1.2 《互联网信息搜索服务管理规定》（2016年8月1日起施行）

互联网信息搜索服务管理规定

第一条 为规范互联网信息搜索服务，促进互联网信息搜索行业健康有序发展，保护公民、法人和其他组织的合法权益，维护国家安全和公共利益，根据《全国人民代表大会常务委员会关于加强网络信息保护的决定》和《国务院关于授权国家互联网信息办公室负责互联网信息内容管理工作的通知》，制定本规定。

第二条　在中华人民共和国境内从事互联网信息搜索服务，适用本规定。

本规定所称互联网信息搜索服务，是指运用计算机技术从互联网上搜集、处理各类信息供用户检索的服务。

第三条　国家互联网信息办公室负责全国互联网信息搜索服务的监督管理执法工作。地方互联网信息办公室依据职责负责本行政区域内互联网信息搜索服务的监督管理执法工作。

第四条　互联网信息搜索服务行业组织应当建立健全行业自律制度和行业准则，指导互联网信息搜索服务提供者建立健全服务规范，督促互联网信息搜索服务提供者依法提供服务、接受社会监督，提高互联网信息搜索服务从业人员的职业素养。

第五条　互联网信息搜索服务提供者应当取得法律法规规定的相关资质。

第六条　互联网信息搜索服务提供者应当落实主体责任，建立健全信息审核、公共信息实时巡查、应急处置及个人信息保护等信息安全管理制度，具有安全可控的防范措施，为有关部门依法履行职责提供必要的技术支持。

第七条　互联网信息搜索服务提供者不得以链接、摘要、快照、联想词、相关搜索、相关推荐等形式提供含有法律法规禁止的信息内容。

第八条　互联网信息搜索服务提供者提供服务过程中发现搜索结果明显含有法律法规禁止内容的信息、网站及应用，应当停止提供相关搜索结果，保存有关记录，并及时向国家或者地方互联网信息办公室报告。

第九条　互联网信息搜索服务提供者及其从业人员，不得通过断开相关链接或者提供含有虚假信息的搜索结果等手段，牟取不正当利益。

第十条　互联网信息搜索服务提供者应当提供客观、公正、权威的搜索结果，不得损害国家利益、公共利益，以及公民、法人和其他组织的合法权益。

第十一条　互联网信息搜索服务提供者提供付费搜索信息服务，应当依法查验客户有关资质，明确付费搜索信息页面比例上限，醒目区分自然搜索结果与付费搜索信息，对付费搜索信息逐条加注显著标识。

互联网信息搜索服务提供者提供商业广告信息服务，应当遵守相关法律法规。

第十二条 互联网信息搜索服务提供者应当建立健全公众投诉、举报和用户权益保护制度，在显著位置公布投诉、举报方式，主动接受公众监督，及时处理公众投诉、举报，依法承担对用户权益造成损害的赔偿责任。

第十三条 本规定自2016年8月1日起施行。

1.3 《移动互联网应用程序信息服务管理规定》（2016年8月1日起施行）

移动互联网应用程序信息服务管理规定

第一条 为加强对移动互联网应用程序（APP）信息服务的管理，保护公民、法人和其他组织的合法权益，维护国家安全和公共利益，根据《全国人民代表大会常务委员会关于加强网络信息保护的决定》和《国务院关于授权国家互联网信息办公室负责互联网信息内容管理工作的通知》，制定本规定。

第二条 在中华人民共和国境内通过移动互联网应用程序提供信息服务，从事互联网应用商店服务，应当遵守本规定。

本规定所称移动互联网应用程序，是指通过预装、下载等方式获取并运行在移动智能终端上、向用户提供信息服务的应用软件。

本规定所称移动互联网应用程序提供者，是指提供信息服务的移动互联网应用程序所有者或运营者。

本规定所称互联网应用商店，是指通过互联网提供应用软件浏览、搜索、下载或开发工具和产品发布服务的平台。

第三条 国家互联网信息办公室负责全国移动互联网应用程序信息内容的监督管理执法工作。地方互联网信息办公室依据职责负责本行政区域内的移动互联网应用程序信息内容的监督管理执法工作。

第四条 鼓励各级党政机关、企事业单位和各人民团体积极运用移动互联网应用程序，推进政务公开，提供公共服务，促进经济社会发展。

第五条 通过移动互联网应用程序提供信息服务，应当依法取得法律法规规定的相关资质。从事互联网应用商店服务，还应当在业务上线运营三十日内向所在地省、自治区、直辖市互联网信息办公室备案。

第六条　移动互联网应用程序提供者和互联网应用商店服务提供者不得利用移动互联网应用程序从事危害国家安全、扰乱社会秩序、侵犯他人合法权益等法律法规禁止的活动，不得利用移动互联网应用程序制作、复制、发布、传播法律法规禁止的信息内容。

第七条　移动互联网应用程序提供者应当严格落实信息安全管理责任，依法履行以下义务：

（一）按照“后台实名、前台自愿”的原则，对注册用户进行基于移动电话号码等真实身份信息认证；

（二）建立健全用户信息安全保护机制，收集、使用用户个人信息应当遵循合法、正当、必要的原则，明示收集使用信息的目的、方式和范围，并经用户同意；

（三）建立健全信息内容审核管理机制，对发布违法违规信息内容的，视情采取警示、限制功能、暂停更新、关闭账号等处置措施，保存记录并向有关主管部门报告；

（四）依法保障用户在安装或使用过程中的知情权和选择权，未向用户明示并经用户同意，不得开启收集地理位置、读取通讯录、使用摄像头、启用录音等功能，不得开启与服务无关的功能，不得捆绑安装无关应用程序；

（五）尊重和保护知识产权，不得制作、发布侵犯他人知识产权的应用程序；

（六）记录用户日志信息，并保存六十日。

第八条　互联网应用商店服务提供者应当对应用程序提供者履行以下管理责任：

（一）对应用程序提供者进行真实性、安全性、合法性等审核，建立信用管理制度，并向所在地省、自治区、直辖市互联网信息办公室分类备案；

（二）督促应用程序提供者保护用户信息，完整提供应用程序获取和使用用户信息的说明，并向用户呈现；

（三）督促应用程序提供者发布合法信息内容，建立健全安全审核机制，配备与服务规模相适应的专业人员；

（四）督促应用程序提供者发布合法应用程序，尊重和保护应用程序提供者的知识产权。

对违反前款规定的应用程序提供者，视情采取警示、暂停发布、下架应用程序等措施，保存记录并向有关主管部门报告。

第九条　互联网应用商店服务提供者和移动互联网应用程序提供者应当签订服务协议，明确双方权利义务，共同遵守法律法规和平台公约。

第十条　移动互联网应用程序提供者和互联网应用商店服务提供者应当配合有关部门依法进行的监督检查，自觉接受社会监督，设置便捷的投诉举报入口，及时处理公众投诉举报。

第十一条　本规定自2016年8月1日起施行。

1.4　《互联网直播服务管理规定》（2016年12月1日起施行）

互联网直播服务管理规定

第一条　为加强对互联网直播服务的管理，保护公民、法人和其他组织的合法权益，维护国家安全和公共利益，根据《全国人民代表大会常务委员会关于加强网络信息保护的决定》《国务院关于授权国家互联网信息办公室负责互联网信息内容管理工作的通知》《互联网信息服务管理办法》和《互联网新闻信息服务管理规定》，制定本规定。

第二条　在中华人民共和国境内提供、使用互联网直播服务，应当遵守本规定。

本规定所称互联网直播，是指基于互联网，以视频、音频、图文等形式向公众持续发布实时信息的活动；本规定所称互联网直播服务提供者，是指提供互联网直播平台服务的主体；本规定所称互联网直播服务使用者，包括互联网直播发布者和用户。

第三条　提供互联网直播服务，应当遵守法律法规，坚持正确导向，大力弘扬社会主义核心价值观，培育积极健康、向上向善的网络文化，维护良好网络生态，维护国家利益和公共利益，为广大网民特别是青少年成长营造风清气正的网络空间。

第四条　国家互联网信息办公室负责全国互联网直播服务信息内容的监督管理执法工作。地方互联网信息办公室依据职责负责本行政区域内的互联网直播服务信息内容的监督管理执法工作。国务院相关管理部门依据职责对互联网直播服务实施相应监督管理。

各级互联网信息办公室应当建立日常监督检查和定期检查相结合的监督管理制度，指导督促互联网直播服务提供者依据法律法规和服务协议规范互联网直播服务行为。

第五条　互联网直播服务提供者提供互联网新闻信息服务的，应当依法取得互联网新闻信息服务资质，并在许可范围内开展互联网新闻信息服务。

开展互联网新闻信息服务的互联网直播发布者，应当依法取得互联网新闻信息服务资质并在许可范围内提供服务。

第六条　通过网络表演、网络视听节目等提供互联网直播服务的，还应当依法取得法律法规规定的相关资质。

第七条　互联网直播服务提供者应当落实主体责任，配备与服务规模相适应的专业人员，健全信息审核、信息安全管理、值班巡查、应急处置、技术保障等制度。提供互联网新闻信息直播服务的，应当设立总编辑。

互联网直播服务提供者应当建立直播内容审核平台，根据互联网直播的内容类别、用户规模等实施分级分类管理，对图文、视频、音频等直播内容加注或播报平台标识信息，对互联网新闻信息直播及其互动内容实施先审后发管理。

第八条　互联网直播服务提供者应当具备与其服务相适应的技术条件，应当具备即时阻断互联网直播的技术能力，技术方案应符合国家相关标准。

第九条　互联网直播服务提供者以及互联网直播服务使用者不得利用互联网直播服务从事危害国家安全、破坏社会稳定、扰乱社会秩序、侵犯他人合法权益、传播淫秽色情等法律法规禁止的活动，不得利用互联网直播服务制作、复制、发布、传播法律法规禁止的信息内容。

第十条　互联网直播发布者发布新闻信息，应当真实准确、客观公正。转载新闻信息应当完整准确，不得歪曲新闻信息内容，并在显著位置注明来源，保证新闻信息来源可追溯。

第十一条　互联网直播服务提供者应当加强对评论、弹幕等直播互动环节的实时管理，配备相应管理人员。

互联网直播发布者在进行直播时，应当提供符合法律法规要求的直播内容，自觉维护直播活动秩序。

用户在参与直播互动时，应当遵守法律法规，文明互动，理性表达。

第十二条　互联网直播服务提供者应当按照“后台实名、前台自愿”的原则，对互联网直播用户进行基于移动电话号码等方式的真实身份信息认证，对互联网直播发布者进行基于身份证件、营业执照、组织机构代码证等的认证登记。互联网直播服务提供者应当对互联网直播发布者的真实身份信息进行审核，向所在地省、自治区、直辖市互联网信息办公室分类备案，并在相关执法部门依法查询时予以提供。

互联网直播服务提供者应当保护互联网直播服务使用者身份信息和隐私，不得泄露、篡改、毁损，不得出售或者非法向他人提供。

第十三条 互联网直播服务提供者应当与互联网直播服务使用者签订服务协议，明确双方权利义务，要求其承诺遵守法律法规和平台公约。

互联网直播服务协议和平台公约的必备条款由互联网直播服务提供者所在地省、自治区、直辖市互联网信息办公室指导制定。

第十四条 互联网直播服务提供者应当对违反法律法规和服务协议的互联网直播服务使用者，视情采取警示、暂停发布、关闭账号等处置措施，及时消除违法违规直播信息内容，保存记录并向有关主管部门报告。

第十五条 互联网直播服务提供者应当建立互联网直播发布者信用等级管理体系，提供与信用等级挂钩的管理和服务。

互联网直播服务提供者应当建立黑名单管理制度，对纳入黑名单的互联网直播服务使用者禁止重新注册账号，并及时向所在地省、自治区、直辖市互联网信息办公室报告。

省、自治区、直辖市互联网信息办公室应当建立黑名单通报制度，并向国家互联网信息办公室报告。

第十六条 互联网直播服务提供者应当记录互联网直播服务使用者发布内容和日志信息，保存六十日。

互联网直播服务提供者应当配合有关部门依法进行的监督检查，并提供必要的文件、资料和数据。

第十七条 互联网直播服务提供者和互联网直播发布者未经许可或者超出许可范围提供互联网新闻信息服务的，由国家和省、自治区、直辖市互联网信息办公室依据《互联网新闻信息服务管理规定》予以处罚。

对于违反本规定的其他违法行为，由国家和地方互联网信息办公室依据职责，依法予以处罚；构成犯罪的，依法追究刑事责任。通过网络表演、网络视听节目等提供网络直播服务，违反有关法律法规的，由相关部门依法予以处罚。

第十八条 鼓励支持相关行业组织制定行业公约，加强行业自律，建立健全行业信用评价体系和服务评议制度，促进行业规范发展。

第十九条 互联网直播服务提供者应当自觉接受社会监督，健全社会投诉举报渠道，设置便捷的投诉举报入口，及时处理公众投诉举报。

第二十条　本规定自2016年12月1日起施行。

1.5　《互联网信息内容管理行政执法程序规定》（2017年6月1日起施行）

互联网信息内容管理行政执法程序规定

第一章　总则

第一条　为了规范和保障互联网信息内容管理部门依法履行职责，保护公民、法人和其他组织的合法权益，维护国家安全和公共利益，根据《中华人民共和国行政处罚法》《中华人民共和国网络安全法》和《国务院关于授权国家互联网信息办公室负责互联网信息内容管理工作的通知》，制定本规定。

第二条　互联网信息内容管理部门依法实施行政执法，对违反有关互联网信息内容管理法律法规规章的行为实施行政处罚，适用本规定。

本规定所称互联网信息内容管理部门，是指国家互联网信息办公室和地方互联网信息办公室。

第三条　互联网信息内容管理部门实施行政执法，应当遵循公开、公平、公正的原则，做到事实清楚、证据确凿、程序合法、法律法规规章适用准确适当、执法文书使用规范。

第四条　互联网信息内容管理部门建立行政执法督查制度。

上级互联网信息内容管理部门对下级互联网信息内容管理部门实施的行政执法进行督查。

第五条　互联网信息内容管理部门应当加强执法队伍建设，建立健全执法人员培训、考试考核、资格管理和持证上岗制度。

执法人员应当参加互联网信息内容管理部门组织的法律知识和业务知识培训，并经行政执法资格考试或者考核合格，取得执法证后方可从事执法工作。

执法证由国家互联网信息内容管理部门统一制定、核发或者授权省、自治区、直辖市互联网信息内容管理部门核发。

第二章　管辖

第六条　行政处罚由违法行为发生地的互联网信息内容管理部门管辖。

违法行为发生地包括实施违法行为的网站备案地，工商登记地（工商登记地与主营业地不一致的，应按主营业地），网站建立者、管理者、使用者所在地，网络接入地，计算机等终端设备所在地等。

第七条　市（地、州）级以下互联网信息内容管理部门依职权管辖本行政区域内的互联网信息内容行政处罚案件。

省、自治区、直辖市互联网信息内容管理部门依职权管辖本行政区域内重大、复杂的互联网信息内容行政处罚案件。

国家互联网信息内容管理部门依职权管辖应当由自己实施行政处罚的案件及全国范围内发生的重大、复杂的互联网信息内容行政处罚案件。

省、自治区、直辖市互联网信息内容管理部门可以依据法律法规规章，结合本地区实际，制定本行政区域内级别管辖的具体规定。

第八条　对当事人的同一违法行为，两个以上互联网信息内容管理部门均有管辖权的，由先行立案的互联网信息内容管理部门管辖。必要时，可以移送主要违法行为发生地的互联网信息内容管理部门管辖。

两个以上的互联网信息内容管理部门对管辖权有争议的，应当协商解决；协商不成的，报请共同的上一级互联网信息内容管理部门指定管辖。

第九条　上级互联网信息内容管理部门认为必要时，可以直接办理下级互联网信息内容管理部门管辖的案件，也可以将自己管辖的案件移交下级互联网信息内容管理部门办理。

下级互联网信息内容管理部门对其管辖的案件由于特殊原因不能行使管辖权的，可以报请上级互联网信息内容管理部门管辖或者指定管辖。

第十条　互联网信息内容管理部门发现案件不属于其管辖的，应当及时移送有管辖权的互联网信息内容管理部门。

受移送的互联网信息内容管理部门应当将案件查处结果及时函告移送案件的互联网信息内容管理部门；认为移送不当的，应当报请共同的上一级互联网信息内容管理部门指定管辖，不得再次移送。

第十一条　上级互联网信息内容管理部门接到管辖争议或者报请指定管辖请示后，应当在十个工作日内作出指定管辖的决定，并书面通知下级互联网信息内容管理部门。

第十二条　互联网信息内容管理部门发现案件属于其他行政机关管辖的，应当依法移送有关机关。

互联网信息内容管理部门发现违法行为涉嫌犯罪的，应当及时移送司法机关。司法机关决定立案的，互联网信息内容管理部门应当自接到司法机关立案通知书之日起三日内将与案件有关的材料移交司法机关，并办结交接手续。

第十三条　互联网信息内容管理部门对依法应当撤销互联网新闻信息服务许可、吊销互联网新闻信息服务许可证的，应当提出处理建议，并将取得的证据及相关材料报送原发证的互联网信息内容管理部门，由原发证的互联网信息内容管理部门依法作出是否撤销许可、吊销许可证的决定。

第三章　立案

第十四条　互联网信息内容管理部门应当对下列事项及时调查处理，并填写《案件来源登记表》：

（一）在监督检查中发现案件线索的；

（二）自然人、法人或者其他组织投诉、申诉、举报的；

（三）上级机关交办或者下级机关报请查处的；

（四）有关部门移送或者经由其他方式、途径发现的。

第十五条　行政处罚立案应当符合下列条件：

（一）有涉嫌违法的事实；

（二）依法应当予以行政处罚；

（三）属于互联网信息内容监督管理行政处罚的范围；

（四）属于本互联网信息内容管理部门管辖。

符合立案条件的，应当填写《立案审批表》，同时附上相关材料，在七个工作日内报互联网信息内容管理部门负责人批准立案，并确定两名以上执法人员为案件承办人。特殊情况下，可以延长至十五个工作日内立案。

第十六条　对于不予立案的投诉、申诉、举报，经互联网信息内容管理部门负责人批准后，应将结果告知具名的投诉人、申诉人、举报人，并将不予立案的相关情况作书面记录留存。

对于其他部门移送的案件，决定不予立案的，应当书面告知移送部门。

不予立案或者撤销立案的，承办人应当制作《不予立案审批表》或者《撤销立案审批表》，报互联网信息内容管理部门负责人批准。

第十七条　办案人员有下列情形之一的，应当自行回避；当事人也有权申请办案人员回避：

（一）是本案的当事人或者当事人的近亲属；

（二）与本案有直接利害关系；

（三）与本案当事人有其他关系，可能影响案件公正处理。

办案人员的回避由互联网信息内容管理部门负责人决定。当事人对决定不服的，可以申请复议一次。

回避决定作出前，被申请回避人员不停止对案件的调查处理。

第四章 调查取证

第十八条 互联网信息内容管理部门进行案件调查取证时，执法人员不得少于两人，并应当出示执法证。必要时，也可以聘请专业人员进行协助。

首次向案件当事人收集、调取证据的，应当告知其有申请办案人员回避的权利。

向有关单位、个人收集、调取证据时，应当告知其有如实提供证据的义务。被调查对象或者有关人员应当如实回答询问并协助、配合调查，及时提供依法应当保存的互联网信息服务提供者发布的信息、用户发布的信息、日志信息等相关材料，不得阻挠、干扰案件的调查。

执法人员对在办案过程中知悉的国家秘密、商业秘密、个人隐私、个人信息应当依法保密。

第十九条 互联网信息内容管理部门在办案过程中需要其他地区互联网信息内容管理部门协助调查、取证的，应当出具委托调查函。受委托的互联网信息内容管理部门应当积极予以协助，一般应当在接到委托调查函之日起十五个工作日内完成相关工作；需要延期完成或者无法协助的，应当及时函告委托的互联网信息内容管理部门。

第二十条 办案人员应当依法收集与案件有关的证据，包括电子数据、视听资料、书证、物证、证人证言、当事人的陈述、鉴定意见、检验报告、勘验笔录、现场笔录、询问笔录等。

电子数据是指案件发生过程中形成的，以数字化形式存储、处理、传输的，能够证明案件事实的数据，包括但不限于网页、博客、微博客、即时通信工具、论坛、贴吧、网盘、电子邮件、网络后台等方式承载的电子信息或文件。电子数据主要存在于计算机设备、移动通信设备、互联网服务器、移动存储设备、云存储系统等电子设备或存储介质中。

视听资料包括录音资料和影像资料。

存储在电子介质中的录音资料和影像资料，适用电子数据的规定。

第二十一条 互联网信息内容管理部门在立案前调查或者检查过程中依法取得的证据，可以作为认定事实的依据。通过网络巡查等技术手段获取的、具有可靠性的电子数据可以作为认定事实的依据。

电子数据的收集、提取应当符合法律法规规章、国家标准、行业标准和技术规范，并保证所收集、提取的电子数据的完整性、合法性、真实性、关联性。否则，不得作为认定事实的依据。

第二十二条　互联网信息内容管理部门在立案前，可以采取询问、勘验、检查、鉴定、调取证据材料等措施，不得限制初查对象的人身、财产权利。

互联网信息内容管理部门在立案后，可以对物品、设施、场所采取先行登记保存等措施。

第二十三条　互联网信息内容管理部门在办案过程中，应当及时询问证人。

执法人员进行询问的，应当制作《询问笔录》，载明时间、地点、有关事实、经过等内容。询问笔录应当交询问对象或者有关人员核对并确认。

第二十四条　互联网信息内容管理部门对于涉及互联网信息内容违法的场所、物品、网络应当进行勘验、检查，及时收集、固定书证、物证、视听资料以及电子数据。

第二十五条　互联网信息内容管理部门可以委托司法鉴定机构就案件中的专门性问题出具鉴定意见；不属于司法鉴定范围的，可以委托有能力或者条件的机构出具检测报告或者检验报告。

第二十六条　互联网信息内容管理部门可以向有关单位、个人调取能够证明案件事实的证据材料，并且可以根据需要拍照、录像、复印和复制。

调取的书证、物证应当是原件、原物。调取原件、原物确有困难的，可以由提交证据的有关单位、个人在复制品上签字或者盖章，注明“此件由×××提供，经核对与原件（物）无异”的字样或者文字说明，并注明出证日期、证据出处，并签名或者盖章。

调取的视听资料、电子数据应当是原始载体或备份介质。调取原始载体或备份介质确有困难的，可以收集复制件，并注明制作方法、制作时间、制作人等情况。调取声音资料的应当附有该声音内容的文字记录。

第二十七条　在证据可能灭失或者以后难以取得的情况下，经互联网信息内容管理部门负责人批准，执法人员可以依法对涉案计算机、服务器、硬盘、移动存储设备、存储卡等涉嫌实施违法行为的物品先行登记保存，制作《登记保存物品清单》，向当事人出具《登记保存物品通知书》。先行登记保存期间，当事人或有关人员不得损毁、销毁或者非法转移证据。

互联网信息内容管理部门实施先行登记保存时，应当通知当事人或者持有人到场，并在现场笔录中对采取的相关措施情况予以记载。

第二十八条　互联网信息内容管理部门对先行登记保存的证据，应当在七日内作出以下处理决定：

（一）需要采取证据保全措施的，采取记录、复制、拍照、录像等证据保全措施后予以返还；

（二）需要检验、检测、鉴定的，送交具有相应资质的机构检验、检测、鉴定；

（三）违法事实成立的，依法应当予以没收的，作出行政处罚决定，没收违法物品；

（四）违法事实不成立，或者违法事实成立但依法不应当予以没收的，解除先行登记保存。

逾期未作出处理决定的，应当解除先行登记保存。

第二十九条　为了收集、保全电子数据，互联网信息内容管理部门可以采取现场取证，远程取证，责令有关单位、个人固定和提交等措施。

现场取证、远程取证结束后应当制作《电子取证工作记录》。

第三十条　执法人员在调查取证过程中，应当要求当事人在笔录或者其他材料上签字、捺指印、盖章或者以其他方式确认。当事人拒绝到场，拒绝签字、捺指印、盖章或者以其他方式确认，或者无法找到当事人的，应当由两名执法人员在笔录或者其他材料上注明原因，并邀请有关人员作为见证人签字或者盖章，也可以采取录音、录像等方式记录。

第三十一条　案件调查终结后，承办人应当撰写《案件处理意见报告》：

认为违法事实成立，应当予以行政处罚的，撰写《案件处理意见报告》，草拟行政处罚建议书。

有下列情形之一的，撰写《案件处理意见报告》，说明拟作处理的理由，报互联网信息内容管理部门负责人批准后根据不同情况分别处理：

（一）认为违法事实不成立，应当予以销案的；

（二）违法行为情节轻微，没有造成危害后果，不予行政处罚的；

（三）案件不属于本机关管辖，应当移送其他行政机关管辖的；

（四）涉嫌犯罪，应当移送司法机关的。

第三十二条　互联网信息内容管理部门进行案件调查时，对已有证据证明违法事实成立的，应当出具责令改正通知书，责令当事人改正或者限期改正违法行为。

第五章　听证、约谈

第三十三条　互联网信息内容管理部门作出吊销互联网新闻信息服务许可证、较大数额罚款等行政处罚决定之前，应当告知当事人有要求举行听证的权利。当事人要求听证的，应当在被告知后三日内提出，互联网信息内容管理部门应当组织听证。当事人逾期未要求听证的，视为放弃权利。

第三十四条　互联网信息内容管理部门应当在听证的七日前，将《举行听证通知书》送达当事人，告知举行听证的时间、地点。

听证应当制作《听证笔录》，交当事人审核无误后签字或者盖章。

第三十五条　互联网信息内容管理部门对互联网信息服务提供者违法行为作出行政处罚决定前，可以根据有关规定对其实施约谈，谈话结束后制作《执法约谈笔录》。

第六章　处罚决定、送达

第三十六条　互联网信息内容管理部门作出行政处罚决定之前，应当填写《行政处罚意见告知书》，告知当事人拟作出行政处罚的违法事实、处罚的理由和依据，以及当事人依法享有的陈述、申辩权。

互联网信息内容管理部门应当充分听取当事人的陈述和申辩。当事人提出的事实、理由或者证据经复核成立的，应当采纳。当事人在接到告知书之日起三个工作日内未提出陈述、申辩的，视为放弃权利。

互联网信息内容管理部门不得因当事人陈述、申辩而加重处罚。

第三十七条　拟作出的行政处罚决定应当报互联网信息内容管理部门负责人审查。互联网信息内容管理部门负责人根据不同情况，分别作出如下决定：

（一）确有应受行政处罚的违法行为的，根据情节轻重及具体情况，作出行政处罚决定；

（二）违法行为轻微，依法可以不予行政处罚的，不予行政处罚；

（三）违法事实不能成立的，不予行政处罚；

（四）违法行为已构成犯罪的，移送司法机关。

第三十八条　对情节复杂或者重大违法行为给予较重的行政处罚，互联网信息内容管理部门负责人应当集体讨论决定。集体讨论决定的过程应当有书面记录。

情节复杂、重大违法行为标准由互联网信息内容管理部门根据实际情况确定。

第三十九条　互联网信息内容管理部门作出行政处罚决定，应当制作统一编号的《行政处罚决定书》。

《行政处罚决定书》应当载明下列事项：

（一）当事人的姓名或者名称、地址等基本情况；

（二）违反法律、法规或者规章的事实和证据；

（三）行政处罚的种类和依据；

（四）行政处罚的履行方式和期限；

（五）不服行政处罚决定，申请行政复议或者提起行政诉讼的途径和期限；

（六）作出行政处罚决定的互联网信息内容管理部门名称和作出决定的日期。

行政处罚决定中涉及没收有关物品的，还应当附没收物品凭证。

《行政处罚决定书》应当盖有作出行政处罚决定的互联网信息内容管理部门的印章。

第四十条　《行政处罚决定书》应当在宣告后当场交付当事人；当事人不在场的，应当在七日内依照民事诉讼法的有关规定，将《行政处罚决定书》送达当事人。

第七章　执行与结案

第四十一条　《行政处罚决定书》送达后，当事人应当在处罚决定的期限内予以履行。

当事人确有经济困难，可以提出延期或者分期缴纳罚款的申请，并提交书面材料。经案件承办人审核，确定延期或者分期缴纳罚款的期限和金额，报互联网信息内容管理部门负责人批准后执行。

第四十二条　互联网信息服务提供者违反相关法律法规规章，需由电信主管部门关闭网站、吊销互联网信息服务增值电信业务经营许可证或者取消备案的，转电信主管部门处理。

第四十三条　当事人对互联网信息内容管理部门给予的行政处罚享有陈述、申辩权，对行政处罚决定不服的，有权依法申请行政复议或者提起行政诉讼。

当事人对行政处罚决定不服，申请行政复议或者提起行政诉讼的，行政处罚不停止执行，但法律另有规定的除外。

第四十四条　当事人在法定期限内不申请行政复议或者提起行政诉讼，又不履行行政处罚决定的，作出处罚决定的互联网信息内容管理部门可以申请人民法院强制执行。

互联网信息内容管理部门申请人民法院强制执行前应当填写《履行行政处罚决定催告书》，书面催告当事人履行义务，并告知履行义务的期限和方式、依法享有的陈述和申辩权，涉及加处罚款的，应当有明确的金额和给付方式。

加处罚款的总数额不得超过原罚款数额。

当事人进行陈述、申辩的，互联网信息内容管理部门应当对当事人提出的事实、理由和证据进行记录、复核，并制作陈述申辩笔录、陈述申辩复核意见书。当事人提出的事实、理由或者证据成立的，互联网信息内容管理部门应当采纳。

《履行行政处罚决定催告书》送达十个工作日后，当事人仍未履行处罚决定的，互联网信息内容管理部门可以申请人民法院强制执行，并填写《行政处罚强制执行申请书》。

第四十五条　行政处罚决定履行或者执行后，办案人应当填写《行政处罚结案报告》，将有关案件材料进行整理装订，归档保存。

第八章　附则

第四十六条　本规定中的期限以时、日计算，开始的时和日不计算在内。期限届满的最后一日是节假日的，以节假日后的第一日为届满的日期。法律、法规另有规定的除外。

第四十七条　本规定中的“以上”“以下”“以内”，均包括本数。

第四十八条　国家互联网信息内容管理部门负责制定行政执法所适用的文书格式范本。各省、自治区、直辖市互联网信息内容管理部门可以参照文书格式范本，制定本行政区域行政处罚所适用的文书格式并自行印制。

第四十九条　本规定自2017年6月1日起施行。

1.6　《互联网新闻信息服务管理规定》（2017年6月1日起施行）

互联网新闻信息服务管理规定

第一章　总则

第一条　为加强互联网信息内容管理，促进互联网新闻信息服务健康有序发展，根据《中华人民共和国网络安全法》《互联网信息服务管理办法》《国务院关于授权国家互联网信息办公室负责互联网信息内容管理工作的通知》，制定本规定。

第二条　在中华人民共和国境内提供互联网新闻信息服务，适用本规定。

本规定所称新闻信息，包括有关政治、经济、军事、外交等社会公共事务的报道、评论，以及有关社会突发事件的报道、评论。

第三条　提供互联网新闻信息服务，应当遵守宪法、法律和行政法规，坚持为人民服务、为社会主义服务的方向，坚持正确舆论导向，发挥舆论监督作用，促进形成积极健康、向上向善的网络文化，维护国家利益和公共利益。

第四条　国家互联网信息办公室负责全国互联网新闻信息服务的监督管理执法工作。地方互联网信息办公室依据职责负责本行政区域内互联网新闻信息服务的监督管理执法工作。

第二章　许可

第五条　通过互联网站、应用程序、论坛、博客、微博客、公众账号、即时通信工具、网络直播等形式向社会公众提供互联网新闻信息服务，应当取得互联网新闻信息服务许可，禁止未经许可或超越许可范围开展互联网新闻信息服务活动。

前款所称互联网新闻信息服务，包括互联网新闻信息采编发布服务、转载服务、传播平台服务。

第六条　申请互联网新闻信息服务许可，应当具备下列条件：

（一）在中华人民共和国境内依法设立的法人；

（二）主要负责人、总编辑是中国公民；

（三）有与服务相适应的专职新闻编辑人员、内容审核人员和技术保障人员；

（四）有健全的互联网新闻信息服务管理制度；

（五）有健全的信息安全管理制度和安全可控的技术保障措施；

（六）有与服务相适应的场所、设施和资金。

申请互联网新闻信息采编发布服务许可的，应当是新闻单位（含其控股的单位）或新闻宣传部门主管的单位。

符合条件的互联网新闻信息服务提供者实行特殊管理股制度，具体实施办法由国家互联网信息办公室另行制定。

提供互联网新闻信息服务，还应当依法向电信主管部门办理互联网信息服务许可或备案手续。

第七条 任何组织不得设立中外合资经营、中外合作经营和外资经营的互联网新闻信息服务单位。

互联网新闻信息服务单位与境内外中外合资经营、中外合作经营和外资经营的企业进行涉及互联网新闻信息服务业务的合作，应当报经国家互联网信息办公室进行安全评估。

第八条 互联网新闻信息服务提供者的采编业务和经营业务应当分开，非公有资本不得介入互联网新闻信息采编业务。

第九条 申请互联网新闻信息服务许可，申请主体为中央新闻单位（含其控股的单位）或中央新闻宣传部门主管的单位的，由国家互联网信息办公室受理和决定；申请主体为地方新闻单位（含其控股的单位）或地方新闻宣传部门主管的单位的，由省、自治区、直辖市互联网信息办公室受理和决定；申请主体为其他单位的，经所在地省、自治区、直辖市互联网信息办公室受理和初审后，由国家互联网信息办公室决定。

国家或省、自治区、直辖市互联网信息办公室决定批准的，核发《互联网新闻信息服务许可证》。《互联网新闻信息服务许可证》有效期为三年。有效期届满，需继续从事互联网新闻信息服务活动的，应当于有效期届满三十日前申请续办。

省、自治区、直辖市互联网信息办公室应当定期向国家互联网信息办公室报告许可受理和决定情况。

第十条 申请互联网新闻信息服务许可，应当提交下列材料：

（一）主要负责人、总编辑为中国公民的证明；

（二）专职新闻编辑人员、内容审核人员和技术保障人员的资质情况；

（三）互联网新闻信息服务管理制度；

（四）信息安全管理制度和技术保障措施；

（五）互联网新闻信息服务安全评估报告；

（六）法人资格、场所、资金和股权结构等证明；

（七）法律法规规定的其他材料。

第三章 运行

第十一条 互联网新闻信息服务提供者应当设立总编辑，总编辑对互联网新闻信息内容负总责。总编辑人选应当具有相关从业经验，符合相关条件，并报国家或省、自治区、直辖市互联网信息办公室备案。

互联网新闻信息服务相关从业人员应当依法取得相应资质，接受专业培训、考核。互联网新闻信息服务相关从业人员从事新闻采编活动，应当具备新闻采编人员职业资格，持有国家新闻出版广电总局统一颁发的新闻记者证。

第十二条 互联网新闻信息服务提供者应当健全信息发布审核、公共信息巡查、应急处置等信息安全管理制度，具有安全可控的技术保障措施。

第十三条 互联网新闻信息服务提供者为用户提供互联网新闻信息传播平台服务，应当按照《中华人民共和国网络安全法》的规定，要求用户提供真实身份信息。用户不提供真实身份信息的，互联网新闻信息服务提供者不得为其提供相关服务。

互联网新闻信息服务提供者对用户身份信息和日志信息负有保密的义务，不得泄露、篡改、毁损，不得出售或非法向他人提供。

互联网新闻信息服务提供者及其从业人员不得通过采编、发布、转载、删除新闻信息，干预新闻信息呈现或搜索结果等手段谋取不正当利益。

第十四条 互联网新闻信息服务提供者提供互联网新闻信息传播平台服务，应当与在其平台上注册的用户签订协议，明确双方权利义务。

对用户开设公众账号的，互联网新闻信息服务提供者应当审核其账号信息、服务资质、服务范围等信息，并向所在地省、自治区、直辖市互联网信息办公室分类备案。

第十五条 互联网新闻信息服务提供者转载新闻信息，应当转载中央新闻单位或省、自治区、直辖市直属新闻单位等国家规定范围内的单位发布的新闻信息，注明新闻信息来源、原作者、原标题、编辑真实姓名等，不得歪曲、篡改标题原意和新闻信息内容，并保证新闻信息来源可追溯。

互联网新闻信息服务提供者转载新闻信息，应当遵守著作权相关法律法规的规定，保护著作权人的合法权益。

第十六条 互联网新闻信息服务提供者和用户不得制作、复制、发布、传播法律、行政法规禁止的信息内容。

互联网新闻信息服务提供者提供服务过程中发现含有违反本规定第三条或前款规定内容的，应当依法立即停止传输该信息、采取消除等处置措施，保存有关记录，并向有关主管部门报告。

第十七条 互联网新闻信息服务提供者变更主要负责人、总编辑、主管单位、股权结构等影响许可条件的重大事项，应当向原许可机关办理变更手续。

互联网新闻信息服务提供者应用新技术、调整增设具有新闻舆论属性或社会动员能力的应用功能，应当报国家或省、自治区、直辖市互联网信息办公室进行互联网新闻信息服务安全评估。

第十八条　互联网新闻信息服务提供者应当在明显位置明示互联网新闻信息服务许可证编号。

互联网新闻信息服务提供者应当自觉接受社会监督，建立社会投诉举报渠道，设置便捷的投诉举报入口，及时处理公众投诉举报。

第四章　监督检查

第十九条　国家和地方互联网信息办公室应当建立日常检查和定期检查相结合的监督管理制度，依法对互联网新闻信息服务活动实施监督检查，有关单位、个人应当予以配合。

国家和地方互联网信息办公室应当健全执法人员资格管理制度。执法人员开展执法活动，应当依法出示执法证件。

第二十条　任何组织和个人发现互联网新闻信息服务提供者有违反本规定行为的，可以向国家和地方互联网信息办公室举报。

国家和地方互联网信息办公室应当向社会公开举报受理方式，收到举报后，应当依法予以处置。互联网新闻信息服务提供者应当予以配合。

第二十一条　国家和地方互联网信息办公室应当建立互联网新闻信息服务网络信用档案，建立失信黑名单制度和约谈制度。

国家互联网信息办公室会同国务院电信、公安、新闻出版广电等部门建立信息共享机制，加强工作沟通和协作配合，依法开展联合执法等专项监督检查活动。

第五章　法律责任

第二十二条　违反本规定第五条规定，未经许可或超越许可范围开展互联网新闻信息服务活动的，由国家和省、自治区、直辖市互联网信息办公室依据职责责令停止相关服务活动，处一万元以上三万元以下罚款。

第二十三条　互联网新闻信息服务提供者运行过程中不再符合许可条件的，由原许可机关责令限期改正；逾期仍不符合许可条件的，暂停新闻信息更新；《互联网新闻信息服务许可证》有效期届满仍不符合许可条件的，不予换发许可证。

第二十四条　互联网新闻信息服务提供者违反本规定第七条第二款、

第八条、第十一条、第十二条、第十三条第三款、第十四条、第十五条第一款、第十七条、第十八条规定的，由国家和地方互联网信息办公室依据职责给予警告，责令限期改正；情节严重或拒不改正的，暂停新闻信息更新，处五千元以上三万元以下罚款；构成犯罪的，依法追究刑事责任。

第二十五条　互联网新闻信息服务提供者违反本规定第三条、第十六条第一款、第十九条第一款、第二十条第二款规定的，由国家和地方互联网信息办公室依据职责给予警告，责令限期改正；情节严重或拒不改正的，暂停新闻信息更新，处二万元以上三万元以下罚款；构成犯罪的，依法追究刑事责任。

第二十六条　互联网新闻信息服务提供者违反本规定第十三条第一款、第十六条第二款规定的，由国家和地方互联网信息办公室根据《中华人民共和国网络安全法》的规定予以处理。

第六章　附则

第二十七条　本规定所称新闻单位，是指依法设立的报刊社、广播电台、电视台、通讯社和新闻电影制片厂。

第二十八条　违反本规定，同时违反互联网信息服务管理规定的，由国家和地方互联网信息办公室根据本规定处理后，转由电信主管部门依法处置。

国家对互联网视听节目服务、网络出版服务等另有规定的，应当同时符合其规定。

第二十九条　本规定自2017年6月1日起施行。本规定施行之前颁布的有关规定与本规定不一致的，按照本规定执行。

1.7　《互联网新闻信息服务许可管理实施细则》

互联网新闻信息服务许可管理实施细则

第一条　为进一步提高互联网新闻信息服务许可管理规范化、科学化水平，促进互联网新闻信息服务健康有序发展，根据《中华人民共和国行政许可法》《互联网新闻信息服务管理规定》（以下简称《规定》），制定本细则。

第二条　国家和省、自治区、直辖市互联网信息办公室实施互联网新闻信息服务许可，适用本细则。

第三条　通过互联网站、应用程序、论坛、博客、微博客、公众账号、即时通信工具、网络直播等形式向社会公众提供互联网新闻信息服务，应当取得互联网新闻信息服务许可，禁止未经许可或超越许可范围开展互联网新闻信息服务活动。

第四条　互联网新闻信息服务，包括互联网新闻信息采编发布服务、转载服务、传播平台服务。

其中，采编发布服务，是指对新闻信息进行采集、编辑、制作并发布的服务；转载服务，是指选择、编辑并发布其他主体已发布新闻信息的服务；传播平台服务，是指为用户传播新闻信息提供平台的服务。

获准提供互联网新闻信息采编发布服务的，可以同时提供互联网新闻信息转载服务。获准提供互联网新闻信息传播平台服务，拟同时提供采编发布服务、转载服务的，应当依法取得互联网新闻信息采编发布、转载服务许可。

第五条　申请互联网新闻信息服务许可的，应当具备下列许可条件：

（一）在中华人民共和国境内依法设立的法人；

（二）主要负责人、总编辑是中国公民；

（三）有与服务相适应的专职新闻编辑人员、内容审核人员和技术保障人员；

（四）有健全的互联网新闻信息服务管理制度；

（五）有健全的信息安全管理制度和安全可控的技术保障措施；

（六）有与服务相适应的场所、设施和资金。

其中，申请互联网新闻信息采编发布服务许可的，应当是新闻单位（含新闻单位控股的单位）或新闻宣传部门主管的单位。新闻单位是指经国家有关部门依法批准设立的报刊社、广播电台、电视台、通讯社和新闻电影制片厂。控股是指出资额、持有股份占企业资本总额或股本总额50%以上，或出资额、持有股份的比例虽然不足50%，但依其出资额或持有股份已足以对企业决议产生重大影响。新闻宣传部门包括各级宣传部门、网信部门、广电部门等。

任何组织不得设立中外合资经营、中外合作经营和外资经营的互联网新闻信息服务单位。

第六条　根据《规定》第十条，申请互联网新闻信息服务许可的，应当提交下列申请材料：

（一）主要负责人、总编辑为中国公民的证明。包括主要负责人、总编辑的身份证复印件等。

（二）专职新闻编辑人员、内容审核人员和技术保障人员的资质情况。包括相关人员基本情况，以及国家新闻出版广电总局统一颁发的新闻记者证、新闻单位从业证明、相关培训考核证明等材料，具体人员数量应当与所提供的服务相适应。

（三）互联网新闻信息服务管理制度。包括网站总编辑制度、从业人员教育培训和考核制度等。

（四）信息安全管理制度和技术保障措施。包括信息发布审核制度、公共信息巡查制度、应急处置制度、用户个人信息保护制度等，以及相关技术保障措施的情况。

（五）互联网新闻信息服务安全评估报告。由有关部门或具有相关资质的机构出具的对于申请者信息安全管理制度和技术保障措施的安全评估报告。

（六）法人资格、场所、资金的证明。包括企业营业执照、事业单位法人证书、服务场所产权证书、租赁合同等材料复印件。

（七）互联网新闻信息服务许可申请书。包括申请表，以及对拟提供具体服务形式、服务方案的说明等。

第七条　申请互联网新闻信息采编发布服务许可的，除应当提交本细则第六条规定的申请材料外，还应当提交该单位或其控股方为新闻单位的证明，或其主管单位为新闻宣传部门的证明及该主管单位的意见。其中，新闻单位证明包括《报纸出版许可证》《广播电视播出机构许可证》《期刊出版许可证》（持有《期刊出版许可证》的，应当以提供《规定》第二条所称“新闻信息”服务为主营业务）等；主管单位意见内容主要包括，说明申请者与该主管单位的关系、就申请者是否符合许可条件提出评估意见并加盖单位公章等。

申请互联网新闻信息传播平台服务许可的，除应当提交本细则第六条规定的申请材料外，还应当提交平台账号用户管理规章制度、用户协议范本、投诉举报处理机制等。

申请者为企业法人的，除应当提交本细则第六条规定的申请材料外，还应当提供下列股权相关材料：

（一）股权结构图。包括股东名称、股权比例、出资方式、出资时间等信息。股东为非自然人主体的，须逐级追溯到自然人、事业单位以及国有独资公司，并就实际控制人情况作出说明。股权结构图需加盖单位公章，并由法定代表人签字。

（二）股东证明材料。股东为自然人的，须提供身份证明材料；股东为非自然人主体的，须提供该主体的名称、组织形式、法定代表人等材料。

（三）公司章程。包括公司章程及历次修改决议。

（四）无外资承诺书。申请者对股权结构图中所有股东均不含外资成分作出的书面承诺。

（五）专业机构意见书。律师事务所或会计师事务所就上述股权材料的真实性、准确性、完整性出具的书面证明，包括验资报告、法律意见书等材料。

第八条　根据《规定》第七条，互联网新闻信息服务单位与境内外中外合资经营、中外合作经营和外资经营的企业进行涉及互联网新闻信息服务业务的合作，应当报国家互联网信息办公室进行安全评估，并提交以下材料：

（一）拟合作企业的情况。包括该企业基本情况介绍、营业执照等法人资格证明。

（二）拟合作业务的情况。包括合作意向书、合作发展规划、合作可行性分析报告等材料。

主管单位为新闻宣传部门的，还应当提交该主管单位就该项业务合作的意见。

互联网新闻信息服务单位与境内外中外合资经营、中外合作经营和外资经营的企业进行涉及互联网新闻信息服务业务的合作，可能导致互联网新闻信息服务单位不再符合许可条件的，不予通过安全评估。

第九条　国家和省、自治区、直辖市互联网信息办公室收到申请材料后，应当根据情况依法作出处理：

（一）申请材料齐全、符合要求的，予以受理；

（二）申请材料不齐全、不符合要求的，当场或五个工作日内一次性告知申请者应予更正或补充的内容；

（三）对依法不需要取得互联网新闻信息服务许可的，不予受理，并即时告知申请者，退回申请材料；

（四）对申请事项不属于职权范围的，应当即时作出不予受理的决定，并告知申请者向有关行政机关申请。

第十条　依法受理后，国家和省、自治区、直辖市互联网信息办公室按照本细则第五条、第六条、第七条的规定，对申请材料进行审核，包括申请者是否符合许可条件、材料是否真实等。

审核过程中，国家和省、自治区、直辖市互联网信息办公室可依据实际情况，约见申请者主要负责人、总编辑，到网站备案地、实际经营地、网站服务器所在地等其他相关场所进行实地检查。

第十一条　国家和省、自治区、直辖市互联网信息办公室应当依据《行政许可法》第四十二条，在规定期限内依法作出批准或不予批准的决定。批准的，核发《互联网新闻信息服务许可证》。

省、自治区、直辖市互联网信息办公室应当自作出批准决定之日起七个工作日内，向国家互联网信息办公室报告有关情况。

第十二条　根据《规定》第十七条，互联网新闻信息服务提供者变更以下事项，应当自变更之日起七个工作日内，向原许可机关申请办理变更手续：

（一）变更公司章程、服务场所、网站名称、接入服务提供者等事项；

（二）变更总编辑、主要负责人、股权结构、互联网地址等事项，或者进行上市、合并、分立。

其中，变更总编辑、主要负责人、股权结构、互联网地址等事项，或者进行上市、合并、分立，导致互联网新闻信息服务提供者不再符合许可条件的，根据《规定》第二十三条予以处罚。

互联网新闻信息服务提供者新增服务类别，应当根据《规定》第六条，依法取得相应的许可。

第十三条　互联网新闻信息服务提供者申请办理本细则第十二条相关变更手续，应当向原许可机关提交以下材料：

（一）变更申请书。包括申请变更事项、变更原因以及其他需要说明的问题，并加盖单位公章。

（二）变更事项材料。提交具体变更事项的说明、证明材料，包括变更人员基本情况、资格证书、任免证明，或者变更后的营业执照、公司章程、租赁合同等，并加盖单位公章。

变更股权结构的，应当按照本细则第七条规定，提供相关股权材料。涉及上市的，还应当提供有关上市活动具体实施方案、新三板挂牌方案以及战略投资机构有关情况等材料。

涉及许可证所列事项变更的，应当提交许可证原件。

第十四条　《互联网新闻信息服务许可证》有效期为三年。有效期届满，需继续从事互联网新闻信息服务活动的，应当于有效期届满三十日前，按照许可程序，向原许可机关申请续办，并提交以下材料：

（一）许可续办申请书。包括前期从业情况说明、涉及本细则第五条许可条件相关情况的说明，以及其他需要说明的问题，并加盖单位公章。

（二）许可证原件。

主管单位为新闻宣传部门的，还应当提交该主管单位的意见。

《互联网新闻信息服务许可证》有效期届满，未依法申请续办的，不得继续提供互联网新闻信息服务，原许可证作废。

第十五条　根据《行政许可法》第九条，互联网新闻信息服务许可不得转让。互联网新闻信息服务提供者不得因业务调整、合并、分立等原因擅自转让许可。

第十六条　互联网新闻信息服务提供者终止服务的，应当自终止服务之日起三十日内向原许可机关办理注销手续，并提交以下材料：

（一）注销申请书。包括注销原因以及其他需要说明的问题，并加盖单位公章。

（二）许可证原件。

第十七条　根据《规定》第十九条，国家和地方互联网信息办公室建立抽查、考核等日常检查和定期检查相结合的监督管理制度，加强对互联网新闻信息服务活动的监督检查，有关单位、个人应当予以配合。

监督检查结果，依法向社会公开，接受社会监督。

第十八条　本细则与《规定》同步施行。

1.8　《互联网论坛社区服务管理规定》（2017年10月1日起施行）

互联网论坛社区服务管理规定

第一条　为规范互联网论坛社区服务，促进互联网论坛社区行业健康有序发展，保护公民、法人和其他组织的合法权益，维护国家安全和公共利益，根据《中华人民共和国网络安全法》《国务院关于授权国家互联网信息办公室负责互联网信息内容管理工作的通知》，制定本规定。

第二条　在中华人民共和国境内从事互联网论坛社区服务，适用本规定。

本规定所称互联网论坛社区服务，是指在互联网上以论坛、贴吧、社区等形式，为用户提供互动式信息发布社区平台的服务。

第三条　国家互联网信息办公室负责全国互联网论坛社区服务的监督

管理执法工作。地方互联网信息办公室依据职责负责本行政区域内互联网论坛社区服务的监督管理执法工作。

第四条　鼓励互联网论坛社区服务行业组织建立健全行业自律制度和行业准则，指导互联网论坛社区服务提供者建立健全服务规范，督促互联网论坛社区服务提供者依法提供服务、接受社会监督，提高互联网论坛社区服务从业人员的职业素养。

第五条　互联网论坛社区服务提供者应当落实主体责任，建立健全信息审核、公共信息实时巡查、应急处置及个人信息保护等信息安全管理制度，具有安全可控的防范措施，配备与服务规模相适应的专业人员，为有关部门依法履行职责提供必要的技术支持。

第六条　互联网论坛社区服务提供者不得利用互联网论坛社区服务发布、传播法律法规和国家有关规定禁止的信息。

互联网论坛社区服务提供者应当与用户签订协议，明确用户不得利用互联网论坛社区服务发布、传播法律法规和国家有关规定禁止的信息，情节严重的，服务提供者将封禁或者关闭有关账号、版块；明确论坛社区版块发起者、管理者应当履行与其权利相适应的义务，对违反法律规定和协议约定、履行责任义务不到位的，服务提供者应当依法依约限制或取消其管理权限，直至封禁或者关闭有关账号、版块。

第七条　互联网论坛社区服务提供者应当加强对其用户发布信息的管理，发现含有法律法规和国家有关规定禁止的信息的，应当立即停止传输该信息，采取消除等处置措施，保存有关记录，并及时向国家或者地方互联网信息办公室报告。

第八条　互联网论坛社区服务提供者应当按照“后台实名、前台自愿”的原则，要求用户通过真实身份信息认证后注册账号，并对版块发起者和管理者实施真实身份信息备案、定期核验等。用户不提供真实身份信息的，互联网论坛社区服务提供者不得为其提供信息发布服务。

互联网论坛社区服务提供者应当加强对注册用户虚拟身份信息、版块名称简介等的审核管理，不得出现法律法规和国家有关规定禁止的内容。

互联网论坛社区服务提供者应当保护用户身份信息，不得泄露、篡改、毁损，不得非法出售或者非法向他人提供。

第九条　互联网论坛社区服务提供者及其从业人员，不得通过发布、转载、删除信息或者干预呈现结果等手段，谋取不正当利益。

第十条　互联网论坛社区服务提供者开展经营和服务活动，必须遵守法律法规，尊重社会公德，遵守商业道德，诚实信用，承担社会责任。

第十一条　互联网论坛社区服务提供者应当建立健全公众投诉、举报制度，在显著位置公布投诉、举报方式，主动接受公众监督，及时处理公众投诉、举报。国家和地方互联网信息办公室依据职责，对举报受理落实情况进行监督检查。

第十二条　互联网论坛社区服务提供者违反本规定的，由有关部门依照相关法律法规处理。

第十三条　本规定自2017年10月1日起施行。

1.9　《互联网跟帖评论服务管理规定》(2017年10月1日起施行)

互联网跟帖评论服务管理规定

第一条　为规范互联网跟帖评论服务，维护国家安全和公共利益，保护公民、法人和其他组织的合法权益，根据《中华人民共和国网络安全法》《国务院关于授权国家互联网信息办公室负责互联网信息内容管理工作的通知》，制定本规定。

第二条　在中华人民共和国境内提供跟帖评论服务，应当遵守本规定。

本规定所称跟帖评论服务，是指互联网站、应用程序、互动传播平台以及其他具有新闻舆论属性和社会动员功能的传播平台，以发帖、回复、留言、“弹幕”等方式，为用户提供发表文字、符号、表情、图片、音视频等信息的服务。

第三条　国家互联网信息办公室负责全国跟帖评论服务的监督管理执法工作。地方互联网信息办公室依据职责负责本行政区域的跟帖评论服务的监督管理执法工作。

各级互联网信息办公室应当建立健全日常检查和定期检查相结合的监督管理制度，依法规范各类传播平台的跟帖评论服务行为。

第四条　跟帖评论服务提供者提供互联网新闻信息服务相关的跟帖评论新产品、新应用、新功能的，应当报国家或者省、自治区、直辖市互联网信息办公室进行安全评估。

第五条　跟帖评论服务提供者应当严格落实主体责任，依法履行以下义务：

(一) 按照“后台实名、前台自愿”原则，对注册用户进行真实身份信息认证，不得向未认证真实身份信息的用户提供跟帖评论服务。

（二）建立健全用户信息保护制度，收集、使用用户个人信息应当遵循合法、正当、必要的原则，公开收集、使用规则，明示收集、使用信息的目的、方式和范围，并经被收集者同意。

（三）对新闻信息提供跟帖评论服务的，应当建立先审后发制度。

（四）提供“弹幕”方式跟帖评论服务的，应当在同一平台和页面同时提供与之对应的静态版信息内容。

（五）建立健全跟帖评论审核管理、实时巡查、应急处置等信息安全管理制度，及时发现和处置违法信息，并向有关主管部门报告。

（六）开发跟帖评论信息安全保护和管理技术，创新跟帖评论管理方式，研发使用反垃圾信息管理系统，提升垃圾信息处置能力；及时发现跟帖评论服务存在的安全缺陷、漏洞等风险，采取补救措施，并向有关主管部门报告。

（七）配备与服务规模相适应的审核编辑队伍，提高审核编辑人员专业素养。

（八）配合有关主管部门依法开展监督检查工作，提供必要的技术、资料和数据支持。

第六条　跟帖评论服务提供者应当与注册用户签订服务协议，明确跟帖评论的服务与管理细则，履行互联网相关法律法规告知义务，有针对性地开展文明上网教育。

跟帖评论服务使用者应当严格自律，承诺遵守法律法规、尊重公序良俗，不得发布法律法规和国家有关规定禁止的信息内容。

第七条　跟帖评论服务提供者及其从业人员不得为谋取不正当利益或基于错误价值取向，采取有选择地删除、推荐跟帖评论等方式干预舆论。

跟帖评论服务提供者和用户不得利用软件、雇佣商业机构及人员等方式散布信息，干扰跟帖评论正常秩序，误导公众舆论。

第八条　跟帖评论服务提供者对发布违反法律法规和国家有关规定的信息内容的，应当及时采取警示、拒绝发布、删除信息、限制功能、暂停更新直至关闭账号等措施，并保存相关记录。

第九条　跟帖评论服务提供者应当建立用户分级管理制度，对用户的跟帖评论行为开展信用评估，根据信用等级确定服务范围及功能，对严重失信的用户应列入黑名单，停止对列入黑名单的用户提供服务，并禁止其通过重新注册等方式使用跟帖评论服务。

国家和省、自治区、直辖市互联网信息办公室应当建立跟帖评论服务提供者的信用档案和失信黑名单管理制度，并定期对跟帖评论服务提供者进行信用评估。

第十条　跟帖评论服务提供者应当建立健全违法信息公众投诉举报制度，设置便捷投诉举报入口，及时受理和处置公众投诉举报。国家和地方互联网信息办公室依据职责，对举报受理落实情况进行监督检查。

第十一条　跟帖评论服务提供者信息安全管理责任落实不到位，存在较大安全风险或者发生安全事件的，国家和省、自治区、直辖市互联网信息办公室应当及时约谈；跟帖管理服务提供者应当按照要求采取措施，进行整改，消除隐患。

第十二条　互联网跟帖评论服务提供者违反本规定的，由有关部门依照相关法律法规处理。

第十三条　本规定自2017年10月1日起施行。

1.10　《互联网群组信息服务管理规定》（2017年10月8日起施行）

互联网群组信息服务管理规定

第一条　为规范互联网群组信息服务，维护国家安全和公共利益，保护公民、法人和其他组织的合法权益，根据《中华人民共和国网络安全法》《国务院关于授权国家互联网信息办公室负责互联网信息内容管理工作的通知》，制定本规定。

第二条　在中华人民共和国境内提供、使用互联网群组信息服务，应当遵守本规定。

本规定所称互联网群组，是指互联网用户通过互联网站、移动互联网应用程序等建立的，用于群体在线交流信息的网络空间。本规定所称互联网群组信息服务提供者，是指提供互联网群组信息服务的平台。本规定所称互联网群组信息服务使用者，包括群组建立者、管理者和成员。

第三条　国家互联网信息办公室负责全国互联网群组信息服务的监督管理执法工作。地方互联网信息办公室依据职责负责本行政区域内的互联网群组信息服务的监督管理执法工作。

第四条　互联网群组信息服务提供者和使用者，应当坚持正确导向，弘扬社会主义核心价值观，培育积极健康的网络文化，维护良好网络生态。

第五条　互联网群组信息服务提供者应当落实信息内容安全管理主体责任，配备与服务规模相适应的专业人员和技术能力，建立健全用户注册、信息审核、应急处置、安全防护等管理制度。

互联网群组信息服务提供者应当制定并公开管理规则和平台公约，与使用者签订服务协议，明确双方权利义务。

第六条　互联网群组信息服务提供者应当按照“后台实名、前台自愿”的原则，对互联网群组信息服务使用者进行真实身份信息认证，用户不提供真实身份信息的，不得为其提供信息发布服务。

互联网群组信息服务提供者应当采取必要措施保护使用者个人信息安全，不得泄露、篡改、毁损，不得非法出售或者非法向他人提供。

第七条　互联网群组信息服务提供者应当根据互联网群组的性质类别、成员规模、活跃程度等实行分级分类管理，制定具体管理制度并向国家或省、自治区、直辖市互联网信息办公室备案，依法规范群组信息传播秩序。

互联网群组信息服务提供者应当建立互联网群组信息服务使用者信用等级管理体系，根据信用等级提供相应服务。

第八条　互联网群组信息服务提供者应当根据自身服务规模和管理能力，合理设定群组成员人数和个人建立群数、参加群数上限。

互联网群组信息服务提供者应设置和显示唯一群组识别编码，对成员达到一定规模的群组要设置群信息页面，注明群组名称、人数、类别等基本信息。

互联网群组信息服务提供者应根据群组规模类别，分级审核群组建立者真实身份、信用等级等建群资质，完善建群、入群等审核验证功能，并标注群组建立者、管理者及成员群内身份信息。

第九条　互联网群组建立者、管理者应当履行群组管理责任，依据法律法规、用户协议和平台公约，规范群组网络行为和信息发布，构建文明有序的网络群体空间。

互联网群组成员在参与群组信息交流时，应当遵守法律法规，文明互动、理性表达。

互联网群组信息服务提供者应为群组建立者、管理者进行群组管理提供必要功能权限。

第十条　互联网群组信息服务提供者和使用者不得利用互联网群组传播法律法规和国家有关规定禁止的信息内容。

第十一条　互联网群组信息服务提供者应当对违反法律法规和国家有关规定的互联网群组，依法依约采取警示整改、暂停发布、关闭群组等处置措施，保存有关记录，并向有关主管部门报告。

互联网群组信息服务提供者应当对违反法律法规和国家有关规定的群组建立者、管理者等使用者，依法依约采取降低信用等级、暂停管理权限、取消建群资格等管理措施，保存有关记录，并向有关主管部门报告。

互联网群组信息服务提供者应当建立黑名单管理制度，对违法违约情节严重的群组及建立者、管理者和成员纳入黑名单，限制群组服务功能，保存有关记录，并向有关主管部门报告。

第十二条　互联网群组信息服务提供者和使用者应当接受社会公众和行业组织的监督，建立健全投诉举报渠道，设置便捷举报入口，及时处理投诉举报。国家和地方互联网信息办公室依据职责，对举报受理落实情况进行监督检查。

鼓励互联网行业组织指导推动互联网群组信息服务提供者制定行业公约，加强行业自律，履行社会责任。

第十三条　互联网群组信息服务提供者应当配合有关主管部门依法进行的监督检查，并提供必要的技术支持和协助。

互联网群组信息服务提供者应当按规定留存网络日志不少于六个月。

第十四条　互联网群组信息服务提供者和使用者违反本规定的，由有关部门依照相关法律法规处理。

第十五条　本规定自2017年10月8日起施行。

1.11　《互联网用户公众账号信息服务管理规定》（2017年10月8日起施行）

互联网用户公众账号信息服务管理规定

第一条　为规范互联网用户公众账号信息服务，维护国家安全和公共利益，保护公民、法人和其他组织的合法权益，根据《中华人民共和国网络安全法》《国务院关于授权国家互联网信息办公室负责互联网信息内容管理工作的通知》，制定本规定。

第二条　在中华人民共和国境内提供、使用互联网用户公众账号从事信息发布服务，应当遵守本规定。

本规定所称互联网用户公众账号信息服务，是指通过互联网站、应用程序等网络平台以注册用户公众账号形式，向社会公众发布文字、图片、音视频等信息的服务。

本规定所称互联网用户公众账号信息服务提供者，是指提供互联网用户公众账号注册使用服务的网络平台。本规定所称互联网用户公众账号信息服务使用者，是指注册使用或运营互联网用户公众账号提供信息发布服务的机构或个人。

第三条　国家互联网信息办公室负责全国互联网用户公众账号信息服务的监督管理执法工作，地方互联网信息办公室依据职责负责本行政区域内的互联网用户公众账号信息服务的监督管理执法工作。

第四条　互联网用户公众账号信息服务提供者和使用者，应当坚持正确导向，弘扬社会主义核心价值观，培育积极健康的网络文化，维护良好网络生态。

鼓励各级党政机关、企事业单位和人民团体注册使用互联网用户公众账号发布政务信息或公共服务信息，服务经济社会发展，满足公众信息需求。

互联网用户公众账号信息服务提供者应当配合党政机关、企事业单位和人民团体提升政务信息发布和公共服务水平，提供必要的技术支撑和信息安全保障。

第五条　互联网用户公众账号信息服务提供者应当落实信息内容安全管理主体责任，配备与服务规模相适应的专业人员和技术能力，设立总编辑等信息内容安全负责人岗位，建立健全用户注册、信息审核、应急处置、安全防护等管理制度。

互联网用户公众账号信息服务提供者应当制定和公开管理规则和平台公约，与使用者签订服务协议，明确双方权利义务。

第六条　互联网用户公众账号信息服务提供者应当按照“后台实名、前台自愿”的原则，对使用者进行基于组织机构代码、身份证件号码、移动电话号码等真实身份信息认证。使用者不提供真实身份信息的，不得为其提供信息发布服务。

互联网用户公众账号信息服务提供者应当建立互联网用户公众账号信息服务使用者信用等级管理体系，根据信用等级提供相应服务。

第七条　互联网用户公众账号信息服务提供者应当对使用者的账号信息、服务资质、服务范围等信息进行审核，分类加注标识，并向所在地省、自治区、直辖市互联网信息办公室分类备案。

互联网用户公众账号信息服务提供者应当根据用户公众账号的注册主体、发布内容、账号订阅数、文章阅读量等建立数据库，对互联网用户公众账号实行分级分类管理，制定具体管理制度并向国家或省、自治区、直辖市互联网信息办公室备案。

互联网用户公众账号信息服务提供者应当对同一主体在同一平台注册公众账号的数量合理设定上限；对同一主体在同一平台注册多个账号，或以集团、公司、联盟等形式运营多个账号的使用者，应要求其提供注册主体、业务范围、账号清单等基本信息，并向所在地省、自治区、直辖市互联网信息办公室备案。

第八条　依法取得互联网新闻信息采编发布资质的互联网新闻信息服务提供者，可以通过开设的用户公众账号采编发布新闻信息。

第九条　互联网用户公众账号信息服务提供者应当采取必要措施保护使用者个人信息安全，不得泄露、篡改、毁损，不得非法出售或者非法向他人提供。

互联网用户公众账号信息服务提供者在使用者终止使用服务后，应当为其提供注销账号的服务。

第十条　互联网用户公众账号信息服务使用者应当履行信息发布和运营安全管理责任，遵守新闻信息管理、知识产权保护、网络安全保护等法律法规和国家有关规定，维护网络传播秩序。

第十一条　互联网用户公众账号信息服务使用者不得通过公众账号发布法律法规和国家有关规定禁止的信息内容。

互联网用户公众账号信息服务提供者应加强对本平台公众账号的监测管理，发现有发布、传播违法信息的，应当立即采取消除等处置措施，防止传播扩散，保存有关记录，并向有关主管部门报告。

第十二条　互联网用户公众账号信息服务提供者开发上线公众账号留言、跟帖、评论等互动功能，应当按有关规定进行安全评估。

互联网用户公众账号信息服务提供者应当按照分级分类管理原则，对使用者开设的用户公众账号的留言、跟帖、评论等进行监督管理，并向使用者提供管理权限，为其对互动环节实施管理提供支持。

互联网用户公众账号信息服务使用者应当对用户公众账号留言、跟帖、评论等互动环节进行实时管理。对管理不力、出现法律法规和国家有关规定禁止的信息内容的，互联网用户公众账号信息服务提供者应当依据用户协议限制或取消其留言、跟帖、评论等互动功能。

第十三条　互联网用户公众账号信息服务提供者应当对违反法律法规、服务协议和平台公约的互联网用户公众账号，依法依约采取警示整改、限制功能、暂停更新、关闭账号等处置措施，保存有关记录，并向有关主管部门报告。

互联网用户公众账号信息服务提供者应当建立黑名单管理制度，对违法违约情节严重的公众账号及注册主体纳入黑名单，视情采取关闭账号、禁止重新注册等措施，保存有关记录，并向有关主管部门报告。

第十四条　鼓励互联网行业组织指导推动互联网用户公众账号信息服务提供者、使用者制定行业公约，加强行业自律，履行社会责任。

鼓励互联网行业组织建立多方参与的权威专业调解机制，协调解决行业纠纷。

第十五条　互联网用户公众账号信息服务提供者和使用者应当接受社会公众、行业组织监督。

互联网用户公众账号信息服务提供者应当设置便捷举报入口，健全投诉举报渠道，完善恶意举报甄别、举报受理反馈等机制，及时公正处理投诉举报。国家和地方互联网信息办公室依据职责，对举报受理落实情况进行监督检查。

第十六条　互联网用户公众账号信息服务提供者和使用者应当配合有关主管部门依法进行的监督检查，并提供必要的技术支持和协助。

互联网用户公众账号信息服务提供者应当记录互联网用户公众账号信息服务使用者发布内容和日志信息，并按规定留存不少于六个月。

第十七条　互联网用户公众账号信息服务提供者和使用者违反本规定的，由有关部门依照相关法律法规处理。

第十八条　本规定自2017年10月8日起施行。

1.12　《互联网新闻信息服务新技术新应用安全评估管理规定》(2017年12月1日起施行)

互联网新闻信息服务新技术新应用安全评估管理规定

第一条　为规范开展互联网新闻信息服务新技术新应用安全评估工作，维护国家安全和公共利益，保护公民、法人和其他组织的合法权益，根据《中华人民共和国网络安全法》《互联网新闻信息服务管理规定》，制定本规定。

第二条　国家和省、自治区、直辖市互联网信息办公室组织开展互联网新闻信息服务新技术新应用安全评估，适用本规定。

本规定所称互联网新闻信息服务新技术新应用（以下简称“新技术新应用”），是指用于提供互联网新闻信息服务的创新性应用（包括功能及应用形式）及相关支撑技术。

本规定所称互联网新闻信息服务新技术新应用安全评估（以下简称“新技术新应用安全评估”），是指根据新技术新应用的新闻舆论属性、社会动员能力及由此产生的信息内容安全风险确定评估等级，审查评价其信息安全管理制度和技术保障措施的活动。

第三条　互联网新闻信息服务提供者调整增设新技术新应用，应当建立健全信息安全管理制度和安全可控的技术保障措施，不得发布、传播法律法规禁止的信息内容。

第四条　国家互联网信息办公室负责全国新技术新应用安全评估工作。省、自治区、直辖市互联网信息办公室依据职责负责本行政区域内新技术新应用安全评估工作。

国家和省、自治区、直辖市互联网信息办公室可以委托第三方机构承担新技术新应用安全评估的具体实施工作。

第五条　鼓励支持新技术新应用安全评估相关行业组织和专业机构加强自律，建立健全安全评估服务质量评议和信用、能力公示制度，促进行业规范发展。

第六条　互联网新闻信息服务提供者应当建立健全新技术新应用安全评估管理制度和保障制度，按照本规定要求自行组织开展安全评估，为国家和省、自治区、直辖市互联网信息办公室组织开展安全评估提供必要的配合，并及时完成整改。

第七条　有下列情形之一的，互联网新闻信息服务提供者应当自行组织开展新技术新应用安全评估，编制书面安全评估报告，并对评估结果负责：

（一）应用新技术、调整增设具有新闻舆论属性或社会动员能力的应用功能的；

（二）新技术、新应用功能在用户规模、功能属性、技术实现方式、基础资源配置等方面的改变导致新闻舆论属性或社会动员能力发生重大变化的。

国家互联网信息办公室适时发布新技术新应用安全评估目录，供互联网新闻信息服务提供者自行组织开展安全评估参考。

第八条　互联网新闻信息服务提供者按照本规定第七条自行组织开展新技术新应用安全评估，发现存在安全风险的，应当及时整改，直至消除相关安全风险。

按照本规定第七条规定自行组织开展安全评估的，应当在应用新技术、调整增设应用功能前完成评估。

第九条　互联网新闻信息服务提供者按照本规定第八条自行组织开展新技术新应用安全评估后，应当自安全评估完成之日起10个工作日内报请国家或者省、自治区、直辖市互联网信息办公室组织开展安全评估。

第十条　报请国家或者省、自治区、直辖市互联网信息办公室组织开展新技术新应用安全评估，报请主体为中央新闻单位或者中央新闻宣传部门主管的单位的，由国家互联网信息办公室组织开展安全评估；报请主体为地方新闻单位或者地方新闻宣传部门主管的单位的，由省、自治区、直辖市互联网信息办公室组织开展安全评估；报请主体为其他单位的，经所在地省、自治区、直辖市互联网信息办公室组织开展安全评估后，将评估材料及意见报国家互联网信息办公室审核后形成安全评估报告。

第十一条　互联网新闻信息服务提供者报请国家或者省、自治区、直辖市互联网信息办公室组织开展新技术新应用安全评估，应当提供下列材料，并对提供材料的真实性负责：

（一）服务方案（包括服务项目、服务方式、业务形式、服务范围等）；

（二）产品（服务）的主要功能和主要业务流程，系统组成（主要软硬件系统的种类、品牌、版本、部署位置等概要介绍）；

（三）产品（服务）配套的信息安全管理制度和技术保障措施；

（四）自行组织开展并完成的安全评估报告；

（五）其他开展安全评估所需的必要材料。

第十二条　国家和省、自治区、直辖市互联网信息办公室应当自材料齐备之日起45个工作日内组织完成新技术新应用安全评估。

国家和省、自治区、直辖市互联网信息办公室可以采取书面确认、实地核查、网络监测等方式对报请材料进行进一步核实，服务提供者应予配合。

国家和省、自治区、直辖市互联网信息办公室组织完成安全评估后，应自行或委托第三方机构编制形成安全评估报告。

第十三条　新技术新应用安全评估报告载明的意见认为新技术新应用存在信息安全风险隐患，未能配套必要的安全保障措施手段的，互联网新闻信息服务提供者应当及时进行整改，直至符合法律法规规章等相关规定和国家强制性标准相关要求。在整改完成前，拟调整增设的新技术新应用不得用于提供互联网新闻信息服务。

服务提供者拒绝整改，或整改后未达法律法规规章等相关规定和国家强制性标准相关要求，而导致不再符合许可条件的，由国家和省、自治区、直辖市互联网信息办公室依据《互联网新闻信息服务管理规定》第二十三条的规定，责令服务提供者限期改正；逾期仍不符合许可条件的，暂停新闻信息更新；《互联网新闻信息服务许可证》有效期届满仍不符合许可条件的，不予换发许可证。

第十四条　组织开展新技术新应用安全评估的相关单位和人员应当对在履行职责中知悉的国家秘密、商业秘密和个人信息严格保密，不得泄露、出售或者非法向他人提供。

第十五条　国家和省、自治区、直辖市互联网信息办公室应当建立主动监测管理制度，对新技术新应用加强监测巡查，强化信息安全风险管理，督导企业主体责任落实。

第十六条　互联网新闻信息服务提供者未按照本规定进行安全评估，违反《互联网新闻信息服务管理规定》的，由国家和地方互联网信息办公室依法予以处罚。

第十七条　申请提供互联网新闻信息服务，报请国家或者省、自治区、直辖市互联网信息办公室组织开展新技术新应用安全评估的，参照适用本规定。

第十八条　本规定自2017年12月1日起施行。

1.13　《互联网新闻信息服务单位内容管理从业人员管理办法》(2017年12月1日起施行)

互联网新闻信息服务单位内容管理从业人员管理办法

第一章　总则

第一条　为加强对互联网新闻信息服务单位内容管理从业人员（以下

简称“从业人员”）的管理，维护从业人员和社会公众的合法权益，促进互联网新闻信息服务健康有序发展，根据《中华人民共和国网络安全法》《互联网新闻信息服务管理规定》，制定本办法。

第二条 本办法所称从业人员，是指互联网新闻信息服务单位中专门从事互联网新闻信息采编发布、转载和审核等内容管理工作的人员。

第三条 本办法所称互联网新闻信息服务单位，是指依法取得互联网新闻信息服务许可，通过互联网站、应用程序、论坛、博客、微博客、公众账号、即时通信工具、网络直播等形式向社会公众提供互联网新闻信息服务的单位。

第四条 国家互联网信息办公室负责全国互联网新闻信息服务单位从业人员教育培训工作的规划指导和从业情况的监督检查。

地方互联网信息办公室依据职责负责本地区互联网新闻信息服务单位从业人员教育培训工作的规划指导和从业情况的监督检查。

第二章 从业人员行为规范

第五条 从业人员应当遵守宪法、法律和行政法规，坚持正确政治方向和舆论导向，贯彻执行党和国家有关新闻舆论工作的方针政策，维护国家利益和公共利益，严格遵守互联网内容管理的法律法规和国家有关规定，促进形成积极健康、向上向善的网络文化，推动构建风清气正的网络空间。

第六条 从业人员应当坚持马克思主义新闻观，坚持社会主义核心价值观，坚持以人民为中心的工作导向，树立群众观点，坚决抵制不良风气和低俗内容。

第七条 从业人员应当恪守新闻职业道德，坚持新闻真实性原则，认真核实新闻信息来源，按规定转载国家规定范围内的单位发布的新闻信息，杜绝编发虚假互联网新闻信息，确保互联网新闻信息真实、准确、全面、客观。

第八条 从业人员不得从事有偿新闻活动。不得利用互联网新闻信息采编发布、转载和审核等工作便利从事广告、发行、赞助、中介等经营活动，谋取不正当利益。不得利用网络舆论监督等工作便利进行敲诈勒索、打击报复等活动。

第三章 从业人员教育培训

第九条 国家互联网信息办公室组织开展对中央新闻单位（含其控股的单位）和中央新闻宣传部门主管的单位主办的互联网新闻信息服务单位

从业人员的教育培训工作。

省、自治区、直辖市互联网信息办公室组织开展对所在地地方新闻单位（含其控股的单位）和地方新闻宣传部门主管的单位、其他单位主办的互联网新闻信息服务单位，以及中央重点新闻网站地方频道从业人员的教育培训工作。

省、自治区、直辖市互联网信息办公室应当按要求向国家互联网信息办公室报告组织开展的从业人员教育培训工作情况。

第十条　互联网新闻信息服务单位应当建立完善从业人员教育培训制度，建立培训档案，加强培训管理，自行组织开展从业人员初任培训、专项培训、定期培训等工作，按要求组织从业人员参加国家和省、自治区、直辖市互联网信息办公室组织开展的教育培训工作。

第十一条　从业人员应当按要求参加国家和省、自治区、直辖市互联网信息办公室组织开展的教育培训，每三年不少于40个学时。

从业人员应当接受所在互联网新闻信息服务单位自行组织开展的、每年不少于40个学时的教育培训，其中关于马克思主义新闻观的教育培训不少于10个学时。

第十二条　从业人员的教育培训内容应当包括马克思主义新闻观，党和国家关于网络安全和信息化、新闻舆论等工作的重要决策部署、政策措施和相关法律法规，从业人员职业道德规范等。

第十三条　互联网新闻信息服务单位自行组织从业人员开展的教育培训工作，应当接受国家和地方互联网信息办公室的指导和监督。有关情况纳入国家和地方互联网信息办公室对该单位的监督检查内容。

第四章　从业人员监督管理

第十四条　国家和地方互联网信息办公室指导互联网新闻信息服务单位建立健全从业人员准入、奖惩、考评、退出等制度。

互联网新闻信息服务单位应当建立健全从业人员劳动人事制度，加强从业人员管理，按照国家和地方互联网信息办公室要求，定期报送从业人员有关信息，并及时报告从业人员变动情况。

第十五条　国家互联网信息办公室建立从业人员统一的管理信息系统，对从业人员基本信息、从业培训经历和奖惩情况等进行记录，并及时更新、调整。地方互联网信息办公室负责对属地从业人员建立管理信息系统，并将更新、调整情况及时上报上一级互联网信息办公室。

国家和地方互联网信息办公室依法建立从业人员信用档案和黑名单。

第十六条 从业人员从事互联网新闻信息服务活动，存在违反本办法第五条至第八条规定，以及其他违反党和国家新闻舆论领域有关方针政策的行为的，国家或省、自治区、直辖市互联网信息办公室负责对其所在互联网新闻信息服务单位进行约谈，督促该单位对有关人员加强管理和教育培训。

从业人员存在违法行为的，根据有关法律法规依法处理。构成犯罪的，依法追究刑事责任。

互联网新闻信息服务单位发现从业人员存在违法行为的，应当依法依约对其给予警示、处分直至解除聘用合同或劳动合同，并在15个工作日内，按照分级管理、属地管理要求，将有关情况报告国家或省、自治区、直辖市互联网信息办公室。

第十七条 国家和地方互联网信息办公室将互联网新闻信息服务单位从业人员的从业情况纳入对该单位的监督检查内容。

互联网新闻信息服务单位对从业人员管理不力，造成严重后果，导致其不再符合许可条件的，由国家和地方互联网信息办公室依据《互联网新闻信息服务管理规定》第二十三条有关规定予以处理。

第十八条 从业人员提供互联网新闻信息服务，应当自觉接受社会监督。互联网新闻信息服务单位应当建立举报制度，畅通社会公众监督举报的渠道。

第五章 附则

第十九条 互联网新闻信息服务单位的主管主办单位或宣传管理部门、新闻出版广电部门有从业人员教育培训、管理工作等方面安排和规定的，应当同时符合其规定。

本办法所称从业人员，不包括互联网新闻信息服务单位中党务、人事、行政、后勤、经营、工程技术等非直接提供互联网新闻信息服务的人员。

第二十条 本办法自2017年12月1日起施行。

1.14 《微博客信息服务管理规定》（2018年3月20日起施行）

微博客信息服务管理规定

第一条 为促进微博客信息服务健康有序发展，保护公民、法人和其他组织的合法权益，维护国家安全和公共利益，根据《中华人民共和国网络安全法》《国务院关于授权国家互联网信息办公室负责互联网信息内容管理工作的通知》，制定本规定。

第二条　在中华人民共和国境内从事微博客信息服务，应当遵守本规定。

本规定所称微博客，是指基于使用者关注机制，主要以简短文字、图片、视频等形式实现信息传播、获取的社交网络服务。

微博客服务提供者是指提供微博客平台服务的主体。微博客服务使用者是指使用微博客平台从事信息发布、互动交流等的行为主体。

微博客信息服务是指提供微博客平台服务及使用微博客平台从事信息发布、传播等行为。

第三条　国家互联网信息办公室负责全国微博客信息服务的监督管理执法工作。地方互联网信息办公室依据职责负责本行政区域内的微博客信息服务的监督管理执法工作。

第四条　微博客服务提供者应当依法取得法律法规规定的相关资质。

向社会公众提供互联网新闻信息服务的，应当依法取得互联网新闻信息服务许可，并在许可范围内开展服务，禁止未经许可或超越许可范围开展互联网新闻信息服务活动。

第五条　微博客服务提供者应当发挥促进经济发展、服务社会大众的积极作用，弘扬社会主义核心价值观，传播先进文化，坚持正确舆论导向，倡导依法上网、文明上网、安全上网。

第六条　微博客服务提供者应当落实信息内容安全管理主体责任，建立健全用户注册、信息发布审核、跟帖评论管理、应急处置、从业人员教育培训等制度及总编辑制度，具有安全可控的技术保障和防范措施，配备与服务规模相适应的管理人员。

微博客服务提供者应当制定平台服务规则，与微博客服务使用者签订服务协议，明确双方权利、义务，要求微博客服务使用者遵守相关法律法规。

第七条　微博客服务提供者应当按照“后台实名、前台自愿”的原则，对微博客服务使用者进行基于组织机构代码、身份证件号码、移动电话号码等方式的真实身份信息认证、定期核验。微博客服务使用者不提供真实身份信息的，微博客服务提供者不得为其提供信息发布服务。

微博客服务提供者应当保障微博客服务使用者的信息安全，不得泄露、篡改、毁损，不得出售或者非法向他人提供。

第八条 微博客服务使用者申请前台实名认证账号的，应当提供与认证信息相符的有效证明材料。

境内具有组织机构特征的微博客服务使用者申请前台实名认证账号的，应当提供组织机构代码证、营业执照等有效证明材料。

境外组织和机构申请前台实名认证账号的，应当提供驻华机构出具的有效证明材料。

第九条 微博客服务提供者应当按照分级分类管理原则，根据微博客服务使用者主体类型、发布内容、关注者数量、信用等级等制定具体管理制度，提供相应服务，并向国家或省、自治区、直辖市互联网信息办公室备案。

第十条 微博客服务提供者应当对申请前台实名认证账号的微博客服务使用者进行认证信息审核，并按照注册地向国家或省、自治区、直辖市互联网信息办公室分类备案。微博客服务使用者提供的证明材料与认证信息不相符的，微博客服务提供者不得为其提供前台实名认证服务。

各级党政机关、企事业单位、人民团体和新闻媒体等组织机构对所开设的前台实名认证账号发布的信息内容及其跟帖评论负有管理责任。微博客服务提供者应当提供管理权限等必要支持。

第十一条 微博客服务提供者应当建立健全辟谣机制，发现微博客服务使用者发布、传播谣言或不实信息，应当主动采取辟谣措施。

第十二条 微博客服务提供者和微博客服务使用者不得利用微博客发布、传播法律法规禁止的信息内容。

微博客服务提供者发现微博客服务使用者发布、传播法律法规禁止的信息内容，应当依法立即停止传输该信息、采取消除等处置措施，保存有关记录，并向有关主管部门报告。

第十三条 微博客服务提供者应用新技术、调整增设具有新闻舆论属性或社会动员能力的应用功能，应当报国家或省、自治区、直辖市互联网信息办公室进行安全评估。

第十四条 微博客服务提供者应当自觉接受社会监督，设置便捷的投诉举报入口，及时处理公众投诉举报。

第十五条 国家鼓励和指导互联网行业组织建立健全微博客行业自律制度和行业准则，推动微博客行业信用等级评价和信用体系建设，督促微博客服务提供者依法提供服务、接受社会监督。

第十六条 微博客服务提供者应当遵守国家相关法律法规规定，配合有关部门开展监督管理执法工作，并提供必要的技术支持和协助。

微博客服务提供者应当记录微博客服务使用者日志信息，保存时间不少于六个月。

第十七条　微博客服务提供者违反本规定的，由有关部门依照相关法律法规处理。

第十八条　本规定自2018年3月20日起施行。

附录二

《中国互联网外资控制调查报告》（2009年）

《中国互联网外资控制调查报告》
暨《中国外资背景互联网企业榜单》

研究团队：新华社　慎海雄
中国B2B研究中心　曹磊　张周平
编　　著：《中国互联网外资控制调查报告》课题组

中国互联网外资控制调查报告（2009版）

目　录

中国互联网外资控制调查报告

摘　要：在过去的十余年里，外资纷至沓来渗入中国互联网产业，在为中国普及了互联网的同时，也逐步从资本与产业两大层面控制了中国互联网产业，并完成了在各个主流应用领域的战略布局。我国互联网产业的主流目前已被外资控制或主导，这是毋庸置疑的事实，其隐患是显而易见的。

为此，本报告就当前我国互联网外资控制的现状、方式、特征，及其背后原因和带来的影响做了翔实的分析与解读，并为此给出了若干对策与建议。本报告具有相当的科学权威性与参考价值，是互联网从业人士、投资机构、专家学者与政府部门深度了解与研究中国互联网产业的重要素材。

关键词：微软　外资　互联网　控制　调查　上市　融资　网络战争　信息安全　政治工具

一、引言：微软封杀五国 MSN 事件引发网络安全大讨论

近日，发生在大洋彼岸的一件原本不起眼的事件，却成了业界深思、专家担忧、媒体关注，乃至全国网民热议的话题，很是值得我们反省、深思与关注。

微软公司发言人证实自 2009 年 5 月 20 日起，由于美国政府对“敌对国”的贸易制裁的禁令，微软决定切断包括古巴、伊朗和朝鲜等在内的这五国的 MSN 即时通信服务。这就意味着微软公司从服务器上切断了连接上述国家的 MSN 网络服务端口。5 月 30 日，微软还表示，在美国政府禁令解除前，微软不会与制裁名单上的国家存在生意往来。

微软的这则公告在业界引起了轩然大波，并再次引发了人们对于互联网时代信息安全的担忧。该消息最早经外媒发布后，起先并未引起国内互联网人士与学者专家的关注。在 5 月 24 日，经本报告主编中国 B2B 研究中心研究员曹磊，公开发表题为《微软关闭五国 MSN 是否也会关闭中国 Windows?》（原文链接：http：//b2b. toocle. com/detail - - 4597199. html）深度评论文章后，犹如一讨伐檄文，一石激起千层浪，短时间内吸引了包括新华网、中新网、人民网，《中国青年报》《青年参考》《东方早报》《新京报》《北京晚报》以及四大门户网站等近百家媒体的广泛报道后，在

互联网“舆论阵地”上掀起了全国网民热议的浪潮，其中在腾讯科技上的一篇转载文章的网友评论就达到10000多条，形成了与美国、古巴等国的外媒遥相呼应之势，俨然成了当前全球网民热门的话题。

这意味着，互联网商业巨头终于开始利用其垄断力量来为政治服务了，这在美国历史上绝非首次，也绝非最后一次。历史的惨痛教训告诉我们：落后与受制于人，就要处处挨打！无论何时，靠得住的只有自己。对此，本报告主编中国B2B研究中心研究员曹磊曾一针见血地指出，微软既然能够迫于美国政府的一纸禁令关闭上述五国MSN，那么会不会在某天通过其系统后门，关闭我国数亿Windows操作系统的客户端？在微软一手遮天早已垄断全球电脑操作系统的大背景下，微软会不会迫于某种政治压力故伎重演？如果没有替代品呢？那我们几乎所有联网的电脑会不会大面积瘫痪？这绝非杞人忧天，值得我们每位互联网从业者、新闻媒体和政府有关部门深思……

对此，国务院发展研究中心研究员、信息领域专家陈宝国表示，“微软为什么能够实现对这5个国家关闭服务？全世界有13台根服务器，10台在美国。只要根据所分配的用户IP地址信息，就可以轻而易举的实现。”“这次由微软关闭MSN服务，接下来是否让思科来关闭别国的所有路由器？信息社会的架构建立在美国技术体系之上，全球的架构都不安全。”

中国工程院院士倪光南也认为：“如果信息服务不是自主可控的，这种服务的安全和服务本身也都是没有保障的，是受制于人的。”

二、中国互联网产业现状概述

近年来，在我国，随着互联网基础设施的完善、互联网用户爆炸性的增长、互联网应用的普及，使得中国的互联网市场取得了迅猛发展，互联网产业的发展速度带来了深远影响。据2009年初中国互联网信息中心在北京发布的《第23次中国互联网络发展状况统计报告》显示，截至2008年底，我国网民数量达到2.98亿，不仅超过了美国，而且跃居世界第一位，成为世界上网用户最多的一个国家。随着互联网的基础设施日益完善，我国互联网大国的规模已经初显。无疑，今后的网络，将是互联网和移动网络的天下。

在网民快速增长，规模急剧扩大的同时，互联网日益广泛渗透到经济社会生活的各个领域，在网络价值不断提升，在促进经济发展，改进政府管理，丰富人民群众生活等方面，体现出日益重要的作用，显现出独特的魅力和巨大的发展潜力。民生聚民心、民心聚力量。当今互联网俨然成了我国民心与民众力量最聚集的新阵地，而这样重要的阵地就如同军队与新闻媒体一样，就应该牢牢地掌控在我们的执政党和政府手里。对此，中国B2B 研究中心研究员曹磊一针见血地指出："互联网俨然已经成了与传统媒体和军队同等重要的，我党执政的'三大利剑'。"而如何利用好这把"利剑"，则是门很深的学问，新的社会变化，对我党的执政理念与执政方式提出了新的课题与挑战，这也同样需要我们的党和政府与时俱进、创新执政工具。

作为进入信息社会的重要阵地，互联网直接关系到社会舆论、经济发展、文化冲击乃至国家稳定与安全。当前，互联网产业不仅是我国经济结构"升级与转型"的驱动力之一，更是我国的一项战略产业，具有很强的民族性，需要通过自主创新与境内资本的扶持来积极发展的民族产业。

近年来，我国互联网在快速发展的过程中，出现了一些新变化，值得我们高度重视。通过对中国互联网的深入观察与研究，中国 B2B 研究中心认为当前我国互联网发展运用呈现出以下七大亮点：

（1）从应用领域看。我国互联网正从信息传播和娱乐消费为主，向商务领域、服务领域、传媒领域，乃至民生民情和政治生活等诸多领域延伸与深化。

（2）从服务模式看。互联网正从提供信息服务向提供平台服务延伸。网民不仅是信息提供者，也是创造者。这大大丰富了网上内容，同时也对网民自律、道德诚信提出了更高要求。

（3）从新媒体上看。随着宽带发展和无线接入普及，基于互联网的新媒体形象不断出现，互联网正成为人们快速沟通与民情反馈的信息平台。互联网作为一种新媒体，它的影响正在日益扩大。

（4）从农村网民来看。快速增长的农村网民成为新增网民的重要组成部分。2007 年，我国农村网民数量达到了 5262 万户，农村网民规模增长率达到 127.7%，远高于城镇网民 38.2% 的增长率，占到新增网民中的四成。

（5）从电子政务来看。互联网在支持电子政务方面取得巨大的进展。目前，我国县级以上政府中 96% 的政府机构都建立了网站，电子政务正以改善公共服务为重点。在教育、医疗卫生、就业、社会保障、住房、三农等人民群众最关心的问题上，提供便捷的基本公共服务。

（6）从网络文化来看。网络文化达到了空前的繁荣。这就要求我们关注广大网民需求的新变化，自觉坚持用高格调的文化占领我们的新舆论阵地，要大力推进网络诚信建设，从而更为有效地把握网络生态文化建设和社会经济发展之间的关系。

（7）产业应用来看。从制造、运营，包括内容和运用，互联网自身发展已经形成一个强大的产业链，究其目前的应用和盈利模式，中国 B2B 研究中心认为大致可分为如下表所示的八大类。

序号	应用领域	服务模式
1	基础通信	以提供基于 VOIP 业务为基础的互联网基础语音通信服务系统
2	数字内容分发	以数字内容为产品，向互联网用户进行定制化推送与发行
3	新媒体	通过对信息（内容）的专业编辑与制作，聚拢海量用户，实现广告投放
4	撮合交易	通过电子商务交易信息平台或其他方式，提高买卖双方交易效率和效益
5	虚拟物品交易	通过社区主题聚拢海量用户，向用户营销基于该主题的虚拟物品
6	搜索与分类信息	为用户提供信息搜索与筛选服务，成为后端商家的产品发布中介
7	Web 信息化服务	为企业提供基于互联网门户网站建设等相关信息化服务
8	网络营销中介	通过建立网站联盟，提供基于互联网整合营销传播的专业中介服务

三、外资控制我国互联网现状

在过去的十余年里，外资纷至沓来进入中国互联网产业，在为中国普及了互联网的同时，也逐步从资本层面控制了中国互联网产业的各个领域。而如今，外资控制的范围显然已经不再局限在国内大型互联网企业，而是全面投向有一定市场地位和影响力的成长性网站。外资介入的领域，从 Web 1.0 的门户网站、搜索引擎、电子商务到 Web 2.0 的博客、论坛，国内所有的网络模式几乎无所幸免。

据中国国务院研究发展中心近年发表的一份研究报告指出，在中国已开放的产业中，每个产业中，排名前五位的企业几乎都由外资控制；在中国 28 个主要产业中，外资在 21 个产业中拥有多数资产控制权。这其中也包括新兴的互联网产业。

无论是微软、谷歌、雅虎、亚马逊、易贝这些互联网“产业巨头”，还是诸如日本软银这样的“资本巨头”，这些境外互联网巨头长期以来就在中国四处“觅食”，并进一步扩大地盘，他们的前瞻意识与紧迫意识在加强。在过去的十余年，外资纷至沓来到中国掘金，在为中国普及了互联网的同时，但也从资本层面控制了整个中国互联网的各领域。

对于未来的十年，我们不免心存忧虑，我们不得不正视一个现实，即当前几乎整个中国互联网产业基本上都是外资控制的，中国民族互联网产业与民族资本很有可能被淘汰出局。这是一个不得不正视的严峻现实。这绝非危言耸听的盛世危言。除了早期的一批网站几乎都是国外 VC 投资的以外，近年来国外 VC 与产业资本进入中国的步伐也在加快。互联网作为中国的新兴战略性产业，若长期受外资控制，这将意味着什么？相比于国外资本的睿智、前瞻，我们中国本土资本却缘何久久“集体失语”？我们通过本报告里的《中国外资背景互联网企业榜单》，不难看出当前外国资本“圈地运动”下的“中国互联网版图”，在看似一片繁荣的景象之下，社会、经济、文化、舆论、商务等各领域将会是如何危机四伏？

国内互联网企业已经历了三波上市潮，但除了仅有的在深圳上市的 B2B 电子商务服务商网盛生意宝（股票代码：002095）外，无一例外都是在境外上市。截至 2009 年，在纳斯达克上市的中国互联网企业有 14 家，总市值超过 150 亿美元。

中国互联网产业受境外资本左右在互联网业内早已是一个心照不宣的事实。虽然国家也有相关的政策，如《互联网信息服务管理办法》对外资也有规定，但实际上，外资通过对公司结构进行复杂而巧妙的设计，就可以绕开国内有关法律法规及政策的障碍，这样既能保证在实际上控制国内互联网，又能避开我国法律及政策的有效监管，可谓一石二鸟。

在形式上“符合”法律法规要求的中国互联网产业，实质上“国内根基”相当薄弱，国内所能主导的力量十分脆弱。境外资本通过多种途径直接、间接或变相操控中国互联网产业已成为一个国内熟视无睹的严酷事实，而境外资本在这方面的运作却日益驾轻就熟。中国庞大的互联网产业正坐在外资铺设的火药桶上，而点燃火药桶的导火索却捏在境外资本手里。

值得警惕的是，我国互联网产业的主流目前已被外资控制或主导，其潜在隐患是显而易见的。对此，中国B2B研究中心一针见血地指出，互联网产业安全、健康发展已是我国国家信息化战略的重要组成部分，如果互联网产业的主流由外资控制，其影响力不亚于一个国家的军队由外国势力操纵，引发的种种潜在后果将十分严重。

四、外资类型与控制方式分析

（一）外资类型

随着中国互联网大市场的诱惑，引得来海外网络巨头纷至沓来。根据投资目的的不同，外资可以划分为两类：一类是产业资本，一类是财务资本（也叫金融资本或风险投资）。其具体区别，中国B2B研究中心认为如下表所示：

外资分类	资本定义	投资目的	典型代表
产业资本	是指实业型企业在中国的投入资本	跨国实业型企业的产业投资，是以服务于整个企业的总体发展战略为目的，通过击败或收购中国企业，来实现消除竞争进行产业垄断的	如宝洁、丰田、卡特比勒、家乐福、谷歌、达能等实业企业为中国企业带来的境外资本
财务资本	也叫金融资本或风险投资，作为一种全新的融资方式，它在支持企业（特别是新经济企业）发展，推动科技成果的产业化方面取得了巨大的成功	风险投资基金等财务投资却与产业资本有着本质的不同，它们投资的目的在于通过提升被投资企业的价值，以变现增值后通过被收购或上市来退出，实现收益	如凯雷、IDG、新桥、红杉等风险投资基金为中国企业带来的境外资本

然而与上述两类境外资本相比之下，中国B2B研究中心调研后发现：目前，我国民族产业资本与财务资本、投资互联网的总额与占总量比例都还非常低，导致科技成果转化率不足20%，较低的科技成果转化率大大影响了“中国创造”的竞争力，进而影响了我国自主创新战略目标的实现。

（二）控制方式

就目前而言，中国B2B研究中心认为中国的互联网被外资控制大致有三种形式（见下表）：

形式	运作手段	特征
形式一	互联网企业本身就是外资直接投资控制的	如境外网站以中文版形式在中国落地或在中国寻找代理人
形式二	通过各种途径运作国内互联网企业在境外上市	目前，中国具代表性的 16 家上市互联网企业 14 家在美国纳斯达克上市，2 家在香港上市。中国人创造的优秀互联网企业都跑到境外上市，这意味着每年我国最优秀、最具盈利能力的互联网企业创造的利润，有相当部分被境外投资者占有，而我们辛辛苦苦培育发展的“网络经济”，却极少与国民分享
形式三	中国互联网企业的风险投资来自境外	这在境外上市以及目前没有上市的中国互联网企业中都极为普遍，且有加速增长的趋势。如 2000 年境外注入国内互联网产业的风险资金在 2 亿美元左右，而到 2005 年，有一项统计显示当年这一数字已超过 20 亿美元，短短几年增长了 10 倍

五、外资控制我国互联网的特征

纵观当前我国互联网，经长时间考察与研究后，我们认为外资控制互联网已初步具备以下特征：

（1）外资“先入为主”，控制比例高。鉴于民族资本的缺失、相关法律法规的缺失、监管的跨部门化及监管过于宽松等因素，也不可避免造就了外资“先入为主”的普遍现象，在资本比例层面对我国互联网的控股比例过高，造成本土互联网企业控制权的被迫丧失。

（2）外资“圈地运动”，控制面广。这其中，仅在中国做了 16 年创投的美国 IDG，在华就投资了 110 多个高科技、新经济项目，涉及领域主要有软件、网络、电信和互联网，其中 30 家企业是各自细分领域的行业领导者，包括当当网、金蝶软件、携程网、亚信等国内一流企业。外资在我国互联网这片“尚未开垦的处女地上”上大肆进行了一番“圈地运动”，其控制面不可谓不广。

（3）外资“上下通吃”，控制产业链强。以最具备商业应用价值的电子商务来讲，无论是从 B2B（企业对企业）、B2C（企业对个人）、C2C（个人与个人），还是从涉及国民经济、企业到个人社会生活的各个分支应用领域，均有外资高强度参与并打通了产业链，形成了实际的全程控制。

（5）外资“前后紧逼”，控制速度加快。随着以互联网为代表的新经济的崛起，以及传统产业领域高回报率项目的逐年减少，外资越发重视对发展中国家“新经济”产业的投资，无论投资金额、投资项目、投资领域都在逐年加大，与互联网发展前期相比，控制速度在不断加快，已初步完成了战略性“预埋布局”。

六、外资控制我国互联网的原因

对于国内互联网企业为何都选择境外上市，国内网民和股民大多很不理解，感觉中国互联网企业与自己似乎近在咫尺却又遥不可及。而对于希望投资国内互联网企业的1亿多中国股民来说，这种隔阂显得尤为明显。而这一现象的背后，显然有其深层次的多方面原因：

首先，中国目前的资本市场环境不利于网络公司的IPO。具体有以下四点原因：（1）外国企业目前还不能在境内发行股票；（2）国内股票限售期比较长；（3）国内股票发行定价不够灵活；（4）美国资本市场更吸引人。

其次，国外资本的意志操控了我国互联网企业到境外上市。中国互联网企业以前之所以选择境外上市，其实并非出于创办人的本意，而是源于境外资本的幕后力量。中国互联网产业受境外资本左右，在互联网业内早已是一个心照不宣的事实。实际上境外资本通过多种途径直接、间接或变相操控中国互联网产业，已成为严峻的现实。而境外的资本市场环境更有利于外国网络公司与VC的套现，境外资本熟悉境外市场的规则，在这方面的运作也是日益驾轻就熟，所以他们也会要求被投资企业成熟之后在境外上市。

其三，中国目前的国内电信增值业务政策的制约。虽然我国依据WTO承诺条款将对外资逐步放开电信增值领域，在增值电信业务领域，在加入WTO后两年内，地理区域限制予以取消，且股权比率最高可达50%。但实际中，外资经营电信增值业务（包括ICP业务）仍受到一定的限制。很多网站，其大股东是境外创投，故至今还未取得ICP牌照，这是阻碍该公司境内上市的一大政策障碍。

最后，中国的产业政策更倾向于外国公司与资本的投资与发展。中国当前的互联网新经济的产业扶持政策，尤其是地方政府存在严重的“崇洋媚外”和“抓大放小”的不良倾向。不少地方政府为应对金融危机设立累计近亿元的“电子商务专项扶持基金”，也绝大部分落入其囊中，而我们自己的民族互联网企业却难以得到应有的“国民待遇”。诸如此类的政策，某种程度上，不仅遏制了大量民间产业资本与金融资本投资互联网新经济的积极性，而且大大助长了外国公司与资本的在华互联网渗透、膨胀乃至控制。

七、外资控制我国互联网的影响

不可否认，境外资本大量进军中国，在我国互联网产业发展早期起到了相当大的助推与催化作用，加速了刚学会走路尚步履蹒跚的中国互联网的萌芽、成熟与发展壮大，客观上也推进了其市场化、普及化与国际化的进程。

然而，资本的本性是逐利，追求高额的投资回报，甚至间接达到垄断行业市场的企图。外资正是看中了不成熟的我国互联网庞大的潜在用户与市场规模，才竞相来到不成熟的中国市场。对于资本这东西，中国B2B研究中心认为有三点是值得商榷的：第一，互联网领域被外资控制的话，风险有多大？第二，被控制主流企业的资本特色，还有无转变的可能？第三，在政策市场环境越来越开放条件下，资本因素是否起了越来越大的作用？

为此，中国社科院新闻与传播研究所张西明副研究员向我们指出，我国互联网产业将迎来外资的全线竞逐。尽管目前冲击高潮还没出现，但需要提醒的是，已经有不少实力雄厚的国外资本通过参股中国公司的方式埋伏在产业中。他们要求与国内企业平起平坐，甚至“强龙压过地头蛇”，竞争的惨烈可以预见。

而这次“微软关闭五国MSN事件”就是给中国3亿网民的一个很好的“警示录”。

当前，互联网正改变着世界，引领着世界变革，塑造着新的政治、经济、文化、社会和军事形态，铸造着新的生活方式、社会结构和权力关系，酝酿着新的文明冲突和国际政治关系。互联网作为经济社会发展的战略制高点，同样充斥着观念冲突、利益矛盾甚至战争。通过破译互联网改变世界的密码，一场场发生在互联网上的控制战、意识形态战、文化战、民意战、军事战、反恐战、情报战、数据战、媒体战、金融战、争霸战、公关战等真实战争正悄无声息地打响。美国，尤其在“网络总统”奥巴马上台后，试图控制全球互联网、图谋发动网络战争、推行网络霸权的更加暴露无遗。

西方国家以及日本的大型企业向来具有很强的民族性与政治倾向性传统。微软不单单是一家跨国公司，更是工具——人类联络的工具、人类操作电脑的必备工具、某些政治势力角逐的工具。就如同商船在战时会被征用一样，微软这样的公司也有可能被征用。而美国的微软、思科、英特尔、谷歌等互联网大鳄则扮演了觊觎中国互联网与信息安全未来的“先遣商队”（如“谷歌地球”提供的卫星图像清晰度的分辨率达到0.6米至1米，频频充当西方国家的“新型间谍”）。无疑，一场不可避免的网络超限战正在酝酿发生，中西方之间的“网络战争”将来不可避免。

过去我们普遍认为的“互联网是没有国界”的观点存在一定解读误区。中国B2B研究中心的研究员曹磊指出，从互联网内容分享上这话没有错，但从互联网的地域化应用及意识形态上，上述观点则是行不通的。而微软迫于美国政府的压力，关闭了上述与美国政府关系紧张的五国的MSN软件服务，而这五国其中包括了两个社会主义国家。这恰恰说明了互联网无形存在的“国界”与“歧视”，互联网也具备浓厚的“意识形态”特征。意识形态的偏见，都可能延伸到网络之上为美国政治服务，成为美国遏制其他国家的又一个“大棒”和政治工具。

当今时代，国家信息关乎国家安全，企业信息关乎企业安全，个人信息关乎个人安全。为了保障信息安全，我们必须采用自主可控的互联网平台及其相关软件、设备，中国的互联网与信息化必须依靠自主创新。值得注意的是，2009年以来，美欧等西方国家一边大肆释放“中国网络威胁论”的烟幕弹，一边加紧在中国互联网上“攻城略地”，国外报纸文章甚至认为，中国和西方世界之巅的“网络战争”已经打响……互联网俨然已成经济社会发展的制高点，是社会变革的工具，是国家竞争的战略高地，也是改变世界的战略高地，主宰着未来世界的变迁。未来，谁控制互联网，谁就控制世界。

然而，当下国际互联网大鳄们正深入中国腹地、攻城略地，而“微软关闭五国MSN事件”绝非偶然，是被称之为“网络总统”的奥巴马一次对全球互联网控制力与敌对国家的一次“牛刀小试”。而我们中国会不会重蹈覆辙？对于接下来的自卫反击战，我们是否已经做好战斗的准备？以史为鉴，我们认为，中国的互联网产业一定要依靠独立自主，坚持走自主创新的发展道路，大力扶持发展我们的民族互联网企业，拥有我们中国人的“微软”！

综上述，本报告主编中国B2B研究中心研究员曹磊认为外资控制我国互联将网带来如下影响，有待引起国家有关部门进一步重视：（1）外资全盘控制，对我国互联网产业本身存在巨大经济风险；（2）外资依存度过高，对国家信息化战略安全运行造成重大危害；（3）外资控制面过广，对我国新媒体舆论导向产生一定消极导向；（4）外资控制比例过高，对我国资本市场与金融领域弊害重大;(5)外资控制程度过深,对国民经济带来“潜在隐患”。

而本次中国 B2B 研究中心独家研究编制的《中国互联网外资控制调查报告》,不仅是对互联网进入中国 15 年来,首份涉及外资背景互联网企业的一次系统研究总结,也是迄今为止外资进入中国互联网产业的首次较为翔实、全面、客观的调查。

八、《中国外资背景互联网企业榜单》

被投资公司	外资风投	被投资公司	外资风投
汽车服务领域(10 家)			
中国汽车网	高盛、GGV	易车网	NVCC、DCM
爱卡	CNET	汽车之家、che168	澳洲电信
51 汽车	德同	二度车	启明创投
安美途	IDG、海纳亚洲	车盟网	华登国际、德同资本
UAA	凯鹏华盈、CCAS	CHE168、AUTO	
HOME	澳洲电信		
医疗健康服务领域(4 家)			
39 健康网	IDG	爱康网	华登国际、ePlanet、中经合
健康中国	IDG	金思特科技	凯鹏华盈
房地产服务领域(1 家)			
搜房网	澳洲电信		
IT 传媒服务领域(5)家			
ZOL	CNET	PCHOME	CNET
PCPOP	澳洲电讯	IT168	澳州电讯
天极	日本 impress		
人才招聘服务领域(3 家)			
智联招聘	SEEK、麦格理	中华英才网	美国 Monster
前程无忧	美国 DCM		
旅游机票酒店服务领域(3 家)			
携程	日本乐天 Rakuten	去哪儿	美国 Priceline
E 龙	Expedia		
电子商务服务领域(20 家)			
阿里巴巴	日本软银、美国雅虎	慧聪网	IDG
万网	SYNNEX	中国网库	富基旋风

续表

被投资公司	外资风投	被投资公司	外资风投
淘宝网	日本软银、美国雅虎	TOM 易趣	美国 EBAY
卓越	亚马逊	当当网	华登国际、DCM
红孩子	北极光、NEA、凯鹏华盈	乐友	永威
宝宝网	经纬创投	九钻网	美国 KPCB、启明创投、RAPAPORT
珂兰钻石网	美国某上市公司	PPG	TDF、JAFCOAsia、KPCB
VANCL	启明创投、IDG、软银赛富等	手机之家	PacificNet
北斗手机网	IDG、高原资本等	京东商城	今日资本、雄牛资本、亚洲著名投资银行家梁伯韬私人公司
莎啦啦	IDT	饭统网	日本亚洲投资、伊藤忠商事株式会社、CA-JAIC 基金
时尚资讯服务领域（3 家）			
55bbs	CNET	Onlady	CNET
YOKA 时尚网	IDG		
博客服务领域（2 家）			
博客网	软银赛富、GGV	女性博客社区	通用电气旗下投资机构 Venrock and Peacock Equity Azure Capital
在线视频服务领域（5 家）			
土豆网	IDG、General Catalyst、GGV、美国洛克菲勒家族	酷讯网	联创策源、SIG
影风影音	经纬创投、IDG	我乐网	HPE、SIG、ASI、CID 集团、红杉资本、Steamboat Venture
酷 6 网	德丰杰、德同、百度、软银投资、UMC Capital、和通投资、伊藤忠商社等		
SNS 社交服务领域（4 家）			
校内网	日本软银	51. com	巨人（美国上市公司）
开心网	北极光	占座网	红杉中国
IT 传媒服务领域（4 家）			

续表

被投资公司	外资风投	被投资公司	外资风投
分众传媒	软银、鼎辉投资基金、美国高盛和欧洲3i等	计算机世界	IDG投资
世通华纳	国泰财富基金、鼎晖创投、华登国际、成为基金、霸菱投资	触动传媒	CDIB、TLC、Mustang
金融证券服务领域（2家）			
金融界	IDG	中国投资网	美国律商联讯集团全资收购
无线互联网与增值服务领域（2家）			
至德讯通	戈壁创投	58同城网	软银赛富
网络安全服务领域（2家）			
金山	英特尔、新加坡国有投资公司淡马锡、英特尔投资基金等	安全卫士360	红杉资本、高原资本、红点投资、Matrix Partners、IDG
网络游戏服务领域（4家）			
完美时空	软银赛福	汉森信息	松禾资本
盛大	软银亚洲SAIF	久游网	Dragon Groova Inc、美国凯雷集团亚洲风险投资基金、中韩移动投资基金等
婚恋交友服务领域（2家）			
世纪佳缘	启明创投	珍爱网	美国对冲基金BridgerCapital
在线教育服务领域（2家）			
东方剑桥	启明创投、美国Ignition Parters	天才宝贝	智基创投、德同资本、CID

编制说明：

（1）编制目的。通过对中国互联网产业的长期研究，国内B2B研究与传播机构中国B2B研究中心，特编制并公开发布此份报告和榜单，以从另一视点反映中国互联网市场的现状、趋势、拐点和规律，以及厂商的发展现状，供业界人士、专家学者、新闻媒体和政府部门学习与决策参考。

（2）编选说明。鉴于客观条件限制，入选本次榜单的78家互联网企业仅为各自所在细分领域的代表性企业；从数量上来讲，上述互联网仅仅是为外资渗透、控制中国互联网产业的一个“缩影”，欠缺之处，欢迎关心中国互联网发展的各界人士补充、指正。

（3）研究定义。“中国外资背景互联网企业”，中国 B2B 研究中心在此榜单里定义为：由中国公民在中国境内创办的接受过境外资本投资（含参股或控股）的互联网类企业。

（4）数据来源。政府主管部门文件与交易所公告、上市互联网公司招股说明书书与年报、未上市互联网企业官方发布或确认的媒体新闻报道、境外投资商官网确认投资信息等。

（5）免责声明。由于未上市互联网公司未披露财务状况，其外资是否介入情况尚无法详知，掌握的信息难免有所遗漏，加之企业可能存在的股权变更之情况，因此，本榜单定有不少疏漏之处，待下版予以完善，敬请谅解。此外，本榜单不构成投资建议，由此带来的投资风险请慎重。

发布机构：

（1）机构简介。中国 B2B 研究中心，是我国最早创办、也是目前唯一一家以研究与传播电子商务为己任的机构。2007 年初，由近 1000 家行业网站组成的“行业网站联盟”这一我国最大的 B2B 合作联盟发起创办，因此，我们有着得天独厚的 B2B 领域研究资源与传播优势。经过两年多的发展与积累，目前，已发展成为电子商务领域的专业、权威研究机构和新兴互联网传播平台。

（2）运作理念。本着“互联互通、共建共享”的开放、交流、互动、多赢的理念，通过翔实准确的数据、严谨独到的分析研究，揭示电子商务市场的发展变化趋势，为 B2B 中小企业的战略规划与市场策略提供实用操作建议与指导。除每月初发布一系列中小企业用户（生意人）颇为关注的《生意人搜索榜》调查报告外，每值岁末年初，研究中心还发布一系列行业内颇具“意见领袖”观点的点评、榜单、数据、咨询和报告，与关注中国互联网产业的用户与人士分享。

（3）历史使命。从诞生的一刻起，中国 B2B 研究中心就被赋予了责无旁贷的历史使命。本着“传播与引导、研究与创新”的发展理念，致力于打造“行业权威、国内第一、全球领先”的电子商务研究与传播平台，努力为我国乃至全球电子商务的创新与发展添砖加瓦，共同营造我国电子商务健康、持续、稳定发展的良好大环境。

九、解决外资控制我国互联网的若干对策

（一）加强宏观监管：加大对外资投资我国互联网重要领域监控

过度市场化、外资控股比例过高、监管欠规范化以及过度照抄照搬国

外模式、缺乏自主创新，仍是当前我国互联网产业发展的显著特征。中国 B2B 研究中心建议，政府应在中国互联网下一阶段发展中加大监管和引导力度。在互联网的行业管理上，要有一些明确的、细则性的规范，完善互联网新经济相关的涉外投资融资的法律法规体系和监管力度，对涉及我国国民经济安全运行、涉及社会新闻舆论导向、涉及国家信息化安全等利害的重大并购、投资要严格把关、加强审批、加强监控。

而目前，尚存在以下四方面监管落后的现状：第一，监管和引导力度欠缺，是当前我国互联网产业发展的显著特征；第二，境外 VC 与互联网企业合谋规避，是我国互联网政策监管执行乏力的外在原因；第三，处理好调控与稳定的关系，是今后我国互联网产业发展政策的调整原则；第四，完善法制建设与加强执法力度，是我国互联网产业持续发展的根本保障。

（二）完善融资体系：鼓励各项境内资本参与投资互联网产业

互联网产业具有典型的轻资产、无污染、资源消耗极少的特征，且普遍具有较强的自主创新能力。我国互联网行业正逐步进入快速发展的阶段，所以，优质互联网企业将是我国创业板市场重点服务的对象之一。很多互联网企业都具有创新的商业模式和良好的盈利前景。但调研中，我们发现这些互联网企业的共同特点——目前我国互联网企业在境内上市存在的一些共同障碍。为此，中国 B2B 研究中心建议有关部门采取以下政策措施，既能缓解互联网企业在境内上市存在的矛盾，又能拓展各项境内民族金融资本、产业资本和民间资本，来参与投资互联网产业的渠道。

具体可从以下三方面着手：第一，尽快出台外国企业在境内上市的相关细则；第二，对互联网企业的发行审核应重点关注其发展前景；第三，发行定价应更为灵活，逐步趋向市场化；第四，前期适度降低“创业板”准入门槛，完善互联网企业境内融资市场。

（三）鼓励自主创新：走有中国特色的民族互联网产业发展道路

作为新经济，互联网产业更应具备自主创新精神。而如今，国内很多网站纷纷模仿成熟“美国模式”，但往往却只学到了皮毛，骨子里的间架结构相去甚远，原因是照猫画虎，刻舟求剑，死搬硬套，与中国国情偏离，尚未从美国网站的所谓模式中脱胎出来。自主开发的能力非常弱，缺乏核心竞争力，自主创新意识与能力尚有待提高。国内创业者缺乏的并不是创新能力，而是创业资本，而国内金融系统的缺陷，就在于恰恰不能给予创业者以资金支持，使得这种创新并非真正意义上的“自主创新”，其创新的成果与创新的价值绝大部分为境外投资者占据，而境内投资者却落得无从分享的尴尬局面。

按常理来说，我国目前的互联网上市公司和一大批有上市潜力的新兴互联网公司，无疑是互联网产业经济运行体中最具自主创新精神、最具核心竞争力的群体，也是与我国当前社会舆论导向、公众价值取向、实现资源优化配置、新技术新模式应用以及与国民经济传统制造业、流通领域最息息相关的新经济企业。

对此，我们认为，提高这些互联网公司的平台价值、提高自主创新的能力、加强我国境内资本在这些最核心公司中的控股权，是提高我国互联网产业中“龙头企业”的自身话语权、决策权，提高上市公司质量、强化国际竞争优势，实现可持续发展的必然要求；也是夯实我国互联网新经济产业的市场基础，促进互联网健康稳定发展的根本；也是增强境内资本市场化吸引力与活力，充分发挥资本市场资源优化配置功能的关键。这样的互联网，才既有利于老百姓生活水平的提高、和谐社会的建立，又真正有利于自主创新能力的增强。总之，一个强大的国家要有一流的自主创新能力和新经济推动力。

十、国外政府对付此类问题的对策参考

中国 B2B 研究中心在调研中发现，对于互联网被“外来者统治”的忧虑，不仅仅是我国这样的发展中国家独有的问题，在西方发达国家也是一个日益被引起高度重视的问题。

（一）法国：以政府的名义向互联网“入侵者”明确宣战

这也是最典型的一个实例。在 2005 年 8 月底，法国总统希拉克高调宣布，为了应对全球网络巨擘谷歌和雅虎等美国网络新势力的垄断，法国政府将加快步伐资助包括本国公司在内的欧洲高科技公司，创建属于法国自己的互联网搜索引擎。法国当局为了支持这项产业革新，不惜投入 20 亿欧元（约合 24 亿美元）的巨额资金，参与者包括法国本土家电巨头汤姆逊和德国电信在内的多家欧洲知名企业。“我们正在加入一场尖端高新技术的全球竞争。”72 岁的希拉克在兰斯发表了斗志昂扬的动员讲话，他更是以一句“在法国，在欧洲，我们的力量正危在旦夕”感染了全场。当一个领域引起国家总统的身体力行，显示网络竞争已经到了无以附加的层面。

（二）俄国、美国：用法律限制外国人投资互联网产业

俄罗斯政府已经起草了新的限制外国人投资法律草案。俄政府撤回了原有的限制草案，并新增了一些产业。现在，这项草案已从限制外国人投资战略性产业扩展到了渔业、电台、电视台和互联网运营商等领域。应该说，俄罗斯政府的这项决定也是来自于近 20 年发展的经验和教训。普京总统上台后，收紧了对外开放口子，加强了与国计民生相关产业的控制，明确规定了不许外资企业染指的行业和产业。将国家认定的战略性产业和新兴重要产业牢牢地控制在政府的手中。

俄罗斯出台的限制外国人投资法案，无疑对我们也是一种启示，那就是不论任何时候、任何情况下，在对外开放时都要睁大眼睛，都要牢牢掌握主动权。实际上，俄罗斯这样做也是仿效美国。2007 年 3 月，美国众议院一致通过了加强国家对外国投资监督的法案，严格对外国投资商的立法限制。美国政府下属的外资并购审查机构——美国外国投资委员会出台的一项新举措规定：一旦外资收购交易被裁定危及美国国家安全，就将对相关外国企业处以高达数千万美元的罚款。当中国的通信设备厂商华为公司与美国投资公司贝恩资本共同斥资 22 亿美元收购美国 3Com 公司时，就遭到美国海外投资委员会的反对，而其理由竟是出于“国家安全方面的顾虑”。

（三）各国政府都将发展民族新经济作为资本市场的重要功能之一

发达国家与我国情况相去甚远。以美国为例，美国服务业就业比重在 2000 年就达到了 78%。之后，通过向境外转移重污染企业，现在其服务业的就业比重已经占到 85% 以上。反映到资本市场上也一样，近年来。美国股市是以从事服务业的上市公司为主导的市场。这从近几年中国赴美上市企业的行业分布可略见一斑。一大批充满生机的新经济模式企业，如百度、携程、如家、新东方、盛大网络、分众传媒等纷纷赴美上市，反映出美国市场对新模式企业的高度认同和支持。

不仅美国这类发达资本市场对新经济模式的企业支持力度大，即使印度这样的发展中国家市场，也充分发挥了调整经济结构，优化资源配置的功能，将发展以现代服务业为主的新经济作为重点。众所周知，近几年来，国际舆论把中国称为“世界的工厂”，而把印度称为“世界的办公室”。这反映了中印两国经济结构的差别。根据世界银行统计，2000 年，中国的 GDP 中，农业占 16%，工业占 49%，服务业占 34%；而在印度的 GDP 中，农业占 27%，工业占 27%，服务业占 46%。印度的一些服务行

业已有较高的水平，尤其在发展信息产业特别是软件方面取得了举世瞩目的成就。

印度政府一直非常支持从事新经济模式的公司上市，印度股市近几年持续活跃，很大程度上就得益于其新模式上市公司占比日益增大。印度市场在2001年下半年SENSEX指数触底2600点后回升，开始了长达六年的“牛市”之旅。至2008年年初，创出了21000点的历史高点，最大涨幅708%。尽管印度市场也出现了大幅波动的情形，但其呈现出了“长牛短熊”的特征，这除了得益于宏观经济稳步发展外，也和上市公司行业结构日趋合理密不可分。与中国争夺“世界工厂”不同，印度市场重点培育了以软件为核心的第三产业以及金融服务业，并以此为龙头，拉动GDP连续多年高速增长。

面对当今国际互联网产业与投资发展的新趋势，面对经济一体化的冲击与互联网全球化的大趋势，现在我们也应该考虑尽快出台类似的适度保护法案，以保护中国战略性与新兴产业的安全，也保护中国民生舆论新阵地的安全。

十一、对未来中国互联网产业的展望

我们看到：外资在传统制造业的并购，国家有关部门和很多媒体都关注了，因为它会影响民族产业发展和经济安全。但民族互联网企业，现在基本上被外资控制了。而实际上，互联网产业，对国民经济的战略地位，决不亚于传统产业，它的作用，远远高于许多传统产业，因为它是“信息高速公路”和战略产业。2008北京奥运会的开幕式总共用了几十项高新技术，涉及多个领域，除通信系统是引进技术外，其他核心技术全部是拥有自主知识产权的创新技术。这是我国在高新技术与信息产业坚持自主创新所取得的成就的一个“缩影”。

我们相信：我国未来5—10年的互联网产业，一定属于中华民族互联网。届时，我们国家有很多真正拥有自主知识产权、自有品牌、自有控股与控制权的创新型世界级互联网公司。在此，我们提出这样一个理想和愿景：希望更多的优秀互联网企业在中国上市，由国内资本控制。我们的目标是：第一，中国互联网企业由国内资本控制；第二，大量的互联网企业，可以在国内上市。如果这个愿景得以实现，那么中国互联网产业的发展一定是健康、安全的。近年来我国金融证券业的改革步伐很大，2009就是中国资本市场历史性的一年。今后，“中国创业板”会出现许多处于起步期的网络企业，5—10年后的互联网产业，应该是由中国民族资本控制的，并在中国资本市场形成一个强有力的“新经济板块”。

我们希望：未来几年里，由中国民族产业资本能够主导本国的互联网产业，在新经济领域形成本国的生力军，成为主导互联网产业形态的主导力量。中国互联网产业已经迎来了新一轮的高速发展期，面临着前所未有的发展机遇。在新的阶段走有中国特色的自主创新型道路，本土互联网企业将走向前台，成为主导互联网产业的重要力量，“中国人自己的未来，中国人自己来把握”将成为互联网产业发展的最主流趋势之一。

研究团队：慎海雄（新华社）
曹磊、张周平（中国 B2B 研究中心）
编　　著：《中国互联网外资控制调查报告》课题组

附录三

2018 年中国互联网企业 100 强

排名	中文名称	企业简称	品牌与服务
1	阿里巴巴集团	阿里	淘宝网、支付宝、蚂蚁金服、优酷
2	深圳市腾讯计算机系统有限公司	腾讯公司	微信、QQ、腾讯网、腾讯游戏
3	百度公司	百度	百度、爱奇艺
4	京东集团	京东	京东商城、京东金融、京东云
5	网易集团	网易	网易游戏、网易新闻、网易云音乐
6	新浪公司	新浪公司	新浪网、新浪微博
7	搜狐公司	搜狐	搜狐、搜狗、畅游
8	美团点评集团	美团点评	美团、大众点评、美团外卖、美团打车
9	三六零科技有限公司	三六零	360 安全卫士、360 杀毒、360 手机卫士
10	小米集团	小米集团	小米商城、小米手机
11	北京字节跳动科技有限公司	今日头条	今日头条、抖音短视频、火山小视频
12	网宿科技股份有限公司	网宿科技	网宿
13	58 集团	58 集团	58 同城、赶集网、安居客、转转
14	珠海金山软件有限公司	金山软件	西山居、金山云、金山办公
15	携程计算机技术（上海）有限公司	携程	携程旅行网
16	上海二三四五网络控股集团股份有限公司	二三四五	2345 导航、2345 加速浏览器
17	美图公司	美图	美图秀秀、美颜相机、美拍、美图手机
18	新华网股份有限公司	新华网	新华网
19	苏宁控股集团有限公司	苏宁控股	苏宁易购、苏宁金融

续表

排名	中文名称	企业简称	品牌与服务
20	北京车之家信息技术有限公司	汽车之家	汽车之家、二手车之家
21	用友网络科技股份有限公司	用友网络	用友云、U8C、超客营销
22	咪咕文化科技有限公司	咪咕	咪咕视讯、咪咕音乐、咪咕动漫
23	三七互娱（上海）科技有限公司	三七互娱	37游戏、智铭网络、极光网络
24	北京天盈九州网络技术有限公司	凤凰网	凤凰网、凤凰视频、凤凰FM
25	恺英网络股份有限公司	恺英网络	全民奇迹MU、传奇盛世
26	东方明珠新媒体股份有限公司	东方明珠	百视通、东方购物、SITV新视觉
27	北京昆仑万维科技股份有限公司	昆仑万维	昆仑游戏、闲徕互娱、opera浏览器
28	广州华多网络科技有限公司	广州华多	多玩游戏网、YY音乐、虎牙直播
29	易车公司	Bitauto	易车网
30	湖南快乐阳光互动娱乐传媒有限公司	快乐阳光	芒果TV
31	鹏博士电信传媒集团股份有限公司	鹏博士	长城宽带、鹏博士数据、宽带通
32	唯品会（中国）有限公司	唯品会	唯品会
33	央视国际网络有限公司	央视网	中国IPTV、中国互联网电视、央视网
34	四三九九网络股份有限公司	4399	4399小游戏平台
35	凡普金科集团	凡普金科	爱钱进、钱站、任买、凡普信
36	福建网龙计算机网络信息技术有限公司	网龙网络	魔域、征服、英魂之刃
37	上海波克城市网络科技股份有限公司	波克城市	波克捕鱼、捕鱼达人、超级斗地主
38	上海米哈游网络科技股份有限公司	米哈游	崩坏学园2、崩坏3
39	贵阳朗玛信息技术股份有限公司	朗玛信息	39互联网医院、39健康网、贵阳互联网医院

续表

排名	中文名称	企业简称	品牌与服务
40	上海幻电信息科技有限公司	哔哩哔哩	哔哩哔哩
41	巨人网络集团股份有限公司	巨人网络	球球大作战、征途、街篮
42	北京猎豹移动科技有限公司	猎豹移动	猎豹浏览器、猎豹安全大师
43	同程旅游集团	同程旅游	同程旅游、旅交汇
44	黑龙江龙采科技集团有限责任公司	龙采科技	龙采正元软件、龙采正和影视公司
45	科大讯飞股份有限公司	科大讯飞	讯飞输入法、讯飞听见、晓译翻译机
46	世纪龙信息网络有限责任公司	21CN	189 邮箱、天翼云盘、流量 800
47	杭州泰一指尚科技有限公司	泰一指尚	数字营销平台 AdTime、网络视频营销平台 OTV
48	北京光环新网科技股份有限公司	光环新网	光环云、AWS 云计算
49	竞技世界（北京）网络技术有限公司	竞技世界	JJ 比赛平台、5599 游戏平台
50	东方财富信息股份有限公司	东方财富	东方财富网、天天基金网、股吧
51	游族网络股份有限公司	游族网络	游族网络、游族影业、游族体育
52	武汉斗鱼网络科技有限公司	斗鱼直播	斗鱼直播
53	宜人贷公司	宜人贷	宜人财富、宜人贷借款
54	北京中钢网信息股份有限公司	中钢网	中钢网
55	东软集团股份有限公司	东软集团	东软社保平台、熙康云医院
56	北京慧聪国际资讯有限公司	慧聪国际	慧聪网 B2B 电子商务平台
57	马鞍山百助网络科技有限公司	百助网络	百助智能推荐云下载器、桔梗网址导航
58	腾邦国际商业服务集团股份有限公司	腾邦国际	旅游、机票、差旅管理和金融服务
59	深圳市迅雷网络技术有限公司	迅雷网络	迅雷下载、迅雷影音、迅雷直播
60	厦门吉比特网络技术股份有限公司	吉比特	问道、斗仙、不思议迷宫

续表

排名	中文名称	企业简称	品牌与服务
61	微贷（杭州）金融信息服务有限公司	微贷网	微贷网
62	上海连尚网络科技有限公司	连尚网络	WiFi 万能钥匙
63	上海钢银电子商务股份有限公司	钢银电商	钢银网
64	前锦网络信息技术（上海）有限公司	前程无忧	前程无忧网站
65	上海找钢网信息科技股份有限公司	找钢网	找钢网
66	北京密境和风科技有限公司	花椒直播	花椒直播
67	好未来教育集团	好未来	学而思在线
68	苏州蜗牛数字科技股份有限公司	蜗牛数字	蜗牛游戏
69	福建游龙网络科技有限公司	游龙网络	19196 手机游戏俱乐部
70	北京六间房科技有限公司	六间房	六间房秀场（石榴直播）
71	上海东方网股份有限公司	东方网	东方网、翱翔新闻、东方头条
72	北京搜房科技发展有限公司	房天下	房天下网
73	无锡艾德无线广告有限公司	艾德无线	SEM 搜索广告管理平台
74	深圳市岚悦网络科技有限公司	中手游	逃亡兔、开心打麻将、新仙剑奇侠传
75	无锡华云数据技术服务有限公司	华云数据	华云（云计算服务）
76	联动优势科技有限公司	联动优势	联动支付、联动信息、联动数据
77	东峡大通（北京）管理咨询有限公司	ofo 小黄车	ofo 小黄车
78	南京途牛科技有限公司	途牛	途牛旅游、途牛金服
79	深圳市创梦天地科技有限公司	创梦天地	乐逗游戏平台
80	深圳市思贝克集团有限公司	思贝克	思贝克工业品 O2O 电子商务交易平台
81	湖北盛天网络技术股份有限公司	盛天网络	易乐游网娱平台、易乐玩、随乐游

续表

排名	中文名称	企业简称	品牌与服务
82	深圳市梦网科技发展有限公司	梦网科技	梦网IM云、梦网视频云、梦网物联云
83	重庆猪八戒网络有限公司	猪八戒网	猪八戒网
84	杭州平治信息技术股份有限公司	平治信息	超阅小说、话匣子听书
85	上海景域文化传播股份有限公司	驴妈妈	驴妈妈旅游网
86	北京当当网信息技术有限公司	当当网	当当网
87	广州趣丸网络科技有限公司	趣丸网络	TT游戏（手游社交平台）
88	拓维信息系统股份有限公司	拓维信息	云课云宝贝智慧幼教平台
89	佳缘国际有限公司	世纪佳缘	世纪佳缘网、佳缘金融
90	深圳市房多多网络科技有限公司	房多多	房多多（移动互联网房产交易平台）
91	天鸽互动控股有限公司	天鸽互动	喵播、水晶直播、欢乐直播、疯播
92	上海创蓝文化传播有限公司	创蓝253	创蓝253云通讯短信平台、创蓝万数平台
93	北京爱酷游科技股份有限公司	爱酷游	爱酷游游戏网、猫尾草电竞平台、乐市场平台
94	无锡市不锈钢电子交易中心有限公司	不锈钢交易中心	Exbxg中国不锈钢交易网
95	沪江教育科技（上海）股份有限公司	沪江	沪江网校（专业的互联网学习平台）
96	河南锐之旗网络科技有限公司	锐之旗	锐之旗、企汇网
97	北京风行在线技术有限公司	风行	风行网
98	厦门美柚信息科技有限公司	美柚	美柚、柚宝宝、柚子街
99	北京世纪互联宽带数据中心有限公司	世纪互联	世纪互联、蓝云、快网、光载无限
100	上海优刻得信息科技有限公司	优刻得	UCloud云（中立云计算服务商）

附录四

互联网企业经营活动（产品指向）情况调查表

序号	企业名称	所有制属性		经营范围	产品类型			消费群体		企一客互动方式			产品参与度		
		公	私		硬件	软件	内容	线上	线下	电联	网络	面议	弱	一般	较强
备注	“所有制属性”分类中“私”要明确资本构成。 “产品类型”分类中的“内容”主要指与“精神文化”相关的内容性产品的生产、传播等。 “消费群体”指产品的营销对象。其中，“线上”指在网络空间中的消费群体，“线下”指在现实生活中的消费群体。 “企一客互动方式”主要指产品营销全过程中消费者与企业之间的联系渠道。 “产品参与度”指围绕该项产品而产生的一系列消费行为及其组织行为，主要指线上的产品。														

附录五

互联网企业党建工作（党员党组织活动）情况调查表

序号	企业名称	政治身份		政—企内部关系						政—企外部关系		
		管理层	职员层	党员党组织建设情况		党员党组织活动方式		党员党组织活动内容		政治支持系统	法律规范系统	社会支持系统
				有	无	公开	非公开	政治学习	经营管理			
备注	“政治身份”主要指企业内部党员的数量及其分布。 “政—企内部关系”主要指企业内部党员党组织在企业经营决策中的角色、功能与作用。 “政—企外部关系”主要指企业外部党员党组织能够获得的政治支持系统、法律规范系统和社会支持系统。其中，政治支持系统指从党委职能部门能够获得的政治支持；法律规范系统指运用相关法律法规开展组织活动的支持系统；社会支持系统指党员党组织与企业参与的社会公益活动获取的社会责任感。											

附录六

互联网企业相关政府监管机构（含行业协会）情况调查表

序号	监管部门	权限范围	工作重点	运作方式	纠正机制	政企关系	成效评估
1	网信部门						
2	组织部（社工委）						
3	宣传部（舆情处）						
4	公安局（网警办）						
5	工商行政部门						
6	经信委						
7	科　委						
8	行业协会						
备注	“权限范围”主要指相关职能部门的职责定位、权力边界等。 “工作重点”主要指相关职能部门的工作侧重点及其关注焦点等。 “运作方式”主要指相关职能部门的具体工作流程及其相应权力方式。 “纠正机制”主要指相关职能部门对待企业出现的违法违规问题时的处理机制。 “政企关系”主要是指相关职能部门在企业经营活动中的权重比例。 “成效评估”主要通过上述情况的综合分析了解掌握职能部门的工作成效。						

附录七

基于“产品—用户”关系的互联网企业分类标准

生产服务类	设备生产型
	网络安全型
企业服务类	技术服务型
	信息服务型
	通讯服务型
生活服务类	电子商务型
	网络金融型
	网络游戏型
	在线教育型
	在线旅游型
	生活服务型
精神服务类	门户网站型
	搜索引擎型
	社交媒体型
	视频音乐型
	文学出版型

参考文献

[1] 薛小荣：《网络党建论：互联网时代政党的组织变革与社会适应》，时事出版社 2013 年版。

[2] 薛小荣、王萍：《网络党建能力论：信息时代执政党的网络社会治理能力》，时事出版社 2014 年版。

[3] 中国信息通信研究院互联网法律研究中心，腾讯研究院法律研究中心：《网络空间法治化的全球视野与中国实践》，法律出版社 2016 年版。

[4] 中国互联网协会：《互联网法律——“互联网 +”时代的法治探索》，中国工信出版集团、电子工业出版社 2016 年版。

[5] 安德鲁·查德威克著，任孟山译：《互联网政治学：国家、公民与新传播技术》，华夏出版社 2010 年版。

[6] 曼纽尔·卡斯特著，周凯译：《网络社会——跨文化的视角》，社会科学文献出版社 2009 年版。

[7] 尼尔·波兹曼著，章艳等译：《娱乐至死》，广西师范大学出版社 2009 年版。

[8] 弥尔顿·L. 穆勒著，周程等译：《网络与国家——互联网治理的全球政治学》，上海交通大学出版社 2015 年版。

[9] 杨世伟：《2015—2016 全球互联网企业发展报告——资本市场、资本运营与互联网企业价值创造》，经济管理出版社 2017 年版。

[10] 杨世伟：《2014—2015 全球互联网企业发展报告——资本市场、金融创新与可持续发展》，经济管理出版社 2016 年版。

[11] 洪京一：《工业和信息化蓝皮书：移动互联网产业发展报告（2015—2016）》，社会科学文献出版社 2016 年版。

[12] 洪京一：《工业和信息化蓝皮书：移动互联网产业发展报告（2014—2015）》，社会科学文献出版社 2015 年版。

[13] 洪京一：《工业和信息化蓝皮书：世界信息化发展报告（2015—

2016)》，社会科学文献出版社 2016 年版。
[14] 洪京一：《工业和信息化蓝皮书：世界信息化发展报告（2014—2015)》，社会科学文献出版社 2015 年版。
[15] 刘少杰：《中国网络社会研究报告（2016)》，中国人民大学出版社 2016 年版。
[16] 刘少杰：《中国网络社会研究报告（2015)》，中国人民大学出版社 2015 年版。
[19] 刘少杰：《中国网络社会研究报告（2014)》，中国人民大学出版社 2014 年版。
[20] 佟力强：《首都互联网发展报告（2016)》，人民出版社 2017 年版。
[21] 中国互联网络信息中心：《第 41 次中国互联网络发展状况统计报告》(2018)。
[22] 中国互联网络信息中心：《2016 年中国互联网新闻市场研究报告》。
[23] 中国信息通讯研究院：《中国数字经济发展白皮书（2017)》。
[24] 清博数据：《2017—2018 互联网及新媒体趋势研究》。

图书在版编目（CIP）数据

互联网企业党建：技术、资本与政治逻辑张力下的政党治理/薛小荣著. —北京：时事出版社，2018. 9
ISBN 978-7-5195-0218-8

Ⅰ. ①互… Ⅱ. ①薛… Ⅲ. ①中国共产党—网络公司—党的建设—研究 Ⅳ. ①D267. 1

中国版本图书馆 CIP 数据核字（2018）第 079015 号

出 版 发 行：时事出版社
地　　　址：北京市海淀区万寿寺甲 2 号
邮　　　编：100081
发 行 热 线：（010）88547590　88547591
读者服务部：（010）88547595
传　　　真：（010）88547592
电 子 邮 箱：shishichubanshe@ sina. com
网　　　址：www. shishishe. com
印　　　刷：北京朝阳印刷厂有限责任公司

开本：787 × 1092　1/16　印张：19　字数：340 千字
2018 年 9 月第 1 版　2018 年 9 月第 1 次印刷
定价：120. 00 元
（如有印装质量问题，请与本社发行部联系调换）

图书在版编目（CIP）数据